语言散论

王 森 著

中国社会科学出版社

图书在版编目(CIP)数据

语言散论 / 王森著 . —北京：中国社会科学出版社，2017.4
ISBN 978-7-5203-1174-8

Ⅰ.①语…　Ⅱ.①王…　Ⅲ.①语言学-文集　Ⅳ.①H0-53

中国版本图书馆 CIP 数据核字(2017)第 249879 号

出　版　人	赵剑英	
责任编辑	许　琳	
责任校对	冯英爽	
责任印制	李寡寡	

出　　　版	中国社会科学出版社	
社　　　址	北京鼓楼西大街甲 158 号	
邮　　　编	100720	
网　　　址	http：//www.csspw.cn	
发 行 部	010-84083685	
门 市 部	010-84029450	
经　　　销	新华书店及其他书店	

印刷装订	北京君升印刷有限公司
版　　次	2017 年 4 月第 1 版
印　　次	2017 年 4 月第 1 次印刷

开　　本	710×1000　1/16
印　　张	23.5
插　　页	2
字　　数	402 千字
定　　价	98.00 元

自　序

一

　　本书是一本论文集，共收 37 篇文章，所涉范围很杂：有写现代的，也有写近代的；有写普通话的，也有写方言的；大多是写国内汉语，也有的是写域外汉语；大多是写汉语的，也有写非汉语的；大多是独自写的，也有合写的；大多是自发而写的，也有"遵命"而写的；篇幅多在八千来字，也有的仅几百字；大多是发表过的，也有未刊发的。但内容几乎全是写语法。有个别篇表面看是谈变韵，其实也还是写语法。真正写语音的，只有一篇。专写词汇的，也不多。还收了一篇通过读写谈思路的文章。还有几篇怀念师友、漫谈体会的文章。为什么这么杂呢？这是由笔者的具体情况决定的。笔者是个"先天不足"而又"后天失调"的人。所以没有自己的阵地，不能打阵地战，只能跑着打，打一枪换一个地方。但只要是应打的、可打的敌人，一个、半个也打。

　　收入本书时，每篇后括号内都有简要说明，有些文字技术操作失误之处，也都做了订正。

二

　　从立论的方式来看，本书所写的问题分为三大类：发现篇，争辩篇和钩沉篇。发现篇就是所写问题是由自己发现、认为值得写并执笔成文的篇章，如《"有没有/有/没有+VP"句》《东干话的语序》《郑州荥阳（广武）方言的变韵》等；争辩篇是针对众说纷纭的某个老问题自己则独辟蹊径执笔成文的篇章，如《试谈"台上坐着主席团"的句首方位词或处所词》《兰州话的"V+给"句——兼及甘宁青新方言的相关句式》

《临夏方言的儿化音变》等；钩沉篇就是通过对某些散见的、古今交织杂乱琐屑的、相关语料的爬梳、归纳，搞清它们的发展脉络，结构系统，从而执笔成文的篇章，这类文章更多些，如《〈老乞大〉〈朴通事〉的融合式"把"字句》《〈金瓶梅词话〉里动词的态》《〈老乞大〉〈朴通事〉里的动态助词》等。

三

笔者以为，必须十分关注创造性思维，它是引领你写作全程的指路明灯。不管发现篇、争辩篇还是钩沉篇，都如此。以下是笔者几十年间在这方面的写作得失，选述如下，与年轻读者共勉。

《读写结合　训练思维》是通过从读学写、读写结合谈写作思路的一篇短论，作为思路，它具有普遍性。其中引述了笔者上初中时的一个故事。当时班上进行周记比赛，内容自选。同学们闻讯而动，图书馆、阅览室顿时挤满了人，场景热烈动人。大家颇花了些力气，可是效果却很糟，因为篇篇都是新闻转叙加上表决心，文章写得平而空。笔者早预料到了这种后果，所以没有去和别人争抢报刊，而是把"镜头"对准那些你争我夺的感人场景，摄下了一组组"课外争读"的动人镜头，使人耳目一新，比赛获得了第一。为什么？因为角度选得好，有新意，感动人。别人没选准，笔者选准了，这就是创新。又如，"台上坐着主席团"中的"台上"之类方位词或处所词究竟是主语还是状语，大家争论了几十年，谁也说服不了谁。为什么？思路太窄，争辩双方都只盯着该句式的句首位置，而这个位置却是主语、状语都常可出现的共用句法位置，不具有排他性。我们转换思路，设想着把它放在多个只有主语可以出现而状语不能出现的句法位置上作考察。按照这个思路，我们果然收集到一大批多种句型中相应预期的典型例句，从而释放、凸显出了"台上"之类的若干隐匿的主语功能。结果使"主语说"得以成立，以其解释力、可信度，成功地说服了"状语说"（参见宋主柱《为什么说存现句是主谓句？》，《语文学习》1984年第6期）。再如，《兰州话的"V+给"句——兼及甘宁青新方言的相关句式》一文中的"给"的词性和用法都很复杂，历来为大家所关注。但是这种"给"分布的句式很广，大多用法虚泛、隐蔽。1958年以来几十年间多有文章就其显而易见的用法在反复重复，而对它的众多难点谁都避而不谈，其整体句法功用始终是雾里看花，难以捉摸。我们把它放在了甘宁青新一百多年来的大的时空背景里，结合句式、动词、语用综合考察，下苦功全面深入地收集语料，设计问卷，特别是根据句法结构和动词组合能力的差异，构建了合理的句法语义框架，从而使大多虚泛、隐蔽的"给"得以依类相从，各就其位，总计得出它所分布的9个义类18种格式，终于廓清了它的整体概貌：它是动词"给"在共时条件下的泛化，不是历时条件下的虚化。并引用一百多年前移居中亚的甘、陕回民汉语的同类句式做了核实旁证。证实了"给"的三性：语义顺应句法结构要求而变的复杂多样性；甘宁青新大面积地域类同用法的一致性；百多年前后用法的稳定性。《中国语文》主编曾在电话里说："想得很深呐！"《语言文字学》也做了转载。

《郑州荥阳（广武）方言的变韵》一文较早地全面系统地描写了汉语变韵语法这一特殊类型，《试谈"台上坐着主席团"的句首方位词或处所词》一文也创造性地证明了"台上"之类是主语，不是状语，结束了几十年来对该句式的争论，"主语说"的见解也被黄伯荣、廖序东主编的《现代汉语》采纳至今。该二文的问题好像都已得到很好的解决。其实不是这样，现在看来也仍颇多遗憾。比如，前者还可把变韵的范围从地域上再行廓清，从演变上再行跟踪，但笔者忽略了，现在再无力弥补了。对后者遗憾更多。令笔者没有想到的是，当"状语说"者摒弃了"状语说"接受了"主语说"之后，又反过来顺着笔者的思路提出了动态存现句、静态存现句两个小类，使我们对作为主谓句的存现句这一句型内部结构的认识更为细密，系统。笔者手里明明拿着很完备的语料，但着眼点只停留在证明"台上"之类是主语，现既已被证明，便认为已万事大吉。不是笔者不能使结论再作延伸、细化，而是根本没有想到。而对方想到了，做到了。这就是一种创新。笔者钦佩对方的智慧。相反，《"有没有/有/没有+VP"句》一文，是在吸取了上面二文的教训之后写成的，就比较成熟一些了。

可见，思维，创造性思维，无处不在，无时不在。抓住了它，你就会从胜利走向新的胜利，丢失了它，那就只能永远遗憾。

作者

2016 年 1 月 22 日　于兰州大学

目　　录

试谈"台上坐着主席团"的句首方位词或处所词

"台上坐着主席团"这一格式中的"台上",究竟是主语还是状语,看法历来分歧很大。现在中学语文统编教材认为是状语,但在教学实践中,学生往往不易接受。我们认为以看作主语为宜。

一

1. 处于主语区的方位词或处所词是主语,不是状语。

先看例句:

①她转过脸去看着窗外。

②她先到厨下,次到堂前,后到卧房。(鲁迅《祝福》)

③我妈妈还在外头。

这几个例句中的方位词和处所词"暂拟系统"① 说是处所宾语。既然如此,下面 A 组的方位词或处所词也就该是宾语了。

---

① 即《暂拟汉语教学语法系统》。它是 20 世纪 50 年代为解决语法分歧现象,适应群众学习语法和编写中学《汉语》课本的语法部分的需要而制订的。由张志公牵头,通过反复讨论,充分发挥了语法学家集体的力量。

A 组	A' 组

④一片灰色礁石布满水面。

　（刘白羽《长江三日》）

⑤晨雾笼罩着山谷。

　（王亚平《特别行动》）

⑥灯光露出窗口。

⑦热泪涌出了眼眶。

　（樊天胜《阿扎与哈利》）

⑧泪水滚下腮边。

　（丛维熙《洁白的睡莲花》）

主宾对调 →

水面布满一片灰色礁石。

山谷笼罩着晨雾。

窗口露出灯光。

眼眶涌出了热泪。

腮边滚下泪水。

这组例句的特点是：宾语是方位词或处所词，主语是一般名词；主宾可对调，而句子仍能成立意思不变。对调后，原主语成为宾语，而处所宾语占据了原主语的位置，当然也是主语了。不但如此，而且对调后的 A' 组又恰恰和下面 B 组例句完全相同：

B 组

⑨眼里充满了柔情。（雍甫《丁香花开》，《甘肃日报》1979 年 4 月 24 日）

⑩林子里布满了阴影。（艾芜《还乡记》，《人民文学》1979 年第 1 期）

⑪木星表面覆盖着厚厚的云层。（翁士达《木星的新发现》）

⑫嘴角掠过一丝微笑。（宗璞《弦上的梦》，《人民文学》1978 年第 12 期）

⑬我国上空弥漫着腥风污雨。（格兰《亲人相聚话语多》，《工人日报》1980 年 9 月 27 日）

⑭洞口射进一缕玫瑰色的光束。（理由《威震峡谷的七勇士》，《光明日报》1979 年 5 月 1 日）

当然，B 组也可调换成 A 组。

这种"A 组→A' 组＝B 组"的现象，说明了方位词、处所词的语法功能：既可分布于宾语区做宾语，也可分布于主语区做主语。这种现象下组例句更为明显：

C 组

⑮水面上卷过一阵风。（方纪《挥手之间》）

⑯疾风卷过水面。（同上）

⑰村口就在江边。（姜滇《桃花渡》，《光明日报》1979 年 4 月 8 日）

例⑮⑯出自同一作者同一文章之中，两例的谓语相同，方位词也相同，且又分别处于主宾区，其实等于互相对调，而两例的意思却没有什么不一样。例⑰则更典型，它的主宾区都是方位词，不管对调与否，都是一样。

需要指出的是，上述 A、B、C 三组的主语、宾语之所以能对调，是与它们的谓语的性质有关的。它们的谓语大多是"充满、布满、装满、长满、摆满、晾满、坐满、站满、挤满"等，其次是"覆盖、笼罩、露出、涌出、射进、滚下、卷过、闪过、掠过、弥漫、在"之类。

2. 处于兼语区的方位词或处所词是兼语，是宾语兼主语，不是宾语兼状语。

先看例句：

A 组

①什么力量使地球表面隆起抬高成为山脉的呢？（统编初中《中国地理》）

②和暖的阳光，温柔的春风，使得人心里格外清爽。（怀舜《爱的梦》，《工人日报》1980 年 7 月 9 日）

③悠久的历史，干燥的气候，闭塞的环境，使得这里古物既多又保存得比较好。（赵昌春《罗布泊地区见闻》，《人民日报》1980 年 7 月 2 日）

这组例句由于第二谓语是一般动词"成为"、形容词"清爽"、主谓词组"古物既多又保存得比较好"，所以其中方位词大家认为是兼语，宾语兼主语，那么，下面 B 组例句中的方位词做何成分呢？例如：

B 组

④这种干部制度使人们的思想上没有党的政策，只有他的顶头上司。

⑤党和同志们深挚的信赖、友爱、温暖，使司徒莺那受伤的心灵中

闪出熠熠火花。(赵瑞泰《辞别恶梦重返舞台》,《人民日报》1981
年2月20日)

⑥廖平山哪儿去了?说!不说我马上叫你小脸蛋上开朵花!(顾尔镡
等《峥嵘岁月》,《人民戏剧》1978年第1期)

⑦(他)仔仔细细把院子扫了一遍,使地上连一点浮土也不留。
(张武《选举新队委的时候》,《人民文学》1979年第3期)

⑧我看见路旁一座亭子前,有一块石板上面写有"渔庄"两个工整
有力的大字。(《中学生作文选评》,中国少年儿童出版社)

这一组句中的方位词也应视如A组。理由如下。

从形式上看,方位词和第二谓语之间可有停顿,可插入时间词如
"现在、这时、那时"等,这和A组的兼语的特点是完全相同的。

从结构上看,可以做某些句型的转换。如:

原句	转换句
⑨立刻使这个十五平方米的房间充满了浓郁的春意。(任大林《心中的百花》,《人民文学》1979年第1期)	⑨'立刻使浓郁的春意充满了这个十五平方米的房间。
⑩他的死,使日本国内笼罩着一种使一个普通的日本人都能感到的不寻常的严峻的气氛。(刘泊微《震惊日本的一天》,《人民日报》1980年6月13日)	⑩'他的死,使……严峻的气氛笼罩了日本国内。 ⑩"他的死,使日本国内被……严峻的气氛所笼罩。

例⑨'⑩'是处于兼语区的"房间""国内"和宾语"春意""气
氛"的换位。"房间""国内"原是第一谓语"使"的宾语,调位后则
是第二谓语"充满""笼罩"的宾语,这都是公认的。这种调位前和
调位后都处于宾语区的情况,证明"房间""国内"原来的位置正是
兼语区,是宾兼主,而不是宾兼状,因为状语是不能后移作宾语
的。⑩"是个被动句,它符合一般的被动格式:"名+被+所+动"。
其中"被"前的"名"是受事主语。"国内"就正处于此格式中"名"

的位置，说明它就是受事主语，而它却又是"使"的宾语，所以它是兼语：宾兼主。

从词的语法特点看，"笼罩""充满"等做谓语时，它的主、宾可互为施、受，即主语为施事时，宾语为受事（如"……气氛笼罩国内"），主语为受事时，宾语为施事（如"国内笼罩……气氛"）。这一点王国璋等的《常用词用法例释》①和吕叔湘主编的《现代汉语八百词》②都已有论述。由此可知，"房间""国内"应是兼语：宾兼主（受）。

从意义上看，⑨、⑩的第一谓语都表使令，能带兼语，它的管辖区就正是使令对象"房间""国内"。这是其一。其二，谓1与谓2有连锁关系，即后一动作是前一动作的连锁反应，表现在逻辑上就是前后的因果关系："国内笼罩着……气氛"这一结果的原因是"他的死使然"。这种逻辑关系是一般兼语式的特点。

由以上四点可知，"房间""国内"等B组方位词或处所词是兼语，同A组。

另，再如：

⑪突然间，有幢楼的三层窗口有人挂出了大幅标语。（毕靖等《团结起来，振兴中华》,《人民日报》1981年3月22日）

这个例句，有两个"有"，都带宾语，前一"有"的宾语可只有一个定语，说成"（一）个窗口"，它既处于宾语区，又处于后一"有"的主语区，不可能是状语。"有个窗口有人"这一格式也应是一般的所谓无主兼语式③。值得进一步研究。

3. 上述方位词或处所词被视为主语、兼语是妥当的，否则，析句时将会无所适从。如：

A 组

①屋里乱七八糟，床边地上有血。（林斤澜《竹》）

---

① 见王国璋等《常用词用法例释》，中国人民大学出版社1980年版，第54—55、215—216页。

② 见吕叔湘《现代汉语八百词》，商务印书馆1980年版，第97页。

③ 见黄伯荣、廖序东《现代汉语》，甘肃人民出版社1981年版，第366页。

B 组

②村外静悄悄的，笼罩着一层薄薄的雾气。（贾大山《乡风》，《河北文艺》1979 年第 6 期）

③窑洞和房子合抱的中间，是一块平台，也没砌前墙大门。（张武《选举新队委的时候》，《人民文学》1979 年第 3 期）

④银杏两边主侧枝上已抽出新枝，代替了原来的主梢，枝叶繁茂。（《八百年古银杏死而复苏》，《光明日报》1980 年 6 月 17 日）

⑤村中一片翠绿，繁花似锦，充满了清新和生命的气息。（周而复《库姆罗韦茨的悼念》，《光明日报》1980 年 5 月 9 日）

⑥手心摩擦得火辣辣的，出了血泡，生疼生疼。（徐怀中《西线轶事》，《人民文学》1980 年第 1 期）

　　以上 A 组是个由形容句和存现句构成的并列句，分句各有主语，分析时互不牵涉，你认为哪个词语是什么成分，就标示什么成分符号就行了。而 B 组不但并列且共用一个句首方位词或处所词，析句时就要互相牵涉了。如例⑥是三个分句共用一个句首处所词"手心"，前后两个分句是被动句和形容句，"手心"做这两个分句的共用主语，大家没分歧意见，而中间这个存现句"出了血泡"和"手心"是什么关系呢？如不认为"手心"是主语，而认为是状语的话，那么在析句标示成分符号时，岂不是要同时标出主语、状语两种符号吗？这就是说默认了它是"主语兼状语"，这妥当吗？如只标示主语符号，岂不又等于默认它也是"出了血泡"的主语吗？要不然，就得另加注释用文字说明"手心"是哪句的主语，又是哪句的状语。这种情形在共用方位词或处所词做兼语的并列句中，就更为复杂了，因为兼语本身就是主、宾两种符号，如认为又是某个分句（存现句）的状语的话，那么这个共用方位词或处所词就是身兼"宾、主、状"三职了。假如这样"主兼状""宾兼主兼状"那样地巧立名目，势必引起混乱，因此，倒不如尊重语言的客观实际，还是分别叫主语、兼语（宾兼主）为妥。

　　4. 从承宾省略成分看，方位词、处所词也应视为主语。

　　试比较下面两组句子：

A 组：承宾省略　　　　　　　　　B 组：没有省略

①她转过头来，望了望在西边的妇女，这里边有她的母亲和妹妹；又望了望东面，有她的父亲。（统编初中《语文》第一册，第 43 页）

①'她……又望了望东面，东面有她的父亲。

②我仰望着天空，湛蓝湛蓝，布满了繁星。①

②'我仰望着天空，天空湛蓝湛蓝，天空布满了繁星。

③成……乃强起扶杖，执图诣寺后，有古陵蔚起。（蒲松龄《促织》）

③'成……执图诣寺后，寺后有古陵蔚起。

通过比较可知，A 组是 B 组的承宾省略句，后边省略的概念与前边做宾语的概念是全然同一的重复成分，因此，省略后显得简明流畅。但承宾省了什么呢？应是承宾省主，不这样认为，具体析句时同样会引起混乱。如例②可以这样说："我仰望着天空，天空湛蓝湛蓝，布满了繁星。"这样，后两个分句共用"天空"，"天空"是"湛蓝湛蓝"的主语，是"布满了繁星"的什么成分呢？如果说是它的状语，岂不又成了 3 节中论述过的那种使人无所适从的情形！

5. 从可否从并列句中抽出来看，方位词或处所词也应视为主语。

状语是谓语的修饰成分，没有它，一般说不影响句子结构和基本意思，而方位词或处所词的有无却不然。例如：

太阳滴金流霞地从海面冉冉升起，浩白的沙滩里，闪耀出各种绚丽的光彩。（甘肃小学第七册《语文》，1979 年第 1 版，第 73 页）

若将"沙滩里"看作状语或删去时，则后一分句的主语显然就是"太阳"了，这是不合原意的。这个分句的原意说的是"各种绚丽的光彩"是"沙滩里""闪耀出"的，并不是"太阳""闪耀出"的。这种方位词或处所词不能抽出的情形，也可说明它们是主语，不是状语。这

---

① "布满了繁星"是笔者改加的。这个分句原文是"远处挂着几条浮云"。见韶华《上书》，《光明日报》1980 年 6 月 15 日。

种情形有待进一步搜集资料继续研究。

二

关于陈述关系和回答"谁""什么"的问题。

1."台上"和"坐着主席团"应该说是陈述关系。

看例句：

①村口就在江边。（姜滇《桃花渡》，《光明日报》1979 年 4 月 8
日）

②走廊前面正对海洋。（童恩正《珊瑚岛上的死光》，《人民文学》
1978 年第 8 期）

这类例句中的"村口""前面"，如说是起修饰、限制作用，是说
不通的，因为它们是谓语"在""对"的陈述对象，表明"怎么样"
的。再如：

③那张称得起美貌的脸上，虽是兴高采烈，也总有一种嘲讽的神
色……（宗璞《弦上的梦》，《人民文学》1978 年第 12 期）

"脸上""怎么样"呢？——"兴高采烈""有一种嘲讽的神色"。
而且由于"虽是""也总"的关联作用，使全句结构紧凑，语意密切，
更突出了"脸上"的全句主语地位。

如果几个分句连续说出，这种句首方位词或处所词就更显得是在被
陈述了。试比较下面的例句：

④院内清雅、幽静，古树参天，是学习的好环境。（《国子监今昔》
的图片说明，《人民日报》1981 年 1 月 28 日）

这句共三个分句，"院内"是全句陈述对象，这是大家公认的。但
稍事修改，在第二、三分句间加入"安放着石桌石凳"，换句话说，也
就是把例④和"院内安放着石桌石凳"这个存现句连读，并互换位置，
就会构成下组例句：

④'｛院内清雅、幽静，古树参天，安放着石桌石凳，是学习的好环境。
院内安放着石桌石凳，古树参天，清雅、幽静，是学习的好环境。
院内是学习的好环境，清雅、幽静，古树参天，安放着石桌石凳。

这就是说，原例④的陈述关系非常清楚，各分句的位置比较自由，

而和"院内安放着石桌石凳"连读后，省去"院内"，各分句位置仍然比较自由，原句的"院内"并没因"安放……"句的插入而改变它的被陈述地位，相反，由于各分句意思上的紧密联系，结构上的互相依赖，使它的被陈述地位比在"院内安放着石桌石凳"这样的单句中更为明显了。

2. 主语不能全依能否回答"谁""什么"而定。

能回答"谁""什么"的是主语，能回答"哪里"的实际上也早已被认定是主语了。如在下列谓语句中的方位词或处所词都是回答"哪里"，而却公认是主语：

方（处）+名；

方（处）+形；

方（处）+"是"+名；

方（处）+主谓词组；

方（处）+遭受性动词。

与其如此，何必只依回答"谁""什么"为条件衡量存现句呢！

再者，有的词兼指事物和处所，既能回答"什么"，也能回答"哪里"，从哪个角度提问题都可以，对此，析句时，成分界限又何在呢？例如：

> 一个缺了几块瓷釉的搪瓷缸，外壳被烟火熏黑了。（丁隆炎《最后的年月》，《甘肃日报》1980 年 6 月 7 日）

"外壳"一词可同时回答"什么""哪里"："什么被熏黑了？——缸子外壳"；"哪里被熏黑了？——缸子外壳"。这个"外壳"做何成分？单依回答内容来看，界限是不确定的，模棱两可的。

3. 方位词能做使令性动词的主语，更证明了它们是陈述关系。例如：

> 三十五年前这块土地上一度使人们失去了生存的条件和对未来的希望。（欧庆林《今日广岛》，《人民日报》1980 年 8 月 6 日）

"使"是使令性动词，"土地上"是使令的发出者，二者是陈述关系。有人认为"使"能带兼语，它前边的方位词或处所词因"使"而拟人化了，所以能做主语。总之，都说明二者是陈述关系。就回答的内容来看，也能回答"什么"："什么使人们失去了生存的条件和对未来的希望？——土地上。"

<h1 style="text-align:center">三</h1>

句首方位词或处所词前不是全能加介词，加与不加语意也不同。处于兼语区的方位词或处所词前则全不能加介词（参见一.2：A.B 两组例句）。

①三十五年前这块土地上一度使人们失去了生存的条件和对未来的希望。

②戈壁滩上出现了新的城镇。

③村口就在江边。

例①"土地上"是使令的发出者，前面加"在"后构成介词结构"在土地上"，做"使"的状语，这样全句使令动作的支配者就没有了，同时"在土地上"也不能移于"使"后。例②"戈壁滩上"前可加"在"构成介词结构"在戈壁滩上"，做"出现"的状语，"在戈壁滩上"与宾语"新的城镇"对调后，宾语变为主语，而"在戈壁滩上"不是变成宾语，却是变成补语了。加介词前是方位词，加介词后变成介词结构，介词结构做状语或做补语的语法功能也并不就是方位词的语法功能。可见，即使能加介词，加以前和加以后是大不一样的。例③则是根本不能加的。本文第一部分第二节 A.B 两组全是处于兼语区的方位词的例句，这些例句的第一谓语是使令性动词，第二谓语分别是形容词、主谓词组、一般动词、呈现性动词。这些例句的方位词前能加介词吗？都不能加，而且就笔者所掌握的材料看，无一例外。不能加介词，更说明它们是兼语。第二谓语是形容词、主谓词组、一般动词的例句，它们的兼语是方位词，大家是公认的。第二谓语是呈现性动词的例句也不能加介词，说明也和那些例句一样，方位词是兼语。有待继续探讨。

<h1 style="text-align:center">四</h1>

一般主语前后可有时间词，处于主语区的方位词或处所词的前后也可有时间词。单句如此，共用一个句首方位词或处所词的复句也如此。

这也说明处于主语区的方位词或处所词应为主语。

先看单句:

时间词在前

①现在监狱门口停着两辆车。(乔羽《杨开慧》)

②一瞬间,心里泛起一种难言的滋味。(王亚平《神圣的使命》)

时间词在后

③联络处门前今天悬挂着鲜红的宫灯。(《人民日报》,1979 年 1 月 2 日)

④河里面上午就泊了一只白篷船。(鲁迅《祝福》)

复句中有的有时间词,没有的也可加入。例如:

"眼前"前或后可加"刚才"等

⑤我眼前一亮,忽然出现了滔滔江水。 (李陀《带五线谱的花环》)

"村中"前或后可加"现在"等

⑥村中一片翠绿,繁花似锦,充满了清新和生命的气息。

五

关于几种句式的分析。

既然我们认为"台上坐着主席团"是主谓关系,那么下面的句式也就容易分析了:

①周副主席‖手里托着一叠报纸　出现在高坡上。

　主语　　　谓语 1(主谓词组)谓语 2

(邵冲飞《报童》,《人民戏剧》1978 年第 6 期)

②她‖仍然头上扎着白头绳。(鲁迅《祝福》)

　主语　　谓语(主谓词组)

③她‖现在脸上擦上一种红不溜丢的东西。

　主语　　谓语(主谓词组)

(曹禺《王昭君》,《人民文学》1978 年第 11 期)

这里,例①、②、③其实是同一种形式,例②、③不过是主谓间多了个状语"仍然""现在"罢了,例①的主谓间同样也可有类似的状语。它们如没有状语时，句首的名（代）除可理解为全句主语外，似乎还都可理解为方位词的定语。

六

这里还有些可以商榷的问题。

范方莲同志的《存在句》（《中国语文》1963年第5期）也认为"大部分A段①可以看作主语"，这我们是赞同的。但文章中有些地方的说法与我们接触到的材料却有些出入。

（一）文章说"我桌上放着三本书"，"只能理解为'我的桌上放着三本书'"（第388页）。我们则觉得这个例句与第五部分的例①、②、③相同，即也可有两种理解：一是"我"是"桌上"的定语；二是"我"做全句的主语，因为"我"和"桌上"之间，同样也可插入"现在、那时、平常"等状语。

（二）文章说"表示思想、感情、言语的动词，如：'看、听、想、懂、知道、怕、恨、爱、哭、笑'等……都不能进入B段"。但我们却发现有这种句子：

①我平常脑子里可真是不爱想事情。（莫伸《窗口》，《人民文学》
　　1978年第1期）

（三）文章说，"将、快要、马上、立刻、渐、顿时……"不能出现在B段前。因为"这里的B段动词都表示静止的状态，因此必然排斥修饰动态动词的状语"。但我们也看到有这样的句子：

②前面的山腰处骤然突出一块怪石。（辛汝忠等《美酒鲜花》，《人
　　民文学》1979年第5期）

③两山之间，忽然敞出一大片平地。（艾芜《还乡记》）

这里的"突出""敞出"都不是表示动态的，而是表示存在的状态的，可是前面却出现了"骤然""忽然"之类的状语。

（四）文章说，"B段动词只能加'着'，表示状态的持续；不能加

---

① 为了说起来方便，作者把存在句分为三段。如：<u>墙上</u> <u>挂着</u> <u>一幅画儿</u>。
　　　　　　　　　　　　　　　A　　　　B　　　　　C

'过'，也不能加表示完成态的'了'"。我们觉得似乎可以加。例如：

④我们头顶上有过一阵乌云。（白桦《曙光》）

⑤天空掠过一架飞机。

⑥手里沾上了牛的痘浆，就会得牛痘。（《母亲、孩子、人民的英雄》，《人民日报》1979 年 12 月 23 日）

（五）文章说 B 段"动词前面不能出现能愿动词"，我们也发现有不同的情况。例如：

⑦列宁曾经说过，我们的肩膀上应该长着自己的脑袋。（李陀《愿你听到这支歌》，《人民文学》1978 年第 12 期）

⑧原以为茶花一定很少见，不想在游历当中，时时望见竹篱茅屋旁边会闪出一枝猩红的花来。（杨朔《茶花赋》）

⑨种过牛痘的人和动物的身上，会产生一种抵抗天花的能力。（《母亲、孩子、人民的英雄》，《人民日报》1979 年 12 月 23 日）

⑩鸡头上为什么会长角？（《母鸡长角连生蛋中蛋》，《甘肃日报》1980 年 8 月 3 日）

⑪饭桌上还能没条鱼？（苏叔阳《丹心谱》，《人民戏剧》1978 年第 5 期）

（六）在讨论 A.B.C 的关系，确定句型时，作者认为 C 段是这种句子的谓语的核心。"B 段的动词，只相当于'是'字句里的'是'，'有'字句里的'有'，都是次要成分；并且和'是''有'一样，在一定的条件下可以省去。"因而认为这种句子是名谓句。作者这样处理的理由是，"这种句子可以和'是'字句组成并列结构"。例如：

坡下横着一片冬水田，斜对面坡上又是一所女子学校。（巴金）

于是得出结论说，"在'是'字句中，谓语的核心是'是'后的名词，因此，跟它并列的存在句中的 C 段也应该是谓语的核心"。

如果是这样，那么，我们还发现这种存在句和其他谓语句并列甚至共用一个句首方位词或处所词的情形，但这些谓语句的谓语的核心似乎和"是"字句不同，这又怎么依此确定和它们并列的存在句的谓语的核心呢？例如：

⑫脸上笑着，眼里闪着亮光。

⑬仅存的一段南宫墙上也盖了工厂；含元殿前成了大的垃圾场。（《唐大明宫遗址遭到严重破坏》，《光明日报》1980 年 5 月 28 日）

⑭手心摩擦得火辣辣的，出了血泡，生疼生疼。

参考文献

范方莲：《存在句》，《中国语文》1963 年第 5 期。

黄伯荣、廖序东：《现代汉语》，甘肃人民出版社 1981 年版。

吕叔湘：《现代汉语八百词》，商务印书馆 1980 年版。

韶华：《上书》，《光明日报》1980 年 6 月 15 日。

王国璋等：《常用词用法例释》，中国人民大学出版社 1980 年版。

附记

1963 年秋天，黄伯荣老师讲授《现代汉语语法研究》时，讲义中曾表示"台上坐着主席团"的"台上"以看作主语为宜。笔者赞同黄老师的看法。这篇文章就是在黄老师具体指导下的一个初步探索，借此深表感谢。

（原载《兰州大学学报》（社会科学版）1982 年第 2 期，总第 12 期，第 77—85 页）

新词语的容量和寿命

由于社会的发展，由于改革开放，最近 10 年来，新词语大量涌现。为了适应信息社会快节奏、高效率的需要，新词语的容量或信息量也渐趋增大。增大容量的方法是：一、简化法；二、修辞法；三、类化法；四、复合法。前两种方法是不增加音节而增大容量，后两种方法是增加音节而增大容量。但在容量增大的同时，由类化法、复合法、修辞法产生的词语，也存在一个"短命"的问题。本文试就上述诸项做些具体探讨。

一　简化法

通过简缩、抽象、换名或代以等价物的符号等方法使形式简化，读写简便，而所含内容或信息量与原词语相同。

（一）简称和数词缩语。这是新旧词语都在使用的一种构词方法。现在用得更加广泛。大体有以下几种情况。

1. 作为简称，大多是抽取原词组里的关键性语素按原语序组合，如"高级干部——高干"，"第二毛纺厂——二毛厂"，"欧洲共同体——欧共体"；少数词组简缩后也有改变了语序的，如"第五棉纺厂——棉纺五厂"等。

2. 作为数词缩语，它是用数字概括几种具有共同性质的事物或行为。数字的大小由联合成分的多少而定。如"一个中心两个基本点""三种人""四个面向"等。这种情况用得很普遍，特别是当联合项多不便称说的时候，这种方法更能显出它的概括性和表现力。如"六害"内容包括六个方面 36 个字：制作传播淫秽物品，拐卖妇女儿童，利用封建迷信骗财害人，吸毒贩毒，卖淫嫖娼，聚众赌博。这种情况用缩语称说极为简便。约定俗成范围大的词语，一般是开始时出现全称，以后很长一段时期都把全称作为已知信息，而只用缩语。比如全国范围内正在进行的扫除"六害"就是这样。在结构上，这种缩语都由原来词与词的并列关系转为偏正关系。

3. 有的词语，简称和数词缩语同时共用。如"军地两用人才"（拿起枪能打仗，脱下军装会建设，军队和地方都适用的人才）。

4. 由于频繁地使用，一批简称和数词缩语已脱离它们的原词组而单独使用，形式和内容都渐趋定型化，取得了词的属性。这些词实际上包含着和它们相应的原词组的容量。例如：

偏正式：彩照　专列　空调　建材　统考　共建　倍增　编外　四化

述宾式：调资　节能　扶贫　达标

联合式：调研　援建

补充式：翻番（翻一番）

（二）俗称或换名。有的事物来自民间，老百姓很自然地要从自己汉民族的文化心理出发给以命名，如山西农民曹吉生把自己研究成功的一种新式植棉技术命名为"懒棉花"①，就是这样。因为这种技术"不整枝、不中耕、成本低、产量高"，"人人可尽快掌握"。也就是说，只要"懒"就行。既通俗诙谐，又简洁明了。但是，大多情况下，是有些科技用语，不合民族习惯，不便日常称说，而为了通俗简便，使它们为大众所"喜闻乐见"，所以在使用中往往被换上俗名。如"傻瓜相机"（平视光学取景照相机），"隐形眼镜"（微型软质接触透镜），"糯米纸"（食用孢糖纤维纸），"煤气罐"（液化石油气钢瓶），"硅谷"（微电子工业中心，英语意译），"三点式"（女式海滨浴装，英语音译"比基尼"，以太平洋岛名命名的一种由遮蔽面积极窄小的"裤衩"和乳罩组成的泳装），"黑匣子"（飞行记录器，英语意译）。改用俗称后，它们的音节多由原来的七八个字简为三四个字，大大简化了。

（三）抽象融合。这是新词语很有特色的一种增大容量的构词方法。有两种情况。

---

① 见《光明日报》1989 年 1 月 10 日、1990 年 1 月 5 日。

1. 对同一属概念之下的若干并列的种概念用"大、小、高、硬"等词进行统括，作为新词的前项，构成新的集合名词，使原来的若干个词层次化。如"硬笔"，它一方面是对钢笔、铅笔、圆珠笔、粉笔、蜡笔等的统括，另一方面又是毛笔等书写工具的对称（相对称谓）；又如"大球"是对篮球、足球、排球等的统括，"小球"是对羽毛球、乒乓球等的统括，"大球"与"小球"也互为对称。这样，对一定范围不同层次的事物便于概称、对称，层次分明，也有助于整个词汇系统的精密化，序列化。这种情况有渐趋发展的倾向，如"大农业""大纺织""大文化""高科技""小百货""小家电"等，常可见到。

2. 把两三个语义相关的词合而为一，构成新词。大多是选取原词的前项语素构成新词，如"评估"（评议、估价），"拆迁"（拆除、迁移），"仿冒"（仿制、冒充），"传帮带"（传授、帮助、带动）；也有的是选取原词的后项语素构成新词，如"影视"（电影、电视），"音像"（录音、录像）；还有，少数是分别选取原词的前项和后项的语素或者把几个原单音词作为语素构成新词的，如"低俗"（低下、庸俗），"帮派"，"短平快"。结构上都是联合型的，大多是双音节，个别的是三音节。词性上大多是动词，其次是名词、形容词。这类词由于它是几个词的融合，概括面大，所以内涵丰富，表现力强，有生命力。值得注意的是，有时，参与融合的词更多，情况更复杂，新词便不能由选取原词语素来构成，而是把若干原词重新糅合，另用更为概括的其他语素来构成。这时，新词概括面更大，内涵更丰富，表现力也更强。"紧俏"一词的产生就属于这种情况。"辞书上有'俏货''热门货'，偏重销路好，对群众有吸引力的一面，而没强调供应不足、呈现紧张状况的一面。辞书上还有'滞销''冷门货''短缺'等词，不过，'滞销''冷门货'偏重销路不畅，'短缺'偏重'供应不足'。'紧俏商品'不仅同'俏货''热门货''短缺商品'有供不应求相同的一面；还同'滞销商品''冷门货'有销路不畅相对的一面。因此，'紧俏'的含义要丰富得多。这正是新词'紧俏'有生命力的原因。"[1] 在词的感情色彩方面，这类新词也有不同于原词的创新之处。如"拼搏"一词，它"与'拼命''搏斗'在意义

---

① 沈孟璎:《新词新语新义》，福建教育出版社 1987 年版，第 113 页。

上有相近地方，但'拼命''搏斗'都是中性词，而'拼搏'从目前使用情况观察，是褒义词。"①

（四）符号化倾向。近年来，有越来越多的符号进入报刊语言，主要是数学符号，但却又不限于数学符号。如：

（1）一项建议＝7000万元。（《人民日报》1989年3月1日，标题）

（2）"以法治国"≠法治。（《人民日报》1989年2月27日，标题）

（3）小便+脏话+野性＝艺术？（《兰州晚报》1988年4月24日，标题）

（4）中国队首战3∶0胜美国队。（《甘肃日报》1990年4月20日，标题）

（5）中南工业大学68.7%的正副教授登台讲课。（《光明日报》1987年11月1日，标题）

（6）如果没有足够的手段来表示管界的边界，听者/读者就会感到费解，或误解说者/作者的原意。（《中国语文》1987年第4期，第254页）

（7）"90'交响名曲荟萃系列音乐会"今晚首场公演……（《文汇报》1990年3月3日）

以上例（1）至例（7）分别涉及到等号、不等号、加号、比号"∶"、表示"和、或"的斜线号"/"、百分数、表示"年（度）"的"'"。其实不止这7种。为什么要借用这些符号呢？有文章针对等号分析说："'＝'号在汉语中有个与之相应的词儿'等于'。放着现成的词儿不用而要去借用'＝'号，这恐怕是语言自身发展的需要。""用'＝'代替'等于'，似乎更鲜明、生动，更简洁、醒目。"②的确如此。上述其他6种符号汉语中也都有与之相应的词，而偏偏不用那些词，目的恐怕也在于上述那些原因。特别是作为标题，更要求鲜明、生动、简洁、醒目。当然，这些符号并不是新词语，但它们是新词语的等价物或变体，而不像一般的标点符号。因为它们在写的时候是简便的符号，读的时候

---

① 沈孟璎：《新词新语新义》，福建教育出版社1987年版，第160—161页。

② 陈德和：《"＝"号在语言中的应用》，《中国语文天地》1989年第6期。例（1）、（2）也引自该文。

就得读成相应的现成的词，一般的标点不能这样用。

二 修辞法

修辞构词法古代就有，近些年来，使用更为广泛。主要是比喻、借代，其他类型较少。

（一）比喻。从结构上看，由比喻构成的新词语有以下几类。

1. 以喻体代指本体。即赋予某些词语以新的比喻义。这种类型的新词语数量最多，结构最简。如"热点""窗口""拳头""松绑""封顶""透明度""热狗"（英语意译词，一种快餐食品，其状如狗伸舌吐气）等。有些新词语，从它一开始使用，就只是一种比喻用法。如"一刀切""一风吹""剃光头""刮胡子（鼻子）"等，它们一般泛指某些事理、现象，没有明确的本体对象，抽象能力强，应用范围比较广泛。

2. 以喻体作中心成分，前加修饰、限制成分，构成新词语。数量不多。如"歌星""笑星""代沟""关系网""温饱工程""文山""会海"。

3. 以喻体作修饰成分，后面的本体作中心成分，构成新词语。数量也不多。如"钉子户""面包车""风派""铁饭碗""橡皮图章"。

（二）借代。由借代构成的新词语数量不少，种类繁多。

1. 以某一相关事物代指一事物。如"菜篮子"（代指蔬菜、肉类、蛋类等副食品），"菜园子"（代指副食品生产基地），"金牌"（代指取得冠军）。

2. 以某一标志或特征性部分代指该事物。如"大团结"（以民族大团结的图案代指拾元面值的人民币），"红头文件"（以开头印有红色字样的发文部门名称的特征代指上级下发的带指令性的文件），"皮包公司"（以仅有皮包等简单设备代指该类公司）。

3. 以专名代指泛称。如"硅谷"（源自美国的英语意译词，硅是电子工业的基本原料，"谷"指美国加利福尼亚北部的狭长谷地。硅谷即美国的电子工业基地。现代指一般的电子工业基地），"伯乐"（古代的善相马者，现代指一般善于发现人才和举荐人才的人）。由于影视文学的普及，还产生了一批由某些知名人物的穿戴用品构成的借代词，如"幸子衫、光夫衫、真由美服、瓦尔特服、大岛茂包、麦克眼镜、简爱帽”，最近又出现了"孔子衫"。

4. 以相关动作或特征代指某事物。如"红眼病"（以忌妒人时的形象特征代指忌妒），"爬格子"（代指勤奋、艰苦的写作，"格子"代稿纸，"爬"形容写作的勤奋、艰辛），"挂鞋"（代指足球队员退队）。

5. 以职业特征代指专名。这是一种很有特色的借代，可惜一般不见提及。它早已在民间口头使用，这些年来报刊上也多起来。如"面人汤"，"泥人张"，"风筝哈"，"毛猴曹"，"松树张"（指张景云，以画松著称），"全素刘"（创始人刘海泉，善作纯素席）等。使用范围上以前多限于传统个体手工艺工人，现在已有扩大，如"镶牙李"（个体牙医李明新，见《光明日报》1987年9月13日报道），"队列曹"（解放军某部曹某，以训练队列闻名，中央电视台1988年1月21日晚"人民子弟兵"节目:《队列曹》）。由以上各例可知，它全是指人的。语义上全是褒奖义，因为被代指的对象全是技艺精湛多有贡献的人物。结构上全是三音节，大多是"职业+姓"，如以上各例；少数是"姓+职业"，如"赖汤圆""凌汤圆"。这种简洁的格式包含了丰富的内容。

（三）其他。如"黑匣子"（象征），"科盲"（仿词），"智残人"（婉曲），"气管炎"（双关），"魔方"（夸张）等。

由修辞手法产生的新词语，一般都具有形式简洁、容量大的特点。这是因为：

（一）从构词心理上看，这类词语一般都是由各种联想构成的，具有丰富的联想义。本义加上联想义，于是容量增大了。比如，比喻是由相似联想构成的，借代是由相关联想构成的，仿词是由对比联想构成的，等等。从理解的角度看，听者或读者对这类词语所表述的内容也必须通过相应的联想才能把握，但这种联想并不是作者联想的简单回归。从总体上看，他们同作者的联想是对等的、确定的，但具体内容并不会完全相同，因为他们都是根据自己的水平所作的联想，在联想的过程中加进了各自这样那样的看法。正是这样，使联想的内容变得丰富多彩，这类词语的容量也就大大增加了。

（二）从数量上看，这类词语主要由比喻和借代所形成，这两种手法形成的新词语，有两个特点：

1. 音节简短。因为它们大多直接地以喻体指本体，以借体指本体，本体大多不出现。如"曝光""尾巴""大锅饭""大团结""硅谷""挂鞋"。

2. 容量大。因为除了不多几个仅有比喻义的词语如"一刀切"以外，其他的都具有本义和比喻义或本义和借代义两重意义，所以内涵必然大于被它们替代的词语。如比喻定型词"婆婆"同被它替代的词语"顶头上司"相比，就多出本义"丈夫的母亲"这一义项，透露出诙谐的意味。再如由借代形成的惯用语"红眼病"，它不但代指"忌妒"义，这当然是最主要的，同时，也描绘出了"忌妒"时的相关神态特征：由于妒火上升，眼睛都变红了。这种情况是"红眼病"的被替代词"忌妒"本身所不具备的。

三　类化法

类化法是指某些词或词根的词汇意义渐渐虚化，成了词缀，具有更大的抽象、概括意义，取得类义资格而构成的新词语。近年来，汉语里有一些单音词正在演变为新的词缀，有的原来就是词缀，现在构词能力更强了。正在演变的，大家看法不尽一致，有的称为"词缀"，有的称为"类词缀"，或"语缀""类语缀"。如：

多：~层次　~方位　~功能　~侧面

热：文凭~　旅游~　君子兰~　性探索~　洋务运动~　针刺麻醉~　少林寺拳法~　寻找毛泽东~

感：立体~　节奏~　超脱~　现场参与~　民族自豪~　失落和绝望~

户：关系~　拆迁~　万元~　党员联系~

度：知名~　开放~　透明~　参与~

化：港~　老~　淡~　年轻~　网络~　一孩~　公开~　非官员~　全电脑~　高附加价值~

坛：体~　教~　棋~　画~　乒~

这种类化法一是高产，近几年来一大批新词语就是由这种方法产生的；二是内涵包容量大。它采用以下几种方式扩大了容量：

（一）增加音节。以上由"多、热、感、户、度、化"构成的新词语，普遍以三个音节为最常见。"热"最典型，由它构成的词语没有双音节的，至少是三个音节，三个音节以上的也不少见，甚至多达八九个音节的，如"科学幻想动画片热""夏令家常服装购销热"。"化"是个原有词缀，近年来，由它构成的三个或更多音节的词语大量涌现，而它"同单音节的结合能力正在衰退，这也表现在某些单音节加'化'单说拗口行不通，往往要求混在固定结构中"。如"'男化''女化''外化'单说都不好出口，但在'女装男化''男装女化''内衣外化'中则是完全可以接受的。"① 周有光先生说，"多音节词必须有无限增加的可能性，否则汉语就不能成为词汇丰富的发达语言。"②"三音化增多"，正"是词汇表达功能要求提高的体现"。③

（二）自由扩展。跟词缀"热、感"等相结合的那部分语素，其内部结构关系松散，只要表意需要，就可自由扩展。如"养花热"可扩为"家庭养花热"，"失落感"可扩为"失落和绝望感"，又如"一见钟情和一触即发式""好医生、好妻子和好母亲型"，也可再扩展。这样，容量当然可以大大增加了。

（三）类化法和简称并用。这是指由"坛"作词缀构成的词。这种词既扩大了容量又不增加音节，很有特色。这种构词方式是把双音节词先简称为单音节，再加"坛"构成新的双音节类化词。如：绘画→画+坛＝画坛。"坛"是原有的词缀，"现阶段，'～坛'的构词能力骤增，造出了不少新词"。④ 现在还在继续发展着。

四　复合法

复合法指单纯词的复合化。这种情况比较集中地表现在量词的复合化方面。"复式量词这十年间大大发展起来"，"复式量词的大发展是当代汉语的一大特点"，"可以概括为三种类型"⑤：

---

① 王希杰、王芃：《再说"化"》，《语文月刊》1988 年第 7 期。
② 周有光：《略谈现代汉语中的单音节词问题》，《光明日报》1987 年 11 月 10 日。
③ 沈孟璎：《新词语构成特点纵览》，《南京师大学报》1988 年第 4 期。
④ 沈孟璎：《汉语新的词缀化倾向》，《南京师大学报》1986 年第 4 期。
⑤ 王希杰：《论潜量词的显量词化》，《语言教学与研究》1990 年第 1 期。

A 式　选择式：台（套）　　部（集）　　台（盏）

B 式　交错式：人次　架次　台次

C 式　平均式：吨/日　　元/台　　斤/亩

这三种类型的复合量词大多由两个语素构成。如：

（1）仅吉林省，从年初到四月底，就查处、收缴淫秽色情、封建迷信出版物 10 万册（张）。(《中国青年报》1990 年 6 月 10 日)

（2）每天个体运输专业的所有四十多辆（次）汽车在这里停靠。(《人民日报》1986 年 4 月 3 日)

还有的由三个或更多语素构成。如：

（3）1985 年，北京饭店……接待来自世界各国以及港澳地区的客人共十七万八千五百多人次（天）……《人民日报》1986 年 1 月 4 日)

（4）半年多来，全市共查出匿名工业品收录机 1168 台……蜜饯 167445 斤（袋）以及其他食品 90763 袋（瓶、盒、公斤）。(《解放日报》1987 年 8 月 26 日)

（5）1988 年……年人均实现利税 4.17 万元，劳动生产率 15.81 万元/人年。(《小说月报》1989 年第 12 期封三)

由以上各例可知，构成复合量词的语素都是原来的单音量词，复合量词实际上是个包容物量、动量多种信息的综合单位，它的容量当然大了。同时，它的内部结构松散，可作扩展，如例（4）的"袋（瓶、盒、公斤）"可以看成"袋（瓶）"两次扩展的结果，而且，如果需要，它还可再扩为"袋（瓶、盒、包、公斤）"等。

复合量词，由于适合需要，"迅速得到了社会的承认，迅速进入了词汇系统，取得了词籍"。目前，它"还在继续发展"，内部形式也"将进一步复杂化"①。

---

①　王希杰：《论潜量词的显量词化》，《语言教学与研究》1990 年第 1 期。例（2）—（5）也引自该文。

五　余论

　　以上我们探讨了新词语增大容量的两条途径的具体内容。即简化法、修辞法是不增加音节而增大容量，类化法、复合法是增加音节而增大容量。值得提出的是，经过抽象融合产生的由异义语素构成的一大批联合型新词。"这些新词里每一个语素义都有表义作用，共同表达一个比原语素义都要复杂的意义。如'影视'是电影和电视的合称。'展销'是展览并销售的意思。……这种联合型新词，非常符合经济性和丰富性的原则，较好地适应时代讲究效率、效益的需要，所以，能产性较高。"① 但是，多数类型的新词语也普遍存在着一个"短命"的问题。表现在两个方面：其一，是内部结构松散，可以自由扩展。这是类化法和复合法构成的词的特点和弱点。如前面提到的类化词"失落和绝望感"、复合量词"袋（瓶、盒、公斤）"等，它们都可看作扩展的结果，同时也可再作扩展。但"长度越大，其内凝力越弱，越松散，越具有一次性，偶发性，想定型化并巩固在词汇仓库中就越难"。② 而一般的词是不能扩展的。所以，它们究竟是词，还是词组，怎样界定，都有待探讨。其二，是从"总体上说具有相当的临时性，很难，或者说只有少部分词语能进入一般语词行列，保持较长期的稳定性。"③ 这是修辞构词法的弱点。因为它"所要表达、反映的客观事物本身，有相当多数，属临时或短期性的社会事物、现象"，而且"表达上也可能用其他方式代替"④。此外，数词缩语也有类似情况。它虽然"信息量非常之大"，但"生命往往是有限的，过不了多久，有些就从语言系统里消失了"，⑤ 或更换内涵，形成了"同音词"。如"四害"，1976 年 10 月是个分界线，在这以前

---

① 沈孟璎：《新词语构成特点纵览》，《南京师大学报》1988 年第 4 期。

② 王希杰：《论潜量词的显量词化》，《语言教学与研究》1990 年第 1 期。例（2）—（5）也引自该文。

③ 季恒铨、亢艳萍：《比喻、借代与新词语新用法》，《语文建设》1989 年第 4 期。

④ 同上。

⑤ 陈原：《社会语言学专题四讲》，语文出版社 1988 年版，第 38 页。

指苍蝇、蚊子、臭虫、老鼠，在这以后指"四人帮"，而近些年来，有时指前者，有时指后者，要看语境而定。由词缀"坛"构成的新词，有些也"有歧义之可能，或者以形害义、含义不明"。[①] 如"跳坛"可指"跳高""跳远"或"跳水"，不看上下文，不知所云。有的把"手球"范围叫"手坛"，也不明确。

（原载《兰州大学学报》（社会科学版）1992 年第 2 期，总第 62 期，第 120—126 页。《语言文字学》1992 年第 6 期转载）

---

① 沈孟璎：《汉语新的词缀化倾向》，《南京师大学报》1986 年第 4 期。

"有没有/有/没有+VP" 句*

提 要 本文主要依据央视等媒体的口语语料描写了"有没有+VP""有+VP""没有+VP"三种表达上相关联的一组句子。认为"有没有+VP"句已经进入普通话，并列举讨论了它的一些值得注意的结构和用法；同时认为，"有+VP"句也正在成为一种新生的表肯定的动词谓语句，也列举并讨论了它的结构和用法；还指出了"没有+VP"句的新用法。文章认为，后两种句子的结构或新用法主要因"有没有+VP"在语用和结构上的诱发作用而渐渐形成；而"有+VP"句可能还与近代汉语北方话中同类格式的遗留以及目前闽粤方言句式的影响有关。

关键词 "有没有+VP"句 "有+VP"句 "没有+VP"句 诱发 口语 近代汉语 闽粤话

"有没有/有/没有+VP"句，指"有没有+VP"（甲类），"有+VP"（乙类），"没有+VP"（丙类）三类句式。其中的"VP"指动词或动词短语。我们注意到，多年以来，深受学者们关注的甲类句已经成为常用句式，且正在进一步发展成熟。由于它的诱发因素以及别的因素的作用，目前，主要在口语中，乙类的"有+VP"句也已悄然萌生，正成为一种新生的表示肯定的动词谓语句。丙类的"没有+VP"句，也有新的发展。而且，三类句式在结构和语用上，也渐趋配套和呼应。我们拟把它们看作一个网络系统，从总体格局到局部细节等方面试做梳理整合，对它们的分布、功用、结构、网络构成等特点进行描述和展示。语料取自中央电视台诸专题栏目、电视剧，少数取自地方台和书、报。

---

* 本文采纳《中国语文》编辑部的建议，修改过程中，压缩了一些内容，对与本文主要观点相关的内容进行了频率统计。谨致谢忱！

一　分布

（一）"有没有+VP" 格式

"有没有+VP" 格式分布在以下六类句中，表示询问、猜度和祈使。

1. 分布在语用和结构上都与"VP+没有" 等同的"有没有+VP" 句中。占54%。例如：

（1）丁洁：关于周密，你<u>有没有</u>听说什么？（CCTV·1, 2001.2, 《大雪无痕》第13集）

（2）曹颖：你现在<u>有没有</u>在看电视？（CCTV·1, 2001.11.17,《综艺大观》）

这一格式的特点是：A. 在语用上，它和"VP+没有" 一样，表达的是问话人对行为实现的已然性（如例（1））或已发生的行为的延续性（如例（2））的单纯询问；在结构上，也和"VP+没有" 一样，即表已然时一般可以带"过/了"。B. 它与"VP+没有"，可以互换，完全等同，但就发展趋势来看，它正大量地取代着"VP+没有"。

2. 分布在语用上跟"VP+没有" 相等同，但"VP" 的结构却有一定差异的"有没有+VP" 句中。占14.8%。例如：

（3）王志：那你<u>有没有</u>考虑到如果没有达到理想效果所带来的负面影响？（CCTV·1, 2003.5.3,《面对面·直面"非典"——与钟南山面对面》）

（4）冯祺：他的思念<u>有没</u>有通过某种形式传给你？（湖南电视台，2001.12.2,《玫瑰之约》第174期）

（5）鞠萍：你<u>有没有</u>把成绩带回去给爸爸看？（CCTV·3, 2001.12.4,《爱心世界》）

（6）主持人：<u>有没有</u>想过把手头的工作放一放？（CCTV·10, 2001.12.15,《周末讲述》）

（7）和晶：你<u>有没有</u>替公务员招考制度的制定者想一想？（CCTV·1, 2004.3.7,《实话实说·一个与十个》）

（8）康萍：你<u>有没有</u>打电话问问他们？（CCTV·1, 2002.4.19,《风雨乾坤》第4集）

以上六例又可分为 A 类(例(3) 到(6))、B 类(例(7)(8)) 两个小类。A 类的特点是：它的"VP" 都较复杂、特殊，或者是中心语带有长宾语(如例(3) 的宾语"如果……负面影响" 长达18字)，或者是中心语带有长状语(如例(4)"通过某种形式")，或者是它是个各自带有附加成分的连动短语(如例(5))，或者是它的"中心语+宾语" 在"VP+没有"中不能成立 (如例 (6))。因此，这个小类都不便换用"VP+没有"。B 类的特点是：它的"VP" 是、或者其中含有一个表示未然的"V (一) V(例(7) 的'想一想'、(8) 的'问问')"，也就是说，它排斥"过/了"，致使"V(一) V+没有" 不能成立。因此，这个小类也都不能换用"VP+没有"。这就是说，在1式提供的条件下，2式的"VP" 已开始变化。

3. 分布在"有没有+VP 心理" 句中。占13%。例如：

(9) 汪力：你（混在会场里面吃饭）<u>有没有</u>害怕？

杨光北京郊区农民：有呢。(CCTV·1，2001.8.8，《焦点访谈·"会虫"》)

(10) 方宏进：（孩子）现在上高二了，你<u>有没有</u>担心（考大学）？

家长北京人，教师：有担心。(CCTV·1，2002.7.18，《实话实说·家有"玩"童》)

(11) 白岩松：你五岁的儿子<u>有没有</u>知道他妈妈遇到这么危险的事？(CCTV·1，2001.4.21，《庭审特别节目》)

这一格式中"VP"的中心都是"害怕、担心、知道、相信"之类表示心理活动的动词。根据它们和"不/没有" 的组合能力，可以分为 A 类（例（9）（10）)、B 类（例（11)) 两个小类。A 类的特点是：它的动词（"害怕、担心"等）可同时和"不/没有"组合，也就是说，如例（9）的问句（和答句）可有两种理解：①有没有害怕=害怕不害怕（有呢=害怕)；②有没有害怕=害怕了没有（有呢=害怕了)。根据逻辑事理，这两种表达都是对的。B 类的特点是：由于它的动词（"知道、相信"等）不能和"没有"组合，因此，如例（11）的"有没有知道"只能理解为"知道不知道"，如果答句是"有/没有（+知道)"，那就是相应的"知道/不知道"。由此可知，以上 A、B 两小类对表示主观意愿的"不"和表示客观叙述的"没有"（吕叔湘，1980，第 341 页）的表述差异都有所漠视或淡化。而这种漠视或淡化，在我们看来，似乎都是说话人乐意做的。这一格式可看作是对 1 式"VP"组合能力的一种发展。

4. 分布在"有没有+（V真+VP宾）"句中。其中"（V真+VP宾）"＝VP；"V真"指能带谓词性宾语的"真谓宾动词"（朱德熙，1984，第 59 页）；"VP宾"是"V真"的谓词性宾语。占 12%。例如：

（12）广强：棉花如果这样不摘下来，<u>有没有</u>会对它的质量产生影响？（CCTV·1，2001.12.11，《时空连线·棉农到哪儿卖棉花》）

（13）记者：（那些事情）你<u>有没有</u>愿意去做？（CCTV·7，2002.3.12，《两会（九届五次人大和九届五次政协）报道》）

（14）诸葛虹云：你<u>有没有</u>想对史大姐提个问题？（CCTV·4，2002.5.24，《让世界了解你》）

（15）白岩松：你<u>有没有</u>想过给希望工程出个招？（CCTV·1，2001.12.20，《时空连线·希望工程追寻》）

这一格式中的"V真"都是"爱、会、愿意、后悔、想"之类表示主观能愿的动词。根据它们和"不/没有"的组合能力以及带不带"过"，也可分为 A 类（例（12）（13））、B 类（例（14）（15））两个小类。A 类的特点是：它们只能和"不"组合表示主观意愿，不能和"没有"组合表示客观叙述。如例（12）"有没有会对它的质量产生影响"，就只能理解为"会不会对它的质量产生影响"。B 类的特点是："V真"不带"过"时，只能和"不"组合，表示主观意愿，如例（14）"有没有想对史大姐提个问题"，就是"想不想对史大姐提个问题"；"V真"带"过"时，只能和"没有"组合，表示客观叙述，如例（15）"有没有想过给希望工程出个招"，就是"想（过）没（有）想过给希望工程出个招"。这一格式是承接 3 式而来，却又涉及时态，有了新的发展。它们含义复杂，都不能换用"VP+没有"。

5. 分布在表示猜度性评价的"有没有+VP否定"句中。占 3.7%。例如：

（16）崔永元：周围的群众<u>有没有</u>看不惯你们？（CCTV·4，

2002.3.17，《实话实说·请让我来相信你》）

（17）诸葛虹云：你们江都人<u>有没有</u>生在福中不知福？有没有？
（CCTV·4，2002.6.21，《让世界了解你》）

（18）周恩来说：“你们三个月前写的报告，现在<u>有没有</u>过时？”让
他们再次修改。（《百姓故事》）（转引自董秀芳，2004，第
6页）

　　这一格式有如下特点：A. 它的“有没有”类似偏义复合式合成词
如“忘记”之类那样，虽是“有+没有”两义并列，但表义重心前移，
“有”义得到突出，而后一义“没有”则弱化消失，即“有没有”整个
短语不再表示正反疑问，实际上表达的是说话人的一种猜度性的推断或
评价：“有/是（+……吧）”。这是“有没有”继3式淡化“不/没有”
的表述差异之后的又一发展。B. 它的“VP”或“VP”中心都是否定
性的，或者是结构上带否定词的动词短语，如例（16）的“看不惯”，
例（17）的“不知”（“生在福中不知福”是“虽然生在福中但仍不知
福”，即偏正式的固定短语，“不知”是该短语的中心）；或者它是个表
示负面作用的动词，如例（18）的“过时”。这是“VP”的又一新的
发展。C. 全句表达的是说话人对一种用带否定性的“VP”所表示的消
极事件的猜度性的推断或评价，一般不要求听话人做肯定或否定的回
答，略相当于猜度问句“是……吧？”如例（17）“你们江都人有没有
生在福中不知福？有没有？”等于说“你们江都人是生在福中不知福
吧？对不对？”

　　6. 分布在表示祈使的“有没有+VP未然”句中。占3%。例如：

（19）徐小卉：（我们要拍照您梳头的全过程，可您现在已经梳好
了，）那怎么办？您<u>有没有</u>拆开来再梳一次？（常香玉听后照
办了）（CCTV·4，2004.6.7，《神州戏坛》）

（20）冯祺：<u>有没有</u>想一想你们是怎么认识的？（湖南电视台，
2001.11.11，《玫瑰之约·情感老照片》，第171期）

　　这一格式是借助正反问的形式“有没有”委婉表示祈使内容的一
种句式。它有如下特点：A. 它的“有没有”已由表示正反询问，引申
演变为一种委婉的提示和期待，或者说是祈使。“有没有……”类似于
“是不是/能不能……”，它能使语气缓和，有征询协商的意味，却又明

白地传达着说话人的某种导向，这实际上也就是一种委婉的祈使了。如例（19），实际上就是栏目的编导徐小卉提出自己的建议，让常香玉去照办，以便达到栏目制作的要求；只不过面对一个八旬高龄又重病在身的老艺术家，不论从哪方面来说，都不能使用命令的口吻，而"有没有"这种委婉协商的措辞就正合适；听话人也正是依赖这种措辞给予了相应的配合。B. 它的"VP"（如例（19）的"拆开来再梳一次"，例（20）的"想一想"），都是表示未然的，排斥"过/了"的，这正是这一格式表示祈使所要求的条件，也正是这一格式和一般正反问句相对立的条件。这种"VP"从正反两方面表明了它对和它相应配套的"有没有"不是表示询问而是表示祈使的语义取向是支持的。

（二）"有+VP"格式

该格式主要分布在是非问句中、正反等问句的几种答句中、陈述句中，也散见于反问句和感叹句中。表示确认。

1. a 分布在是非问句"有+VP+吗"中。占 29.3%。例如：

（21）方宏进：他先骗了你，再让你骗别人，你有意识到吗？（CCTV·1，2002.1.27，《焦点访谈特别节目：秩序·命脉》）

（22）李湘：你们有提前沟通一下吗？（湖南电视台，2003.6.28，《快乐大本营》）

（23）刘建宏：（珠峰）南坡情况怎么样？有降水或降雪吗？（CCTV·1，2003.5.21，现场直播，《澳的利 2003 站在第三级》）

有时，这种格式也分布在反问句中，这时，句末不一定用"吗"。例如：

（24）丁洁：我让你去找一下你妈单位的领导，请他们给你们家报一点医药费，你有去找吗？（CCTV·1，2001.2.13，《大雪无痕》第 15 集）

（25）柳春江：小怜，你为什么不看戏，是不是我得罪你了？

小怜：你哪里有得罪我了？（CCTV·1，2003.11.17，《金粉世家》第 12 集）

值得注意的是，我们还观察到两例"是否+有+VP"的正反问句，它在结构上是甲、乙两类问句的混合变体。例如：

（26）白岩松：泉灵，你<u>是否有</u>采访到台湾的记者？（CCTV·新闻，2005.5.12，《胡锦涛会见宋楚瑜特别报道》）

1.b　分布在是非问句"有+VP+吗"和它的答句中。占 8.6%。例如：

（27）张晓佩：今天你的徒弟<u>有</u>来剧场吗？

李琦_{演员，陕西人}：<u>有</u>来，<u>有</u>来。（CCTV·3，2003.1.9，《舞蹈世界》）

（28）赵屹鸥：听说你自己攒钱买了把小提琴，今天<u>有</u>带过来吗？

中央音乐学院学生_{湖北襄樊人}：<u>有</u>。（CCTV·3，2003.5.1，《神州大舞台·家家展风采（赵咏诗家庭）》）

以上 1 式用法出现次数较多，占 38%。

2.a　分布在正反问句"有没有+VP"的答句中。占 21.5%。例如：

（29）王世林：你在"神五"_{神舟五号宇宙飞船}上面有没有看到地球上的情况？

杨利伟_{宇航员，辽宁人}：我在上面是<u>有</u>看到地球上的情况。（CCTV·4，2003.10.29，《与宇航员——杨利伟面对面》）

（30）记者：（你们在幼儿园）有没有磕了？碰了？

北京某幼儿园女孩 5 岁：<u>有</u>。（中央人民广播电台，2004.3.13）

（31）白岩松：你指尾原竹太，日本人作证以后，有没有接到恐吓（电话/信件）？

荧屏显示（尾原竹太）：<u>有</u>。（CCTV·1，2001.12.13，《时空连线》）

（32）柴静：那十六个矿工有没有接受过井下求生的训练？

河北省蔚县县长：<u>有</u>，接受过……（CCTV·1，2002.6.28，《东方时空·时空连线》）

2.b　分布在是非问句"VP+吗"的答句中。占 14.6%。例如：

（33）荧屏文字：鸟能倒着飞吗？

答：<u>有</u>。（CCTV·1，2001.5.5，《综艺大观·幸运五十二》）

（34）王刚：你会把你姐姐引见给你的朋友吗？

　　那英歌手，辽宁人：<u>有</u>。（CCTV·3，2001.12.23，《朋友对话》）

2. c　散见于其他问句"没有+VP""VP+没有"的答句中。占2.5%。例如：

（35）曼桢：大婶，你看见我奶奶没有？

　　妇女：<u>有</u>哇。（CCTV·8，《半生缘》第4集）

以上2式用法出现次数和1式相当，占38.68%。其中2. a最多，2. b其次，2. c少见。

3. 分布在陈述句"有+VP"中。占21.5%。例如：

（36）春晚<u>有</u>请奥运冠军。（这是文章标题，其中"春晚"指尚未到的2005年央视春节联欢晚会）（《兰州晨报》2004.8.19，作者罗曲）

（37）美军4月22日在伊拉克首都巴格达的一处高档居民区<u>有</u>发现了1.12亿美元的现钞。（《兰州晨报》2003.4.24，该报综合消息）

（38）丁南：要好好提高文字水平。

　　司机：我一直<u>有</u>练。（CCTV·1，2003.6.9，《云淡天高》第4集）

（39）吕丽萍：抽，抽，抽，抽完你给我含一片儿！

　　葛优：从这儿指口腔到这儿指腹部都舒服。

　　吕丽萍：亿利甘草良咽，清凉滋润，舒畅咽喉。

　　葛优：我<u>有</u>吃。

　　吕丽萍：哈哈哈！（CCTV·1，2002.10.8，亿利医药广告）

（40）唐国强的（书法）作品在各大拍卖会上从来未见<u>有</u>拍卖……（《兰州晨报》2004.6.23，丁峰：《唐国强书法"当代第九"？》）

以上3式用法比1、2式少一些。

4. 散见于感叹句"有+VP"中。占1.7%。例如：

（41）女主持人：我们<u>有</u>相信潍坊人民永远向前，永向未来！（CCTV·3，2003.5.19，《朋友·第20届国际潍坊风筝

节》）

（42）容耀辉：我没有抢（人家的老婆）！

　　　容耀华：你<u>有</u>！（CCTV·8，2002.2.23，《橘子红了》第 21
集）

（三）"没有+VP"格式

该格式分布在用于表示客观叙述或主观意愿的"没有+VP"句中。

1. 分布在用于表示客观叙述的"没有+VP（+吗）"句中，否定动
作已经发生。例如：

（43）我去了，<u>他没有</u>去。（吕叔湘，1980，第 340 页）

这种用法早已存在，是常见的用法。

2. 分布在用于表示主观意愿的"没有（+VP）（+哇）"句中，表
示某种主观否定评价。多出现在答句中。例如：

（44）白岩松：捐的钱怎么花了，都给我说了，这时我还<u>没有</u>相
　　　　信，怎么办？（CCTV·1，2002.3.14，《东方时空·时空连
　　　　线·信任来自透明》）

（45）杨澜：你会认为自己是一个欲望比较强的人吗？

　　　章子怡：<u>没有</u>。（《兰州晨报》2004.9.8，《"我的野心都是伤
　　　痕"》）

（46）嘉宾：综艺大观几周一次？每周一次？

　　　曹颖：<u>没有</u>。（CCTV·1，2001.11.17，《综艺大观》）

这是一种新兴的用法。例（44）"没有相信"就是"不相信"，例
（45）"没有（会认为）"就是"不（会认为）"，例（46）"没有"
就是"不是"。这就是说，这里的"没有+VP"="不+VP"，即它不是
表示单纯的客观否定，是借用它来表示主观意愿，做出某种主观否定评
价。我们收集到 11 例。这是目前的一种时尚用法，看来还在发展。

二　结构和功用

（一）甲类句的前后件、语序及其作用

在甲类句"有没有+VP"中，前件指"有没有"，后件指"VP"，
语序指"有没有"在前，"VP"在后。现代汉语中原来有个"VP+没

有"句。表面上看，新格式"有没有+VP"和旧格式"VP+没有"差不多，似乎都是个正反问句，其实，由于新格式的前后件及其语序的作用，使它获得了远大于旧格式的容量，即原有的旧格式只和新格式的某个部分相当。新旧二式的演变情况大抵如下。

1. 旧格式"VP＋没有"中表示正反问的正方"有"义的实体是"VP"，即"有"是隐含在"VP"中的。现在新格式中"有"字析出，"有"义显化，这使它和"没有"构成正反并列的短语"有＋没有"成为可能。而表示正反问的"有＋没有"的构成并前置，便标志着新格式"有没有+VP"已经诞生了。

2. 新格式的特点是：前件"有没有"专门表示正反双向询问，疑问焦点集中显豁；这不仅给"有没有"自身在下一步的演变提供了方便，同时也使后件"VP"获得了良好的结构发展空间。

3. 新格式"有没有+VP"在自然使用中，得到自由发展，出现了下列一些值得注意的现象。

A. 据我们的统计，它成为六种相关疑问句式的首选问式（见附录表1）。

B. 据意义和结构的差异，可构成六个小类。其中，前四个小类（（一）中1到4式）是正反问句，后两个小类（（一）中5、6两式）是表示猜度和祈使的非正反问句。四类正反问句中，由于"VP"的差异，只有1式和旧有的"VP+没有"相等同，可互换，其余三式都不能换用"VP+没有"。

C. 前后件得到发展。前件"有没有"可表示正反询问（如1到4式各例），也可表示猜度和祈使（如5、6两式各例）。后件"VP"除1式结构较简单以外，其余的结构都较复杂。

D. 在时态上，表示正反问的1到4式大多都表示"过/了"，但结构上差别很大：有的能带"过/了"，如1、2A（例（3）—（6））两式；有的却排斥"过/了"，如2B（例（7）—（8）），3B（例（11）），4A（例（12）—（13））各式；有的带不带"过/了"都可以，如3A（例（9）—（10））式；有的只能带"过"，带与不带情况不同，如4B（例（14）—（15））式。

（二）乙类句"有+VP"的结构和作用

1. "有+VP"句的结构

A. "有+VP"句有两种结构：①"有+VP（+吗）（+呀/了）"，这是完全句，用于陈述句"有+VP"（如例（36）），疑问句"有+VP+吗"（如例（21）），反问句"（哪里+）有+VP（+呀/了）/（+吗）"（如例（24）（25））。②"有（+VP）（+哇/呢）"，这是简略句，一般问句的肯定答句都采用这种格式，如例（27）（28）（9）；表示郑重强调时用完全句"有+VP"，如例（29），这种情况不多。

B. "VP"的结构和时态。①"VP"的结构，就目前看来，都较简短，即还跟与它相应的不带"有"的句中的"VP"相当。但也有"VP+一下"（例（22））、"VP$_1$或VP$_2$"（例（23）），"VP+（有+VP）$_{宾}$"（例（40））等用例。这说明它向复杂化的演变也已萌生。②"VP"在时态上，可以带或不带"过/了"，表示已然，如例（37）带"了"，例（29）可带"过/了"但都没有带。也可以表示行为的延续性，如例（50）的"有"就是"用着呢"，例（38）的"练"就是"练着呢"，但这时结构上都不出现"着"。还可以表示将然，如例（36）（41）。有时，还能表示或然，如例（33）对"鸟能倒着飞吗"的答语"有"，既可以理解为是对已然事实的确认，也可以理解为是对事态将然的推断；又如例（39）"我有吃"的"吃"，据该广告的语境可知，它可能是"已经吃了"，也可能是"正吃着呢"，还可能是"还将吃"。有时，还会出现这种情况：该句是个是非问句"有+VP+吗"，逻辑上是会出现"过/了"的，但它的"VP"却是倾向未然的"V（一）V/V一下"，即结构上是排斥"过/了"的，如例（22）"有提前沟通一下吗"就是这样，这跟甲类句2B如例（7）等句是类似的；这也可能是"有+VP"句中"VP"在时态上的一个特点吧。

2. "有"的作用和词性

A. "有"的作用：①表示确认，与时态无关。在一般情况下，"有+VP"表示已然的情况比较多见，在结构上似乎是"有+VP"="VP+过/了"，这就会使人误认为"有"就是表示已然的"过/了"了。其实并非如此。根据我们的统计，表示已然时还是由"过/了"本身实施的，大量的是用"过"，"了"用得很少；"过/了"都可有省略，

"过"约出现59%，"了"约出现17.4%。这些结构上实际出现的"过/了"，就是实施已然的具体明证。不出现的"过/了"，或者可以补上，或者由于"VP"的排斥等别的原因，跟"有"无关。况且还有不表示"过/了"的其他时态的存在。可见，时态自成系统，已如上述，都与"有"无关。"有"的作用是对处在各种时态下的事件表示确认。确认的范围是它后面的整个部分。情况如下。在陈述句和是非问句中它往往相当于"（是）……的"，如例（29）"我是有看到地球上的情况"，"有"和"是"共用，表示情况的千真万确，"是"重读，"有"次重读；又如（21）"（他先骗了你，再让你骗别人，）你有意识到吗?"意思是"（这种情况）你一定意识到了吧"，"有"重读；又如例（32）"有，接受过"，是"有"后有停顿，表示先确认下来，再做详述。在答句中，一般多是"有（哇/呢）"，"VP"很少出现，全都可以换用"是的"。在双方争辩时，表否定的"没有VP"和表肯定的"有VP"构成对举，这时，"有"的确认意味更为浓烈，如例（42）。②在答句中结构形式一般是"有（+哇/呢）"，这可以理解成省略了"VP"，也可以理解成本就如此。如果按后者理解，"有"在这里就是在表示确认的同时又兼有了取代"VP"的作用。

B. "有"是个和"没有"词性相同词义相反的副词（邢福义，1990，第87页），在句中作状语，表示确认。"没有"一般处理为副词，"有"也如此处理较为合适。那么，"有没有"就是个正反并列的短语。

（三）甲、乙、丙三类句式的某些淡化、泛化趋势

1. 在甲、乙两类句中，"VP"的时态标记趋于淡化。据我们的统计，有以下三种情况：A. 表已然时，甲、乙两类句中，40%左右的"过"，83%—93%的"了"都被省略，或因"VP"的结构而不宜或不能出现；尤其在答句中，"过"只偶有使用，不用"了"。B. 表行为延续时，甲、乙两类句中，结构上都不出现"着"。或用状语的词汇手段如"至今，仍然，一直，现在，在，每年"等表示，如例（2）"你现在有没有在看电视"，例（38）"我一直有练"，又如下例（47）；或用语境显示，如下例（50）。C. 表将然时，在乙类句中也是或用状语的词汇手段如"以后，下半年"等表示，如下例（48）；或用语境显示，如例（36）、（41）。例如：

（47）董卿：我有<u>在</u>想：这个事情……（CCTV·12，2004.6.24，
《魅力12》）

（48）黄树祥：（你）有机会（见到他）呀，他<u>下半年</u>有来上海。
（湖南电视台，2002.1.2，连续剧《爱情汉堡包》）

2. 在乙类句中，用"有（+哇/呢）"作答，简化了原来的正反问句和是非问句答语的表述，模糊了二者之间的字面差异。例如：

（49）张铁林演员，嘉宾主持人：王刚他有没有跟你透露过他想演电视
剧中的一个小演员？
叶咏梅央视编辑：他<u>有</u>。……（CCTV·3，2002.3.24，《朋
友·王刚》）

（50）陈至立（打电话询问）：你现在用电脑吗？
北京中学生：<u>有</u>。（CETV①，2003.5.10，陈至立调查北京
《空中课堂》）

上面例（49）是正反问句，（50）是是非问句。作肯定回答时，正反问要求用"VP过"作答，是非问可用"嗯/是"作答，即二者的答语表述是不同的。现在的答语都是"有"，差异由简化而消失了。

3. 在甲、丙两类句中，由于"有没有+VP"和"没有+VP"二式中的"有没有"和"没有"与"VP"组合的泛化，导致了某些用"没有"取代"不"的用法（如甲类3B、4A，丙类2各例）和用"没有"同时表示"不VP""没有VP（过）"的用法（如甲类3A、4B各例），淡化或模糊了主观意愿和客观叙述的表述差异。

三　网络成因

由前两部分可知，甲、乙、丙三类句式已粗呈网络状。那么，是什么原因促成的呢？我们注意到，"有+VP"句的使用区如闽粤方言的存在（郑懿德，1985；施其生，1995）和近代汉语同类句式的遗留（孙锡信，1992），为网络的形成提供了社会历史依据；而央视等媒体又关注、促使着这张网的具体实施，为它提供了固定有效的演练平台。但是，最重要的，还在于下述该网络句式内部的推动制约作用。

（一）甲类句已经确立。十多年前邢福义（1990）指出："有没有+VP"句本是我国东南沿海一带的常用句，在 20 世纪 80 年代成为比较通用的句式，它"有可能为普通话所接纳"；最近董秀芳（2004）认为：现在它"已经比较成熟了"。根据我们最近的统计，事实也正如此。这种句式在六种相关疑问句式中已经成为首选问式（见附录表 1）。

（二）甲类句是网络中的核心句，它的确立，使网络中其他相关句式的出现成为可能。由于它的"有""没有"以及"有+没有"这样正反并列并前置的语序，使它获得了其他五种相关问句不能获得的诸多优势，成为首选问式；同时，也是由于它的上述因素使它对网络中以下相关句式也时时起着关照、导出的作用。

1. 由于甲类句是"有+没有"正反并列并前置的问句，理所当然地要导出和它的结构相应的肯定式答句"有（+VP）"。事实也正是如此，答句"有（+VP）"（见附录表 2，一栏）所显示的最高出现率正是最好的说明。不但如此，有意思的是，这个被导出句在回答"VP+吗"问句时，又反过来，抓住时机，积极主动地发展自己，显示出仅次于回答甲类句时的高出现率（见附录表 2，二栏）。

2. "有+VP+吗"可以看作甲类句诱导下产生的肯定性单向问式。邢福义先生（1990）曾设想"能不能只从肯定方面用'有VP（吗）'来提问？"又说，"至少，在目前，这样的说法还难以普遍使用开来"。现在，我们可以这样说：这种格式正在使用开来，在六种相关的疑问句式中，它的出现率仅次于"有没有+VP"，居第二位（见附录表 1，二栏）；而且，对它同类格式的答句"有（+VP）"也构成了诱导，并且二者渐渐形成配套使用（见附录表 2，三栏）。

3. 陈述句、感叹句"有+VP"格式可以看作问句"有+VP+吗"的答句的变体和演绎。这一格式占乙类句的 21.5%，低于同式的答句。这跟我们的语料多取自对话的语境有关，也是正常现象。

4. "没有+VP"是甲类句的否定答式，它本来是旧有的格式即原来的"VP+没有"问式的否定答式，但加盟网络后，也应是由于甲类句的诱导作用，它的"没有"义多了一个义项，就是还可以兼表"不"，否定范围也比原来大了（见二（三）3）。

附录

以下两个表是我们在一段时间内对中央电视台等媒体的自然语流随见随记的用例比率。

表1　　　　　　　　几种相关的疑问句式的发展趋势

疑问句式	出现次数	所占比率（%）	发展趋势
一、"有没有+VP"正反问	108	64.8	此式使用率最高
二、"有+VP+吗"是非问	32	19	此式居第二，正渐使用开来
三、"VP+吗"是非问	23	13.6	此式居第三，正渐被"有+VP+吗"取代
四、"是否+有+VP"正反问	2	1.19	此式值得注意
五、"没有+VP"是非问	2	1.19	
六、"VP+没有"正反问	1	0.59	

出现次数合计：168

表2　　　　　答句"有（+VP）（+语气词）"格式的发展趋势

问句	答句		
	出现次数	所占比率（%）	发展趋势
一、"有没有+VP"正反问	25	45.4	问句对答句最具有引发作用
二、"VP+吗"是非问	17	30.9	问句对答句无引发作用，答句系主动使用
三、"有+VP+吗"是非问	10	18.2	问句渐被用开，且和答句渐呈配套
四、"没有+VP"是非问	2	3.66	
五、"VP+没有"正反问	1	1.83	

出现次数合计：55

参考文献

董秀芳:《现代汉语中的助动词"有没有"》,《语言教学与研究》2004年第2期。

吕叔湘(主编):《现代汉语八百词》,商务印书馆1980年版。

孙锡信:《〈老乞大〉〈朴通事〉中的一些语法现象》,《近代汉语研究》，胡竹安等编，商务印书馆 1992 年版。

施其生:《论"有"字句》，全国汉语方言学会第八届(武汉)学术讨论会论文，1995 年。

邢福义:《"有没有 VP"疑问句式》,《华中师范大学学报》1990 年第 1 期。

郑懿德:《福州方言的"有"字句》,《方言》1985 年第 4 期。

朱德熙:《语法讲义》，商务印书馆 1984 年版。

(原载《中国语文》2006 年第 1 期，总第 310 期，第 10—18 页。发表时署名是王森，王毅，姜丽)

象声词的一种虚拟用法

　　象声词是模拟声音的词。如："小雨淅淅沥沥下个不停""远处传来汪汪的狗叫声"。这些都是对客观声音的实写，能使语言形象，生动，给人以如闻其声、如临其境的实感。但有时候客观对象并无具体声音，或者根本不会发音，仍用象声词模拟一番，也同样可以收效。这就是"虚拟"了。这种虚拟大致有以下几种情况。

　　1. 对某些情态的虚拟。如：(1) 她的面孔"刷"地变白了，我明白她害怕了。(《哦，星光》,《甘肃工人报》1985 年 4 月 26 日)(2) 女同志的社会地位噌噌往上长，男同志的社会地位噌噌往下缩。(电视剧:《悲极生乐》) 上述两例都是客体不会发音的，大多是静态的，"变""涌现""长""缩"是动态，但都表示变化过程，也不会发音。这里是通过虚拟，化静为动，化无声为有声，化较长的过程为短暂的瞬间。

　　2. 对心理活动的虚拟。如：(3)"来子出事了，把火车撞坏了!"我一听，脑袋嗡的一声，骑上自行车就往段里跑。(《一个火车司机的妻子》,《工人日报》1985 年 3 月 9 日)(4)"这孩子的爹是右派、反革命，死了。"我一听心里"咯噔"一下，心想：人们说我已死了，孩子才四岁，不要因我而受牵连。(《一个真正牧马人的自述》,《光明日报》1985 年 5 月 11 日) 上两例是表抽象的心理活动、主观感觉，其实那些器官并不会发音。这里也是通过虚拟，化抽象为具体，化无声为有声。

　　3. 对某些细微不易觉察的声音的虚拟。如:(5) 地上是冰凉的，身子一贴着地皮，那寒气嗖嗖地直往肚皮里钻。(《"老虎团"的结局》, 高中语文, 第二册)(6) 评梅的眼泪，"唰"地一下，便又流了下来。(柯兴:《风流才女——石评梅传》) 上两例如果说真有声音，也是人们极难觉察的。但这里却说寒气"嗖嗖"地直往肚皮里钻，连眼泪的"流"，竟也"唰唰"作响了。可见也是通过虚拟，化隐为显，化小为大。

4. 借用甲对乙的虚拟。如：（7）你瞧俺班长，叽里咕噜的外国话，噼里啪啦地往外甩，就是找不到个对象。（电视剧：《铁哥们》）上例是客体的声音不便直接"模拟"，就借用另一事物可能发出的声音来虚拟要表述的事物，先暗喻说外语很流利，像往外甩东西一样，由此引出"噼里啪啦"，顺势借用它表述另一事物。这种借用似乎都隐含着拈连的因素，却又不同于一般的拈连。

这种虚拟用法所以能够产生，关键在于联想；在联想的基础上，进而暗用比喻、借用；最后再往大的、快的等方面夸张，甚至注入主观感情色彩。可以说，它是一种特殊的综合修辞方式。因此，它富有较强的概括性和表现力：使模拟对象由无声变有声、幽微变显豁、静态变动态、抽象变具体、慢长变短暂，不仅形象、生动，而且程度深化，还可表明说话人的主观褒贬态度。

（原载《光明日报》1987年8月18日，《语言文字》第62期。《语言文字学》1987年第9期转载）

"抢²" 的释义有待完善

　　中国社会科学院语言研究所词典编辑室编的《现代汉语词典》（1996 年修订第 3 版，第 1018 页）给"抢²qiǎng"的释义是"刮掉或擦掉物体表面的一层"，举了三个例子："磨剪子~菜刀 ｜ 锅底有锅巴，~一~再洗 ｜ 摔了一跤，膝盖上~去了一层皮。"

　　看得出来，前两例是紧扣"刮掉"的，第三例是紧扣"擦掉"的。但哪个例子能扣住释义的后半截"物体表面的一层"呢？是第一、三两例：第一例"抢菜刀""抢掉"的一层铁确实是"菜刀"那个"物体"的"表面的一层"；第三例"擦掉"的皮也确实是属于"膝盖"那个"物体"的"表面的一层"。但是第二例却与释义不合。因为它"刮掉"的并不是属于"锅"的那个"物体"的"表面的一层"，即不是刮掉了一层铁或铝（假设是铁锅或铝锅的话），而是"刮掉"了附着在锅的表面上的另一个物体"锅巴"，而且也不是该另一物体的"表面的一层"，而是它的"全部"。"锅"和"锅巴"是两个物体，它们之间谁也不是谁的"表面的一层"，而是"附着"与"被附着"的关系。由此可见，"抢²"的释义未能全面涵盖例句。

　　应在原释义后补加一句："或刮掉物体表面的异物。"相应地，例二和例三也应对换位置。

　　（原载《中国语文》2000 年第 3 期，总第 276 期，第 227 页）

哈萨克语、日语等的拟物声象声词的虚拟用法

拟物声象声词在汉语里有虚拟的用法，如"她的脸'唰'地变白了"。"脸变白"并不会发声，但却仍用象声词"唰"来"模拟"它，这就是"虚拟"。就现在已知情况来看，这种用法在其他语种如哈萨克语、俄语、英语、捷克语、日语、韩语中也存在。当然，具体情况有同有异。本文试作如下描述。

一 类型

有如下甲、乙两种虚拟类型。甲类，和汉语情况基本一致，如哈萨克语、俄语、英语、捷克语。它们的虚拟和非虚拟都统称为"象声词"。这里我们名为"统称类"。乙类，和汉语有同有异，如日语、韩语。它们的非虚拟用法和汉语一致，也叫"拟声词""象声词"，或"拟声语"，而虚拟用法则另析为一类，叫"拟态语"。这里我们名为"另析类"。

甲 统称类

请看哈萨克语等语种的用例。

这些语种的虚拟用法大致有以下几种情况。

1. 对某些情态的虚拟。例如：

（1）【哈语】зу［tsu］，快速通过声。

    a Уақыт   зу   етіп   өте   шықты. 时间嗖地过去了。
         时间   ［tsu］ 地   过   去了

试比较：

　　　b　Ол　зу　етіп　өте　шықты. 他嗖地过去了。

　　　　他　[tsu]　地　过　去了

(2)【哈语】тарс［tʻars］，东西跌落声。

　　　a　Тарс　есінен　шығу. 我咚地一下把这件事忘了。

　　　［tʻars］　（从）记忆(里)　忘掉

试比较：

　　　b　Кітап　тарс　етіп　жерге　құлады. 书咚地一声掉到地上。

　　　书　［tʻars］　地　地下　掉

(3)【哈语】салқ［sankʻ］，撞击震动声。

　　　a　Ол　салқ　етіп　зілдей　бұйрық　берді. 他咣地一声给了个严酷的命令。

　　　他　［sankʻ］地　严酷的　命令　给

试比较：

　　　b　Машине　салқ　етіп　жолға　шықты. 汽车咣当咣当地开了过去。

　　　汽车　［sankʻ］　地　在路上　过去

(4)【英语】clicked［kʻlikʻ］，"咔嗒"声。

　　　a　People's　eyes　clicked　together. 人们的目光唰地一声集中到了一起。

　　　人们的　目光　[kʻlikʻ]　集中到一起

试比较：

　　　b　The loom　clicked and clicked. 织布机咔嗒咔嗒地响着。

　　　织布机　［kʻlikʻ］［kʻlikʻ］

(5)【哈语】тасыр-т ұсыр［tʻasɚ-tʻusɚ］，下冰雹声。

　　　a　Бұл　істі　тасыр-т ұсыр жасап тастады. 这件事噼里啪啦地做完了。

　　　这（件）事 [tʻasɚ-tʻusɚ]　做　完了

试比较：

　　　b　Бұршақ　тасыр-тұсыр етіп жауды. 冰雹噼里啪啦地下了起来。

　　　冰雹　［tʻasɚ-tʻusɚ］　地　下了

以上前面四例的 a 句中的客体都是不会发声的(如"时间""目光")，静态的(如"忘""给")，具体单一而较短的过程。例(5) a 的客体是泛指某些静态的较长的过程。但它们都是通过虚拟，化静为动，化无声为有声，化较长的过程为短暂的瞬间。

2. 对心理活动的虚拟。例如：

（6）【哈语】тарс［tʼars］，东西跌落声。

　　Бұл хабар оның ойына тарс еліп түсті. 这个消息，他腾地想了起来。

这个 消息　他的　记忆里［tʼars］地　想起来

（7）【哈语】тарс［tʼars］，东西跌落声。

　　Жүрегім тарс төбеме шықты. 我吓得心腾地跳到了头上。

　　　心　［tʼars］　（到）头上　上去

（8）【哈语】қарс［kʼars］，撕裂声。

　　Бұл хабарды естігенде оның қайғыдан жүрегі қарс айырылды.

这个 消息　听到的时候 他的 因为悲哀　心　［kʼars］ 撕裂了

听到这个消息时，他的心在悲哀中好像嚓地被撕裂了。

（9）【哈语】зу［tsu］，快速通过声。

　　Хабарды естіген соң, жүрегім зу етті. 听到消息，心不由得嗖地着急起来。

　　新闻　听到 以后　心　［tsu］ 表变化的动词

（10）【俄语】ёкнуть［iɔkʼnutɕʼ］，模拟惊抖声的动词，"ёк"［iɔkʼ］，表惊抖声。

　　a Когда увидела собаку, сердце ёкнуло. 当看见狗时，心里不由得咚地一惊。

　　　当　看见　狗　心脏［iɔkʼ］

试比较：

　　b Во время бега, у лошади ёкает селезёнка. 马跑时肚子里咕咕地响。

　　　时候　跑　马　［iɔkʼ］脾脏

（11）【捷克语】hrk［hrkʼ］，表汽车颠簸声或齿轮转动声。

　　Strachy（to）　V　něm hrkLo. 他着急得心里咕隆咕隆地响。

　　着急　（他）　在　他（心里）［hrkʼ］

以上（6）到（11）六例，都是表示抽象的心理活动，说话人的主观感觉，其实那些器官（如"心"等）并没有发声，也不会发声。这里也是通过虚拟，化抽象为具体，化无声为有声。

3. 对某些细微不易觉察的声音的虚拟。例如：

（12）【哈语】ша қ -ша қ［şakʼ-şakʼ］，以手击脸声。

　　Шақ-шақ аязда ол тез жаурады. 唰唰的寒气快把他冻硬了。

　　［şakʼ-şakʼ］ 寒冷　他　很快　冻硬了

例(12) 是说"寒气""唰—唰",如果说它真有声音,也是人们极难觉察的。但这里却说它像人们"以手掌连续扇耳光"那样"唰—唰"地击打。这也是通过虚拟,化隐为显,化小为大。

乙　另析类

请看日语、韩语的用例。

这些语种的虚拟用法大致有以下两种情况。

1. 对某些动态的虚拟。例如:

(13)【日语】ばたばた〔pata-pata〕。a 形容忙乱的样子;b 旗帜飘动声。

　　　a　みんな　ばたばた　　　と　出かけて　行った。大家都忙乱地一个接一个地
　　　　大家都〔pata-pata〕地　　跑　　　出去了
　　　　跑了出去。

试比较:

　　　b　風で　　　　　　旗が　ばたばた　　　揺れる。旗帜迎风呼啦呼啦地飘扬。
　　　　被风吹得/迎风　旗帜〔pata-pata〕摇晃/飘扬

(14)【日语】どんどん〔tuŋ-tuŋ〕。a 连贯,流畅;b 敲门声。

　　　a　日本語が　どんどん　上手くなる。日语说得连贯,流畅,提高很快。
　　　　日语　　〔tuŋ-tuŋ〕好,高明

试比较:

　　　b　ドアを　どんどん　　　と　たたく　音が　する。有咚咚的敲门声。
　　　　门　　〔tuŋ-tuŋ〕地　敲　声音　发生

(15)【韩语】꽉〔p'ak'〕。a 形容某种想法突然产生的样子;b 碰撞声。

　　　a　이전　면접은　늘　결과가　나빴지만, 이번만은　잘될거같은
　　　　以前　面试　往往　结果　不好　这次　　会通过的
　　　　생각이　꽉　든다. 以前面试的结果往往不好,可这次我突然啪地有了感觉
　　　　想法〔p'ak'〕有
　　　　会通过的想法。

试比较:

　　　b　횡단보도를　　지나 가다가　실수로　지나가던　행인과　꽉하고
　　　　在人行横道　过马路的时候　不小心　过去的　和行人　〔p'ak'〕地
　　　　부딪혔다. 我过马路时,不小心和行人啪地碰了一下。

碰了

(16)【韩语】부글부글〔pukei-pukei〕。a 形容情绪激动的样子；
　　 b 液体沸腾声。

　　a 전쟁에의해　죄없는　　많은사람들이　죽어간것만　생각하면　　속이
　　　 在战争中　　无罪的　　很多人　　　被杀死　　　想到　　　心里
　　　 부글부글　　끓는다. 我每当想到在战争中有很多无罪的人被杀，心里就呼呼地冒火。
　　　〔pukei-pukei〕冒火

试比较：

　　b 가스렌즈　위에　된장찌개가　　부글부글　　끓는다. 煤气灶上的大酱汤咕嘟咕嘟地冒泡。
　　　 煤气灶　上　大酱汤　　〔pukei-pukei〕冒泡

(17)【韩语】덜컥〔tʼeikʼɔ〕。a 形容受惊的样子；b 重物落地或撞
　　 击物体声。

　　a 병원으로부터　아버지의　사고소식을　전해듣고　가슴이　덜컥　내려 앉았다.
　　　 从医院　　　爸爸的　　出事的消息　传来　　心里　〔tʼeikʼɔ〕吃惊
　　　 从医院传来爸爸出事的消息，我心里咯噔一下吃了一惊。

试比较：

　　b 많은　빨래감들을　한꺼번에　세탁기에　넣어　돌리려고하는데, 세탁기가
　　　 很多　衣服　　　一起　　在洗衣机上　放　　准备洗　　　洗衣机
　　　 덜컥 하고　멈췄다. 当把很多衣服放在洗衣机里准备洗的时候，洗衣机咯噔一下停了。
　　　〔tʼeikʼɔ〕着　停了

　　以上五例中，后面(15)(16)(17)三例韩语的表动态的虚拟用法
和汉语、哈萨克语的表心理活动的虚拟用法相一致，情况较单一。前
面(13)(14)两例日语的表动态的虚拟用法则以简御繁，富有表现
力，如例(13)含有"忙乱的""一个接一个的"多种含义，例(14)
含有"连贯""流畅""节奏快"等多种含义，它们都概括了复杂的动态
过程。

　　2. 对某些静态的虚拟。例如：

(18)【日语】ごろごろ〔kuru-kuru〕。a 形容路不平；b 东西滚
　　 动声。

　　a 前は 一本の ごろごろ した 石 の 道。前面是一条 高高低低的石头路。
　　　 前面是 一条 〔kuru-kuru〕 的 石头 的 路

试比较：

　　b　石が　　ごろごろ　　と　転がる。石头咕噜咕噜地滚下来。

　　石头　　［kuru-kuru］　地　　滚下来

(19)【日语】ころころ［kʻuru-kʻuru］。a 形容非常圆；b 东西滚动声。

　　a　私の　家には　ころころ　太った　犬が　一匹　います。我家有一只圆滚滚的小胖狗。

　　我　家　［kʻuru-kʻuru］胖的　小狗　一只　有

试比较：

　　b　ピンポン球が　　ころころ　　転がる。乒乓球咕噜咕噜地滚。

　　乒乓球　　　［kʻuru-kʻuru］　滚转

(20)【韩语】탁탁［tʻakʻ-tʻakʻ］。a 形容气闷的样子；b 爆裂声。

　　a　숨이　　탁탁　　막히다．闷闷地透不过气来。

　　气　［tʻakʻ-tʻakʻ］　透不过来

试比较：

　　b　볶　고있는　콩이　밖으로　탁탁　튀다．炒着的豆子啪啪往外蹦。

　　炒着的　　豆子　往外　［tʻakʻ-tʻakʻ］　蹦

(21)【韩语】텅텅［tʻuŋ-tʻuŋ］。a 形容空旷而清冷的样子；b 撞击震动声。

　　a　다　나가고, 집이　　텅텅　　비었다．都出去了, 家里空荡荡的。

　　都　出去了家里　［tʻuŋ-tʻuŋ］　空

试比较：

　　b　얼마 안 있어, 창문이　다시　텅텅　울렸다．不一会, 窗户又哐哐作响。

　　不一会儿　窗户　又　［tʻuŋ-tʻuŋ］　作响

以上例(18)到(21)四例中，前两例是对"路""狗"等具体事物的虚拟，后两例是对气氛之类抽象事物的虚拟。它们都应是把原拟声词加以引申移借，化静为动，使事物显赫，形象，生动。

二　结语

有以下三点值得注意。

1. 上述语种象声词的音节结构和汉语象声词结构大致相同（刘钧

杰，1984），即其音节结构都比较整齐。有如下特点。A. 相当于汉语声母位置上的辅音一般是塞音，其中尤以 [tʻ]（如例（2）），[kʻ]（如例（4）），[p]（如例（16））为常见，[t]（如例（13）），[pʻ] 如例（15）），[k]（如例（18））少见。其次是零星的擦音 [s]（如例（3）），[ʂ]（如例（12）），[h]（如例（11）），塞擦音 [ts]（如例（1））。B. 相当于汉语韵母位置上的主要元音一般是 [a]（如例（3）），[u]（如例（18）），[e]（如例（17））。C. 单音节词可以单用（如例（1）），也可叠用（如例（12））。多音节词的重叠式多见于日语（如例（13）（19）），韩语（如例（16））。

2. 另析类的拟态词是通过把与它们相应的拟声词的整体引申借用发展来的。二者词形同一，义素共用；侧重于声时，就归拟声，侧重于形时，就归拟态；而在既定句法语境中则总是"非声即态，二者必居其一"的。同时，在表达上，也像统称类那样，处处借助于修辞。在日语、韩语的词汇发展过程中，这应是个便捷有效的好办法。我们曾就此请教日本汉语学者神户外国语大学太田斋教授，他也认为日语的拟态词是拟声词用法的扩大。

3. 上述语种象声词的虚拟用法具有普遍性，它是人类思维认知共性类型化的反映，是语言经济性原则的体现。

语料来源

1. 哈萨克语提供并核实者　哈萨克斯坦国立民族大学教师叶尔然、艾莎（2004，7），兰州大学的该国留学生然娜（2002，7），阿萨马特（2005，7），研究生阿尔斯坦（2015，4），阿米卡（2015，4）。

2. 俄语提供并核实者　兰州大学的哈萨克斯坦留学生然娜（2002，6），塔吉克斯坦共和国斯拉夫大学教师柳达米拉（2004，8）。

3. 韩语提供并核实者　兰州大学的韩国留学生、本科生、交换生李敏雨（2002，7），李仲殷（2006，6），金惠真（2007，6），洪惠正（2007，6），张时熹、宋承烨（2014，11），金佳晗（2015，6）。

4. 日语提供并核实者　兰州大学的日本留学生、研究生浅村康子（2004，11），下花彻（2006，1），竹内小惠见（2014，12），大竹昌平（2015，5）。

5. 捷克语提供并核实者　兰州大学的捷克留学生白莲娜(2004,6)。

6. 英语提供并核实者　兰州大学外国语学院李登科老师(2005,2)。

参考文献

本词典编写组:《现代俄汉双解词典》,外语教学与研究出版社 1992 年版。

刘世沐、郑荣成:《英汉双解牛津初级英语学习词典》,外语教学与研究出版社、牛津大学出版社 1986 年版。

刘钧杰:《拟物声象声词的语音结构》,《中国语文通讯》1984 年第 3 期。

王森:《象声词的一种虚拟用法》,《中国语文天地》1988 年第 4 期。

(2015 年 7 月,未刊稿。作者:姜丽,王毅,王森)

读写结合　训练思维

　　读与写在语文教学中占有很重要的地位。读是为了学别人的思路，写是为了表达自己的思路。思路，是思想的路子，是客观事理的反映，把客观事理想清楚了，理出个头绪来，就是思路。讲思路，要着眼于事理，指导学生读、写，都要尽力使他们搞清楚读或写的对象以及它们之间的关系，并围绕这些理出头绪来。叶圣陶先生要求我们对待读和写，要"扣紧思想的路，一步也不放松"，并进一步指出"用这个办法练习读和写，练就这样一项基本功，将会一辈子受用无穷"（《评〈读和写〉，兼论读和写的关系》）。这个道理我们也应反复向学生讲明，并落实到读和写的各个环节中去。

　　我们认为下列几种读法效果较好：1. 审题推意；2. 快速略读；3. 回味印证。

　　审题推意。就是新课开始时先让学生依题目推想文章的内容梗概：若要我写我可能写些什么，先说啥，后说哈，哪儿多说，哪儿少说，到哪儿转个弯等。如《游黄山记》，由于以前学过这种按路线顺序写作的课文，所以一推便知大概。而对《游褒禅山记》这类文章，便很可能会推想也是同样的写法，其实却很不相同。这样将自己的推想同课文的实际相比较，对启迪思维、开阔思路很有好处。当然，有的题目是不适于这样做的。

　　快速略读。一篇文章到手，最重要的是要搞清思路，把握主旨，以获得整体的印象。而快速略读正是达到这些要求的好办法。所以，一般现代文、浅显文言文都应尽可能让学生快速略读全文。可来个比赛，看谁快而准。要知道，这是带着前一步的"推想"而来"求异存同"的，读到"异"处，使人开窍，读到"同"处，使人感奋，"哪怕篇幅比较长，也尽可能一口气读下来，有少数地方不甚明了，暂时由它去，不细想，也不查字典"（张志公:《怎样锻炼思路》）。这样，"鸟瞰"全局，"扫瞄"一般，顺势读来，从零到整，很容易发现文章的来龙去脉。有人说它是打开写作大门，通向写作的桥梁。的确如此。有的学生，写文章之所以脉络分明，详略得当，原因之一在于学课文时养成了"鸟瞰""扫瞄"的习惯，善于把握文脉，也就是搭通了读写之桥。相反，如果文章一到手，就一字一句地抠起来，时而翻字典，时而东问西问，那就势必时时中断思路，半天也不能读它一遍。就是读完，所得最多也不过是些支离破碎的印象。有的学生尽管认真地读了很多书，但写作能力仍然很低，忽视略读就是原因之一。

对于文章的重点、难点、精彩处，可用精读法，仔细加以体味。这是把握了整体之后不应忽视的一件事。但也需从思路着眼：看看人家是怎样细密地叙事状物、表情达意的。

回味印证。通读全文是从局部到整体，其着眼点是寻找作者的思路。这就好比是"寻路登山"。回味印证是返回去，从整体到局部，其着眼点是分析作者的思路是怎样形成的。这就好比是"山顶回望"。我们现在就是要站在这"文山"上，居高临下地"回望"一下文章的各个部分，看它们是怎样谋篇布局、过渡、照应、连贯的，体味其中的味并进而体会作者行文的匠心。这就是所谓"回味"。体会了人家的好处，再把自己原先的"审题推意"来个综合印证，对比得失，检验自己的思路，想想哪些想对了，哪些想错了，哪些超出了原文。这里还要向学生说明，只要"推想"合理，就是对的，不一定与课文完全相同。对那些超出原文的好的"推想"，应极其珍视，热情鼓励。因为它体现了对事物本质的深刻认识，是思维的火花。这样，"回味""印证"相结合，就有可能体会得更深切，阅读能力就可能转化为写作能力。嗣后，进行归纳概括，并写出全文的简明提纲。

写的时候可以抓住以下几条锻炼思路：1. 开仓库，过筛子；2. 选角度，立新意；3. 照镜子，明得失。

"开仓库"，就是围绕题目调动自己与此有关的全部生活储备和知识储备。这一步很重要。不少学生面对题目苦于无话可写，其实，并不是真的没材料，而是打不开自己的"储备仓库"。怎么"打开"呢？关键是依据事理，发挥联想。不是一上来就从头到尾想得很系统，而是围绕题目，纵横正反，古今中外，把能联系的都联系起来。不要急于考虑如何开头、如何收尾，实际上等到纲目理好了，开头结尾就自然水到渠成。"开仓库"就是开拓思路。"过筛子"实际上就是对思路的分析、整理，把经过联想扩展所得的材料去粗存精，使之典型化、纲目化。比如，舍掉哪些，保留哪些，先写什么，后写什么，是先详后略呢，还是先略后详呢，这些对文气、文意都很有影响，要细心加以安排。还有一点值得注意，就是所得的材料是否全面的问题。它将直接影响文章的成败。高二学生写过题为《升不了大学就没有前途吗?》的议论文，绝大多数人都引古今中外自学成才的实例进行论证，说明只要自己努力也能自学成才，因此，考不上大学同样有前途，这就不全面了。应该紧扣什么是前途来写，说明自学成才只是一种前途，此外还有其他种种前途，如果都照顾到了，这就有说服力了。如果"过筛子"时弥补了缺陷，避免了片面性，就不会出毛病了。

选角度，立新意。这是指如何选择观察点的问题。角度选得好，写起来得心应手，事半功倍，容易写出新意。我校初三有个班级进行周记比赛，内容自选。同学们闻讯而动，图书馆、阅览室顿时挤满了人，场景热烈动人。大家颇花了些力气，可是效果却很糟，因为篇篇都是新闻转叙加上表决心，文章写得平而空。其中有一个学生别出心裁，他不去争阅报刊，而是把"镜头"对准那些你争我夺的感人场景，摄下了一组组"课外争读"的动人镜头，使人耳目一新，比赛获得了第一。从这个例子可知，只有"新意"，才能感人，而要"立新意"，就要选好"角度"，而这实际上是思维的灵活性问题。

照镜子，明得失。这个"镜子"主要指布局谋篇的思路。如果是命题作文，命题后，不提示，也不读范文，只交代宗旨，让学生审题推意，放胆创造，让他们选择最好的方法把自己的意思圆满地告诉读者。在讲评时则示以范文，给以点拨，明其得失。这样先动动脑子，再照照镜子，便茅塞顿开，容易获得深刻的印象。这实际上是把读和写的思路进行比较，也算个"回味印证"，只是范围更大罢了。但是这种比较只有经常进行，才能见效。

这种从读学写、读写结合的方法，有三点好处。一是可以使学生以课本为"本"，重视课本范文的学习，从而充分地吸收营养。二是由于是从读学写、读写结合，所以读时便常常想着"如果让我写……"将怎么办，写时又常常"照镜子"，学生始终处在清醒的自觉的状态。这样，学生一方面从读中吸收了营养用于写作；另一方面，又可带着写中的甘苦回味范文，更进一步地促进读。又恰恰是这种深入的读，指导着更高一级的写。这样，反反复复，螺旋式地推进，既培养了读的能力，也培养了写的能力，互得其利，各见其功。三是读写结合，锻炼思路，有利于突出语文对其他学科的基础工具作用。练好这项基本功，不仅读写时思路明晰，而且研究学问、做其他工作，也都会井然有序，丝毫不乱。

　　当然，为了搞好读写结合，还应做些必要的工作。例如，可将现行课本课文顺序稍事调整，使思路接近的课相对集中，便于掌握规律。读和写的内容、体裁也应相应配套，便于教学。此外，如果课外阅读能配合上来，那当然更好了。

　　（原载《中学语文》1983 年第 10 期，总第 46 期，第 19—20 页。发表时署名是王森，王蕊）

数量宾语、补语、宾语的定语辨析

宾语、补语、宾语的定语，它们的位置都在谓语之后，再加上由数量短语充当这些成分，有时不好分辨。下面谈几条辨认方法。

一、看搭配关系。能和前边的谓语搭配的，它就是宾语或补语；能和后边的名词搭配的，它就一定是定语。如：

①他回了一趟家

② 武松吃了三碗酒。

③武松前后共吃了十八碗。

例①的数量短语"一趟"跟谁能搭配呢？如果跟后边的名词"家"搭配，说成"一趟家"，大家就不知道它表示什么意思，可见意义上是说不通的，因此，"一趟"不能做"家"的定语。可是它能和前边的谓语"回"相搭配。比如这样问："你回了几趟家？"就可说："回了一趟。"可见"一趟"是和谓语"回"紧密结合的。因此，它就是宾语或补语。到底是宾语还是补语呢？这等下一步再作分辨。

例②的"三碗"和例①"一趟"就不同了。它既能和后边的名词"酒"相搭配，也能和前边的谓语"吃"相搭配。比如我们问："武松吃了几碗酒？"就可有两种回答。一是回答："三碗酒。"这说明"三碗"是限制"酒"的，是"酒"的定语。二是回答："吃了三碗。"这又说明"三碗"和"吃"的关系也很密切。但和哪个最密切？这就得细心辨别一番才知道：是和"酒"最密切，所以应该是作"酒"的定语。

可是例③的"十八碗"就又不同了。它后边没有名词，绝不可能是定语，而只有和前边的谓语"吃"相搭配。这样，"十八碗"和"吃"的关系又成最密切的了。因此，它就是宾语或补语了。

这样，根据意义上的搭配关系就可以先把定语同宾语、补语分辨清楚。

二、可再根据下面两点把宾语和补语分辨清楚。

1. 看数量短语中量词的性质。和谓语相搭配的数量短语中的量词是物量词时，该数量短语一般是宾语；和谓语相搭配的数量短语中的量词是动量词时，该数量短语一般是补语。

根据这点可知，例①的"趟"是动量词，因此，"一趟"是补语。例③的"碗"是物量词，因此，"十八碗"是宾语。再如：

④武松走了一程……躺下来想睡一觉。

这里的"程"就是"段"的意思，是物量词，因此"一程"是宾语；"觉"是动量词，因此，"一觉"是补语。

2. 看能否前置做主语。能提到谓语前做主语的数量短语就是宾语，否则，就是补语。如：

⑤他浪费了三小时。

⑥他干了三小时。

⑦他拉了我一把。

例⑤的"三小时"能提前做主语，可说成"这三小时被他浪费了"，这说明"三小时"意义比较实在，在原句中是"浪费"的对象，所以是宾语。例⑥的"三小时"就不行，说成"这三小时他干了"就不成话。例⑦的"一把"虽能提前，可说成"他一把拉住了我"，可是它提前后充当的是状语，不是主语，主语仍是"他"。这说明例⑥的"三小时"、例⑦的"一把"在句中的意义都不实在，在原句中是谓语的补充成分，所以都不是宾语，而是补语。

三、辨析意义，区别对待。

以上谈的是对一般的数量短语充当成分的辨认。此外，还有一些特殊的情形。

1. 有的量词可表示物量也可表示动量，一时不易分辨，因而它所组成的数量短语也难以判定充当什么成分。如：

⑧他忙得吃饭也没工夫，今天只吃了一顿。

⑨他把孩子批评了一顿。

这两例的"一顿"就是如此。遇到这种情况可用数量短语后能否加名词的办法来判定：能加名词的，说明这个量词表物量，它所组成的数量短语就算是宾语；不能加名词的，说明这个量词表动量，它所组成的数量短语就算是补语。例⑧的"一顿"后边可加名词"饭"，说成"一顿饭"，全句仍保持原意不变，因此这个"一顿"就是宾语；例⑨的"一顿"后边就不能加名词，如加上"饭""酒"等名词后全句就不成话了，因此这个"一顿"就是补语。

2. 有的量词表示物量和表示动量的语法功能同时存在，因而它所组成的数量短语也难以判定充当什么成分。如：

⑩刮了一阵风。

⑪下了一场雨。

这两例的"一阵""一场"就是如此。"一阵"的"阵"作为物量词时，那么"一阵"就是"风"的定语，这在意义上是说得通的，如"一阵狂风过后天上乌云密集"，这个"狂风"前的"一阵"就是充当"狂风"的定语的；"一阵"的"阵"作为动量词，那么"一阵"就是"刮"的补语，如问："刮了几阵风?"答："刮了一阵"，这个"一阵"就是补充说明"刮"的次数的补语。可见，例⑩的"一阵"是处在做定语和做补语的两可之间的。例⑪的"一场"也是同样，可作"雨"的定语，也可做"下"的补语。既然处在做定语和做补语两可之间，那么析句时，判为定语或判为补语就都是正确的。

（原载《伊犁教育学院学刊》1985 年第 1 期，总第 3 期，第 72—73 页。发表时署名是王森，王蕊）

郑州荥阳（广武）方言的变韵[*]

广武原是郑州市所辖荥阳县的一个乡。该乡 1993 年改设广武镇，该县 1994 年 9 月改设荥阳市。但是三地原来的隶属关系都没有变动。广武镇位于该市东北部，北靠邙山、黄河，东和郑州西北郊相连。也就是说，处在属于晋语区的武陟县南面，中原官话区的北部边缘地带。

本文所说的变韵，指下面两种情况：第一种是指在句法中动词、形容词、介词、名词四类词的大部分韵母的后一个元音或鼻尾韵由开口度小向开口度大变化的有规律的音变倾向，也就是说，它是一种开化的句法变韵，可简称为 K 化韵；第二种是指一部分名词或量词的韵母向收闭元音 U 变化的有规律的音变倾向，它的作用是使这些词相当于子尾词或儿化词，或具有某些修辞色彩，也就是说，它是一种闭化的构词变韵，可简称为 U 化韵。这两种变韵其他方言中也有。第一种变韵如山东牟平话，河南获嘉话，河北昌黎话，江苏赣榆话；第二种变韵多在河南省北部，如郑州话、辉县话、新乡话、林县话等。就语法作用的整体来看，各地的变韵大体相当，但第一种变韵涉及的词类和句式各地有多有少。两种变韵的语音形式各地的差别也较大。相比较而言，从语法到语音，广武话的变韵都更为完整和系统。本文集中讨论 K 化韵。但是，由于这两种变韵的许多特点在广武话中相互对立，为了更明确地揭示出 K 化韵的特点，在构成和分布等方面，我们将拿 U 化韵作概括的比较。此外，对 U 化韵只举例说明，不做讨论。下面试就 K 化韵的构成、分布和功用做些初步探讨。

---

* 本文写作过程中，老友赵学仁、王维和二位先生热情惠寄地图，提供信息。笔者借此深表谢意。

某字的变韵在该字右上角标一个小变韵符号表示。如："吃ᴷ"表示"吃"字是 K 化的"吃"。某类词的变韵则在该词类名称右上角标一个小变韵符号表示。如："名ᵁ"表示该名词是 U 化的名词。基本韵则在该词或词类名称右上角标一个小"⁰"表示。如："跑⁰""形⁰"，表示该"跑"字是基本韵的"跑"，该形容词是基本韵的形容词。K 化韵所出现的格式称为"K 化句"，具体的可称为"动ᴷ句""形ᴷ句"等。相应的基本韵所出现的格式称为"本韵句"，具体的可称为"动⁰句""形⁰句"等。本韵字和变韵字需要标音时，标在该字的右侧。需要注释时，也随文用小字写在右下侧。标音和释义同时出现时，先标音，后释义。文中标有浪线"〜"的词是有音无字的同音借用词。

广武话的声调：阴平：13 壹妈，阳平：42 倚麻，上声：55 椅马，去声：31 义骂。上声有两个变调：42 喊响，13 楚冢。

一　K 化变韵的构成

K 化变韵的构成指它和基本韵母的结构关系及其本身的结构特点。为了便于比较，U 化变韵也附在后面。请看下列各表。

表 1　　　　　　　K 化变韵和基本韵母的关系

类别序号	基本韵母韵母	例字	例句/韵母 分布	动词	形容词	介词	名词 地名	名词 人名	例词/韵母 分布	表人表物名词
1	ɿ	撕瓷四子	ɣ	撕ᴷ张纸	按唥瓷ᴷ点儿			老四ᴷ	ou	南瓜子ᵁ
2	ʅ	吃湿之柿	ɣ	吃ᴷ仨馍	衣裳湿ᴷ一块儿			慎之ᴷ	ou	柿ᵁ
		吃	ɔ	饭我吃ᴷ了						
3	i	飞低立痱	iɛ	飞ᴷ房上了	比我低ᴷ一头			进立ᴷ	iou	痱ᵁ
		李	ia				曹李ᴷ			
4	u	做苦除苏鲁裤	uɣ	饭做ᴷ好ᴷ些儿	苦ᴷ一辈子	这事儿除他没人干	苏ᴷ寨儿	小鲁ᴷ	uou	蜀黍裤ᵁ
		茹	ua				茹ᴷ寨儿			

续表

类别	序号	韵母	例字	韵母(K化·例句)	动词	形容词	介词	地名	人名	韵母(U化·例词)	表人表物名词
5	5	y	许虚戌驹	yɛ	许ᴷ三天愿	把面虚ᴷ虚			丙戌ᴷ	you	驴驹ᵁ
			徐	ya				徐ᴷ寨儿			
6	6	a	渣							au	豆腐渣ᵁ
7	7	ia	芽							iau	豆芽ᵁ
8	8	ua	袜							uau	袜ᵁ
9	9	ɤ	折婆							au	存折ᵁ老婆
10	10	uɤ	镯							uau	镯ᵁ
11	11	yɤ	角							yau	豆角ᵁ
12	12	ɛ	得百客								
13	13	iɛ	蝎							iau	。蝎ᵁ
14	14	uɛ	国								
15	15	yɛ	薛月	ia				薛ᴷ寨儿		yau	坐月ᵁ
16	16	ɯ	给	ɛ	给ᴷ他本书						
17	17	ər	二耳儿								
18	18	ai	来赖挨蔡筛	ɛ	来ᴷ俩人	活儿做ᴷ赖些儿	你挨ᴷ边儿走	蔡ᴷ寨儿	小赖ᴷ	au	草筛ᵁ
19	19	iai	懈崖								
20	20	uai	扛歪外	uɛ	扛ᴷ个篮儿	歪ᴷ一边儿了		外ᴷ河			
21	21	ei	背黑北坯	ɛ	背ᴷ张锄	染ᴷ黑些儿		北ᴷ庄儿	老黑ᴷ	iou	砖坯ᵁ
22	22	uei	喂脆惠会坠	uɛ	喂ᴷ个牛	炒嘞脆ᴷ些儿		惠ᴷ厂	常会ᴷ	uou	耳坠ᵁ
23	23	au	跑少朝赵照	ɔ	空跑ᴷ一趟	少ᴷ半斤	水朝ᴷ低处流	沟赵ᴷ	光照ᴷ		
24	24	iau	要小姚	iɔ	问他要ᴷ根绳	做嘞小ᴷ点儿		姚ᴷ庄儿			
25	25	ou	收稠牛兜	ɔ	收ᴷ我三块钱	饭做嘞稠ᴷ点儿		牛ᴷ寨儿	臭兜ᴷ		
26	26	iou	丢羞刘秋	iɔ	丢ᴷ件儿衣裳	我羞ᴷ羞他		刘ᴷ沟	中秋ᴷ		

续表

类别 序号	基本韵母 韵母	基本韵母 例字	K化韵母 分布/例句韵母	K化韵母 动词	K化韵母 形容词	K化韵母 介词	名词 地名	名词 人名	U化韵母 分布/例词韵母	表人表物名词
27	an	看满按樊山	ε	看^{K}出儿戏	碗舀嘞满^{K}点儿	按^{K}我嘞意见办吧	樊^{K}河	铁山^K		
28	ian	演浅莲	iε	演^{K}个节目	剜唰浅^{K}点儿			秋莲^K		
		闫	yε				插闫^K			
29	uan	穿晚湾栓	uε	穿^{K}衣裳再去	来嘞晚^{K}点儿		湾^{K}寨儿	小栓^K		
30	yan	镟远袁选	yε	镟^{K}个苹果	这条路远^{K}一里地		高袁^{K}寨儿	小选^K		
31	ən	分深趁陈贞	ε	分^{K}几斤油	埋深深^{K}点儿	趁^{K}空儿歇会儿吧	陈^{K}庄儿	淑贞^K		
32	in	噙勤金彬	iε	噙^{K}口水	你学勤^{K}点儿		金^{K}寨儿	王彬^K		
33	uən	滚嫩孙顺	uε	滚^{K}一边儿去	煮嫩^{K}点儿		孙^{K}寨儿	天顺^K		
34	yn	熏晕军	yε	熏^{K}熏蚊子	头晕^{K}一天			小军^K		
35	aŋ	帮长张芳	ɔ	帮^{K}帮他	头发留^{K}长^{K}些儿		军张^K	小芳^K		
36	iaŋ	想响杨香	iɔ	心里想^{K}事儿嘞	一直响^{K}十分钟		寨^{K}杨^K	小香^K		
37	uaŋ	撞光往王双	uɔ	撞^{K}下钟	擦一回光^{K}三天	人往^{K}高处走	河王^K	小双^K		
38	əŋ	蒸冷郑增绳	ɔ	蒸^{K}锅馍	冷^{K}碗饭		荥郑^{K}寨儿	天增^K	ɔou	绳^U
39	iŋ	请静邢岭钉	iɔ	请^{K}桌客	静^{K}一会儿		邢^{K}寨儿	松岭^K	iou	钉^U
40	uŋ	送红荣松隆	uɔ	送^{K}他本书	红^{K}两天		荣^{K}寨儿	小松^K	uou	窟窿^U
41	yŋ	用穷勇	yɔ	用^{K}一天	穷^{K}一辈儿			小勇^K		

表 2	K 化变韵的韵母 *			
K 化 韵 母	ɛ(ɯ ai ei an ən) iɛ(i ian in) uɛ(uai uei uan un) yɛ(y yan yn ian₂)	ɔ(au ou aŋ əŋ ʅ₂) iɔ(iau iou iaŋ iŋ) uɔ(uaŋ uŋ) yɔ(yŋ)	ɣ(ɿ ʮ) uɣ(u)	 ia(i₂ yɛ) ua(u₂) ya(y₂)
附: U 化 韵 母	au(a ɣ ai) iau(ia iɛ) uau(ua uɣ) yau(yɣ yɛ)		ou(ɿ ʮ) iou(i ei) uou(uei u) you(y)	

＊ 表中括号内的是该变韵韵母的基本韵母；右下标有小 2 的是出现两次的韵母；其中下加线的是和基本韵母相同的韵母。

二 K 化变韵的分布和功用

K 化变韵遍及全市大部地区，涉及动词、形容词、介词、名词四类词。就功用来看，动ᴷ、形ᴷ、介ᴷ是一类，名ᴷ是另一类；就使用情况来看，动ᴷ最常见，情况也最复杂，形ᴷ次之，介ᴷ最少，名ᴷ虽常见，情况却较单一。下面依表一所列为序，先描写 K 化变韵在上述四类词中的使用情况，然后概括其功用。

（一）K 化变韵的分布

K 化变韵分布在以下四类词的共十六种格式中。为了便于比较，我们把 K 化句和与其相应的在当地也同时使用的本韵句对比列举。本韵句放在 K 化句后括号内，只列出与 K 化句中的 K 化变韵相对应的本韵例字，其他相同部分不再出现。

A. 动ᴷ出现在以下九种格式中:

1. 动+(宾) /(补数量)。例如:

（1）人家等ᴷ［tɔ⁴²］你嘞呢，快点! (等⁰［təŋ⁵⁵］着)

（2）他卖菜卖ᴷ［mɛ³¹］拾块钱。(卖⁰［mai³¹］了)

（3）他捆ᴷ［kʻuɛ⁴²］(一) 捆儿麦。(捆⁰［kʻuən⁵⁵］了)

（4）"你去过北京没?" "我都去ᴷ［tɕʻyɛ³¹］两回了。"(去⁰［tɕʻy³¹］过)

（5）他背ᴷ［pɛ¹³］袋儿面。(背⁰［pei¹³］着/了)

（6）我兜儿衣服口袋<u>六</u>"里头"的合音装^K［tʂɔ¹³］俩馍。（装⁰［tʂuaŋ¹³］着／了）

以上例（5）、（6）的动^K有两种语法作用：当着眼于动作的持续时，作用是"着"；当着眼于动作的实现时，作用是"了"。

（7）那个电影我看^K［kʻɛ³¹］三遍儿了。（看⁰［kʻan³¹］过／了）

（8）他做生意赔^K［pʻɛ⁴²］三回钱了。（赔⁰［pʻei⁴²］过／了）

以上例（7）、（8）的动^K也有两种语法作用：当着眼于动作的经验时，作用是"过"；当着眼于动作的实现时，作用是"了"。

2. 动+补_{状态}。例如：

（9）明儿_{明天}你来^K［lɛ⁴²］早^K点儿！（来⁰［lai⁴²］嘞得）

（10）他把我闯^K［tʂʻɔ⁴²］一溜不朗_{趔趔趄趄}。（闯⁰［tʂʻuaŋ⁵⁵］嚡"嘞"的变体）

（11）你再喊^K［xɛ⁴²］响^K点儿！（喊⁰［xan⁵⁵］嗬"嘞"的变体）

3. 动+名_{处所/称代}。例如：

（12）羊毛出^K［tʂʻuɣ¹³］羊身上。（出⁰［tʂʻu¹³］在／到）

（13）我把麦堆^K［tsuɛ¹³］聚拢_{一堆儿一块儿了}。（堆⁰［tsuei¹³］到）

（14）我走^K［tsɔ⁴²］哪儿，他跟^K［kɛ¹³］哪儿。（走⁰［tsou⁵⁵］到，跟⁰［kən¹³］到）

（15）去跪^K［kuɛ³¹］恁［nən⁵⁵］你老师！（跪⁰［kui³¹］到／向）

（16）把钱还^K［xuɛ⁴²］我吧！（还⁰［xuan⁴²］给）

4. 动+动（+宾）。例如：

（17）我把麦堆^K［tsuɛ¹³］堆。（堆⁰［tsuei¹³］了（一）堆）

（18）他捆^K［kʻuɛ⁴²］捆麦。（捆⁰［kʻuən⁵⁵］了（一）捆）

（19）他翻^K［fɛ¹³］翻身儿又睡了。（翻⁰［fan¹³］了（一）翻）

以上例（3）和例（18）很相似，但却属两种动^K格式，动^K的语法作用不同，动^K后面的词的词性和功能也不同。例（3）中的后一个"捆"字是物量词，可构成数量短语作宾语的定语或作宾语，常常儿化，它前面的"一"可有可无。例（18）中的后一个"捆"字是动量词，作补语，它不能儿化，前面也不能出现"一"。例（13）和例（17）也很相似，但也是两种动^K句。例（13）中的"一堆儿"是处所词。例（17）中的后一个"堆"字是动量词，它不能儿化，前面也不能出现"一"。

5. 动+宾(+宾)。例如：

（20）赶紧来，轮^K〔luɛ^{42}〕你了！（轮^0〔luən^{42}〕到/着）

（21）能人多嘞，哪儿可显^K〔ɕiɛ^{42}〕你了！（显^0〔ɕian^{55}〕着）

（22）等^K〔tɔ^{42}〕他来就晚了。（等^0〔təŋ^{55}〕到）

（23）乡里奖^K〔tsiɔ^{42}〕他三百块钱。（奖^0〔tsiaŋ^{55}〕给）

（24）戴^K〔tɛ^{31}〕棉帽儿吧，外先外面老很冷。（戴^0〔tai^{31}〕上）

（25）我剩^K〔ʂɔ^{31}〕三块钱呐。（剩^0〔ʂəŋ^{31}〕下）

（26）衣裳露^K〔lɔ^{31}〕肉儿了，缝缝吧。（露^0〔lou^{31}〕出/出来）

6. 动+来/去。

广武方言中有十个单音趋向动词，这十个单音趋向动词及由它们构成的合成趋向动词如下表：

	上	下	进	出	过	回	开	起
来	上来	下来	进来	出来	过来	回来	/	起来
去	上去	下去	进去	出去	过去	回去	/	/

表中没有"开来、开去、起去"。"起来"也不能进入动^{K}式中，例如只能说"喊^0〔xan^{55}〕起来"，不能说"喊^K〔xɛ^{42}〕起来"；而"喊^K〔xɛ^{42}〕来"虽能说，却和"喊^0〔xan^{55}〕起来"意思并不相同，就是说，二者也不是相对应的 K 化句和本韵句。其余的十二个合成趋向动词如"上来、过去"等进入动^{K}式后都必须省去前一音节，只出现后一音节"来"或"去"。因此，例如"搬^K〔pɛ^{13}〕来仁人"中的"来"可能是"上来/下来、进来/出来、过来/回来"中的某一个合成趋向动词的省略，需依语境认定。同理，"去"构成的合成趋向动词也如此。例如：

（27）甲：你把他叫 $\left\{\begin{array}{l}上来/去！\\下来/去！\end{array}\right.$

乙：我把他叫^K〔tɕiɔ^{31}〕 $\left\{\begin{array}{l}来了。\\去了。\end{array}\right.$ （叫^0〔tɕiau^{31}〕 $\left\{\begin{array}{l}上/下来了\\上/下去了\end{array}\right.$）

（28）甲：把车子推 $\left\{\begin{array}{l}过来/去！\\回来/去！\end{array}\right.$

乙：车子推^K［t'uɛ^{13}］$\left\{\begin{matrix}来了。\\去了。\end{matrix}\right.$（推^0［t'uei^{13}］$\left\{\begin{matrix}过/回来了\\过/回去了\end{matrix}\right.$）

7. 动+不+名处所。例如：

（29）饭吃^K［tʂʮ^{13}］不嘴六 "里头" 的合音。（吃^0［tʂʮ^{13}］不到）

（30）东西放^K［fɔ^{31}］不顶上。（放^0［faŋ^{31}］不到）

（31）他到^K［tɔ^{31}］不人前。（到^0［tau^{31}］不了［liau］）

这一格式是 3 式 "动+名处所/称代" 的否定式。

8. 动+不+来/去。例如：

（32）脚打泡了，走^K［tsɔ^{42}］不来/去了。（走^0［tsou^{55}］不过/回来/去）

（33）钱领^K［liɔ^{42}］不来/去了。（领^0［liəŋ^{55}］不进/出来/去）

这一格式是 6 式 "动+来/去" 的否定式。

9. 动双音+［（不）+名处所］+/［补/宾］。例如：

（34）我收拾^K［ʂɤ^{21}］几天房子。（收拾^0［ʂʮ^{21}］了）

（35）把他七六^K［liɔ^{21}］吊梁上！（七六^0［liou^{21}］到）

（36）他谷最^K［tsuɛ^{21}］蹲不那儿。（谷最^0［tsuei^{21}］不到）

（37）他黑涝^K［lɔ^{21}］聚拢不一堆儿。（黑涝^0［lau^{21}］不到）

以上 1 至 8 式中的动^{K}都是单音节的，这一格式中的动^{K}是双音节的。例（34）是 1 式，（35）是 3 式，（36）（37）是 7 式。

B. 形^{K}主要出现在以下四种格式中：

10. 形+补数量。例如：

（38）表慢^K［mɛ^{31}］五分钟。（慢^0［man^{31}］了）

（39）走这条路远^K［yɛ^{42}］一里地。（远^0［yan^{55}］了）

（40）肚子疼^K［t'ɔ^{42}］一天了。（疼^0［t'əŋ^{42}］了）

这一格式相当于动^{K}1 式。

11. 形+点儿/些儿。例如：

（41）你快^K［k'uɛ^{31}］些儿来！（快^0［k'uai^{31}］（一）些儿）

（42）雨小^K［siɔ^{42}］点儿咾咱再走。（小^0［siau^{55}］（一）点儿）

（43）你嘞的病好^K［xɔ^{42}］些儿了吧？（好^0［xau^{55}］（一）些儿）

12. 形+名处所。例如：

（44）那个字歪^K［uɛ^{13}］一边儿了。（歪^0［uai^{13}］到/在）

（45）肉烂烂^K〔lɛ^{31}〕锅六 "里头" 的合音。（烂^0〔lan^{31}〕到/在）

（46）柿^U〔ʂou^{31}〕都轰^K〔xuɔ^{13}〕变得红软而不易收取树上了。（轰^0〔xuŋ^{13}〕到/在）

这一格式相当于动^{K}3 式"动+名处所/称代"。

13. 形+形（+宾）。例如：

（47）他把饭冷^K〔lɔ^{42}〕冷。（冷^0〔ləŋ^{42}〕了（一）冷）

（48）那盏灯亮^K〔liɔ^{31}〕亮又灭了。（亮^0〔liaŋ^{31}〕了（一）亮）

（49）他给爷爷暖^K〔nuɛ^{42}〕暖被窝。（暖^0〔nuan^{55}〕了（一）暖）

这一格式相当于动^{K}4 式"动+动（+宾）"。

C. 介^{K}只出现在下面一种格式中：

14. 介+名+动。例如：

（50）这种事儿除^K〔tʂʰuɤ^{42}〕他没人干。（除^0〔tʂʰu^{42}〕了）

（51）我小时候跟^K〔kɛ^{13}〕他学过手艺。（跟^0〔kən^{13}〕着）

（52）依^K〔iɛ^{13}〕你嘞意儿意思啥也弄不成。（依^K〔iɛ^{13}〕＝依^0〔i^{13}〕着，但该地无相应依^{0}句）

（53）你挨^K〔ɣɛ^{13}〕这边儿走。（挨^K〔ɣɛ^{13}〕＝挨^0〔ɣai^{13}〕着，但该地也无相应的挨^{0}句）

这一格式相当于动^{K}1 式。

D. 名^{K}出现的情况视人名、地名而不同。大体如下：

15. 在地名中名^{K}可出现在前一音节，后一音节，中间一个音节，还有每个音节都是名^{K}的。出现在前一音节的，例如："王^K〔uɔ^{42}〕河丨楚^K〔tʂʰuɤ^{13}〕楼丨丁^K〔tiɔ^{13}〕洼丨孙^K〔suɛ^{13}〕寨儿丨徐^K〔sya^{42}〕寨儿丨杨^K〔iɔ^{42}〕垌儿丨陈^K〔tʂʰɛ^{42}〕铺头丨靳^K〔tɕiɛ^{31}〕马寨儿"；出现在后一音节的，例如："碾儿徐^K〔sya^{42}〕丨军张^K〔tʂɔ^{13}〕丨曹李^K〔lia^{55}〕丨绳金^K〔tɕiɛ^{13}〕丨瓦屋孙^K〔suɛ^{13}〕丨佛姑垌^K〔tuɔ^{31}〕丨扁担王^K〔uɔ^{42}〕"；出现在中间一个音节的，例如："阴赵^K〔tʂɔ^{31}〕寨儿丨方靳^K〔tɕiɛ^{31}〕寨儿丨黑邢^K〔ɕiɔ^{42}〕寨儿丨高袁^K〔yɛ^{42}〕寨儿丨荣郑^K〔tʂɔ^{31}〕寨儿"；每个音节都是名^{K}的，例如："寨^K〔tʂɛ^{31}〕杨^K〔iɔ^{42}〕丨冢^K〔tʂuɔ^{13}〕宋^K〔suɔ^{31}〕丨冢^K〔tʂuɔ^{13}〕李^K〔lia^{55}〕丨崔^K〔tsʰuɛ^{13}〕庙^K〔miɔ^{31}〕丨王^K〔uɔ^{42}〕顶^K〔tiɔ^{42}〕丨仁^K〔zɛ^{42}〕里^K〔lia^{55}〕"等。

16. 在人名（包括称谓名）中名^{K}总是出现在后一音节，在句中充当呼语，或独立构成感叹句。例如："松林^K［liɛ^{42}］，你来！""叔^K［ʂuɣ^{55}］！吃饭吧。"

（二）K 化变韵的功用

K 化变韵是一种句法变韵，其中动^K、形^K、介^{K}属一类，名^{K}又属另一类。分别说明如下。

A. 动、形、介 K 化的功用。

1. 动、形、介的 K 化韵是通过变韵省略某些词语，而起到所省词语的语法作用。这只要比较一下以上所举的 K 化句和与其相应的本韵句就会知道。在当地方言中动、形、介的 K 化句和与其相应的本韵句大都同时并存，只有少数情况下没有相应的本韵句。如以上对比列举的例句所示。而 K 化句通过变韵所省掉的那些词语恰恰就是与其相对应的本韵句所多出的那些词语（例句中带着重号的词语）。换句话说，如果在 K 化句中补出了本韵句中所多出的那些词语，那么 K 化韵母就一定得复原为本韵韵母，否则，句子就不能成立。例如："*我买^K［mɛ^{42}］了两斤梨｜*你来^K［lɛ^{42}］嘞得早些儿｜*我把车子推^K［tʼuɛ^{13}］回来了。"由此可见，K 化韵的功用正是通过 K 化而起到所省词语的语法作用。

2. 动、形、介 K 化韵的具体作用，依上文对其分布的十四种格式的描写，列表总括如下。

		词类		语法作用	所出现的格式
所省词语	虚词	动态助词	着了过	表已然、持续	1、10、14
		结构助词	嘞得	连接状态补语	2
		介词	到在向给	构成处所、对象补语	3、7、9、12
	实词	其他	了+一	表已然 构成数量补语	4、13
		数词	一	构成数量补语	11
		动词	到着给完	充当结果补语	5
		趋向动词	上下进出过回	充当趋向补语	5、6、8

续表

		词类	语法作用	所出现的格式
所省词语	位置	在肯定句中，所省词语紧挨 K 化字后		1—6
		在否定句中，所省词语紧挨否定词"不"后		7—8

3. 一般来说，K 化句和与其相对应的本韵句二者的功能是等同的。但在下列场合二者有差异，即本韵句结构上是自由的，K 化句结构上不自由。这又从一个侧面说明了 K 化韵的特定语法作用。试比较下列甲、乙、丙、丁四组例句：

	出现场合		例句		差异
甲	格式1、13：(动/形)＋(动/形)	K 化句	1	他穿上试^K [ʂɤ^{31}] 试。	后一"试"字前不能出现"一"。
		本韵句	1a	他穿上试^0 [ʂʅ^{31}] 了试。	后一"试"字前"一"有无皆可。
			1b	他穿上试^0 [ʂʅ^{31}] 了一试。	
乙	格式11：形＋点儿/些儿	K 化句	2	头发留嘞长^K [tʂʰɔ^{42}] 点儿。	"点儿"前不能出现"一"。
		本韵句	2a	头发留嘞长^0 [tʂʰaŋ^{42}] 点儿。	"点儿"前"一"有无皆可。
			2b	头发留嘞长^0 [tʂʰaŋ^{42}] 一点儿。	
丙	定语	K 化句	3	你等等，叫我换^K [xuɛ^{31}] 那双胶鞋。	动^{K}的宾语不能带数量定语，只能带指量定语。
		本韵句	3a	你等等，叫我换^0 [xuan^{31}] 上那双胶鞋。	动^{0}的宾语可带指量定语，也可带数量定语。
			3b	你等等，叫我换^0 [xuan^{31}] 上(一)双胶鞋。	

续表

	出现场合			例句	差异
丁	动词"吃"	K 化句	4	吃$^K_1$： "那碗饭谁吃^K［tʂʼɔ¹³］ 了？" "我吃^K［tʂʼɔ¹³］了。"	音［tʂʼɔ］，语法作用是省略结果补语"掉、完"等，不能带宾语，也不能在 7 式"动＋不＋名处所"中出现。
			5	吃$^K_2$： "我吃^K［tʂʼɤ¹³］仁馍， 你吃^K［tʂʼɤ¹³］多少？" "我吃^K［tʂʼɤ¹³］碗饭， 没吃馍。"	音［tʂʼɤ］，语法作用是省略动态助词"了"，一定要带宾语，能在 7 式"动＋不＋名处所"中出现。
		本韵句	4a	"那碗饭谁吃^0［tʂʼʅ¹³］ 了？" "我吃^0［tʂʼʅ¹³］了。"	吃^{0}句结构自由。
			5a	"我吃^0［tʂʼʅ¹³］了仁馍， 你吃^0［tʂʼʅ¹³］了多少？" "我吃^0［tʂʼʅ¹³］了碗饭， 没吃馍。"	

4. 有一种动^{K}式即"动^K＋走"式，其功用不同于其他动^{K}式，我们还不知道它具有什么语法作用。这种格式的特点是，它虽经常使用，但其中的动^{K}既不是省略变韵（因为补不出所省词语，也没有相应的动^{0}句），也不能用动^{0}代替构成"动^0＋走"式。例如"车子他骑^K［tɕʼiɛ⁴²］走了｜把信送^K［suɔ³¹］走吧｜他背^K［pɛ¹³］走一袋面｜把他撵^K［n̠iɛ⁴²］走"。我们认为，这种动^{K}和一般动^{K}很可能是一种同形异义结构，它当另有其语法作用，将另文讨论。

B. 名^{K}的功用。

名^{K}在人名中的功用是使人名的最后一个音节的尾韵由闭元音或鼻尾韵变成半开元音（少数的变为开元音），以便于发长音呼叫，使静态的名^{0}变为动态的名^K，充当特殊句法成分——呼语，或独立构成感叹句。

当地呼叫人名时一般有两种情况：一种是连续呼叫两遍，当呼叫第一遍时后一音节的尾韵一定 K 化，第二遍则一定用本韵，例如："小欣^K［ɕiɛ¹³］——小欣^0［ɕin¹³］哪！"另一种是只用名^{K}呼叫一遍，例如：

"小欣^K［ɕiɛ^{13}］，咱去耍吧?""张老师^K［ʂɤ^{13}］，作业我放在桌子上了。"
最典型的用法是当表示亲切而或兼距离稍远时往往省去前面的其他音
节，只用后一K化音节，例如："欣^K［ɕiɛ^{13}］！多早晚回来了?""你来
了，舅^K［tɕio^{31}］，吸烟吧。"有趣的是，有的人名是先由名^{0}变成名^U，
静态地存在着，例如："俺村有个人叫小四^U［sou^{31}］"，其中"四［sou^{31}］"
是由"四^0［sʅ^{31}］"变来的；而当呼叫时，再由静态的名^{U}变成动态的
名^K，例如："小四^K［sɔ^{31}］！有人找你。"这里，由"四^0［sʅ^{31}］"变成
"四^K［sɤ^{31}］"，韵母是由［ʅ］变成［ɤ］；而由"四^U［sou^{31}］"变成"四^K
［sɔ^{31}］"，韵母是由［ou］变成［ɔ］，［ɔ］比［ɤ］开口度大，所以经
由四^{U}变成四^{K}要比直接由四^{0}变成四^{K}更便于呼叫。

　　名^{K}在地名中的功用，在便于发长音呼叫这一点上和人名的K化是
相同的。此外，似乎没有别的作用。上述表人、表地的名^{K}不能用名^0
代换。

三　余论

　　1. K化变韵和U化变韵是一对互相对立的变韵。和U化变韵相比
较来看，K化变韵是一种和U化变韵或共存或互补的、简化的、开化
的、极富表现力的句法变韵，而U化变韵则是一种**繁化**的、闭化的词
法变韵。这表现在以下几个方面：

　　A. 由表1可知，该方言四十一个韵母中，除去四个韵［ɛ, uɛ,
ər, iai］不存在变韵现象以外，在八个韵［ʅ, ʅ, i, u, y, ai, ei, uei］
中K化韵和U化韵同时并存，其余二十九个韵中两种变韵恰成互补，
即［a, ia, ua, ɤ, uɤ, yɤ, iɛ, yɛ］八个韵只出现U化韵，序号16、
20、23—41的二十一个韵只出现K化韵。又由表2可知，U化韵韵母
共八个，出现U化韵的基本韵母是十六个；K化韵韵母共十三个，而出
现K化韵的基本韵母却有三十个。

　　B. 仍由两表可知，在三十个基本韵母的K化过程中，九个韵［ʅ,
ʅ, yɛ, ɯ, in, yn, iŋ, uŋ, yŋ］音素数不变，三个韵［i, u, y］音
素数各增加一个，其余十八个韵音素数都各减少了一个；而在十六个基
本韵母的U化过程中，只有两个韵［ai, uai］音素数不变，其余十四

个韵音素数都有增加，有的韵如［i，u，y］音素数甚至增加了两个。

C. 再由两表可知，所有 K 化韵的后一个元音都比本韵尾音的开口度大，这便于发长音，适宜于名^{K}的呼叫，一般是只有一套 K 化韵，后一个元音多是半开元音［ε，ɔ］。也有一小部分双套 K 化韵现象，如吃$_{1}^{K}$［tʂʻɔ］、吃$_{2}^{K}$［tʂʻɤ］，适应了该动词的不同语法要求。但在这种情况下，其中的另一套往往是只供呼叫某些地名时专用的，而且该类 K 化韵的后一个元音大多都是开元音［a］，如表一中序号 3、4、5 各例。而 U 化韵恰恰相反，它的后一个元音则全都是由其他元音变为后闭元音［u］。

D. 从功用方面来看，K 化韵是句法变韵，使用地域广，出现频率高。而 U 化韵则主要是该地北部、东北部所用的一种构词变韵，如表 1 所举各例。这种构词变韵和名^{K}二者的功用、分布互补，名^{K}只表人名、地名，名^{U}则只表人物、事物。这种 U 化词到了该地南部一分为四：分化成了儿化词、子尾词、本韵词和保留下来的少数 U 化词。而且，由于南部少用 U 化词，常用儿化词，导致 U 化词和儿化词渐渐对立起来，使 U 化词演变出和儿化词表示小称、爱称相对立的表示大称、恶称的两种修辞用法。例如：

（1）俺才蒸了两箅儿包子，他独个儿就吃了一箅^{U}！

（2）他那个人，说话掉下巴^{U}指人言谈迂阔过分！

（3）看人家小三那脖儿白生生儿嘞的，多好看，看你那脖^{U}，黑嘞跟车轴^{U}样！

（4）嗽叹词，表示不以为然！大老婆^{U}家，穿恁花，不怕人家笑话！

上面例（1）和例（3）两例中 U 化、儿化同时对举，二者对立的感情色彩更加明显：例（1）中的“箅儿”表示少，而“箅^{U}”则夸张其多；例（3）中的“脖儿”表示喜爱，而“脖^{U}”则表示厌恶。

2. 就 K 化变韵本身来看，有两个特点：

A. 从分布来看，内部分布很不平衡，动^{K}、形^{K}、名^{K}分布域大体相当，介^{K}只是零星现象。从功用来看，动^{K}、形^{K}、介^{K}的功用大体相当，名^{K}则另属一类。

B. 作为一种使用单位的 K 化句，大多都有与它相应的本韵句同时并存，这丰富了语言的表达功能。但是 K 化句更加口语化，使用频率很高，而本韵句则显得文绉绉的，当地人交谈时一般少用，有些则根本不用，或不存在本韵句。

参考文献

孔昭琪：《牟平方言动词的儿化》，《汉语方言语法类编》，青岛出版社 1996 年版。

贺巍：《获嘉方言研究》，商务印书馆 1989 年版。

河北省昌黎方言志编委会、中国科学院语言所：《昌黎方言志》，科学出版社 1960 年版。

蒋希文：《赣榆话儿化词的特殊作用》，《中国语文》1962 年第 4 期。

周庆生：《郑州方言的声韵调》，《方言》1987 年第 3 期。

裴泽仁：《河南林县话的子尾》，《汉语方言语法类编》，青岛出版社 1996 年版。

李人鉴：《泰兴方言中动词的后附成分》，《中国语文》1957 年 5 月号。

李人鉴：《泰兴方言里的拿字句》，《中国语文》1962 年 8、9 月号。

（原载《中国语文》1998 年第 4 期，总第 265 期，第 275—283 页）

荥阳（广武）方言的分音词和合音词

广武是郑州市所辖荥阳县的一个乡，位于该县东北部，北靠邙山、黄河，东与郑州西北郊相连。历史上楚汉相争，两军曾在此对峙。本文所写内容，侧重该乡南部。

本文所说的分音词，是指一个单音词的读音用两个音节的读音相切合成来表示的词；而合音词止相反，是指一个双音词或短语的读音用一个音节的读音来表示的词。这里的分音词都是词，而合音词则除"词"以外，还包括了一些"短语"。由于该地既古老又开放的特点，它的分音词和相切合成的单音词之间，有时声韵调不甚相符。分音词当是单音词在词的漫长的双音化过程中音节求偶的产物，合音词则当是后来双音词或短语的音节求简现象。二者相反相成，增强了汉语的表现力。

一 声韵调

1. 声母 广武话的声母包括零声母在内共24个。

p 白不	pʻ 朴旁	m 妈木	f 夫房
t 打地	tʻ 梯挑	n 拿奴	l 拉陆
ts 咱积	tsʻ 擦七		s 桑习
tʂ 张纸	tʂʻ 常深		ʂ 事书　ʐ 日惹
tɕ 家局	tɕʻ 期去	ȵ 年女	ɕ 下吸
k 该谷	kʻ 开苦		x 海黑　ɣ 安恩牛
∅ 儿衣午远			

[n] 只拼开口呼、合口呼，[ȵ] 只拼齐齿呼、撮口呼，[ɣ] 只拼开口呼。

2. 韵母 广武话的韵母包括基本韵母、某些合音字韵母和儿化韵母共 61 个。

（1）基本韵母 41 个。

ɿ 兹此私	i 飞比立	u 五出母	y 雨女绿
ʅ 尺师日			
a 爬答察	ia 牙家瞎	ua 瓦花刷	
ɤ 这热歌		uɤ 窝桌科	yɤ 约角确
ɛ 百得客	iɛ 街茄列	uɛ 国	yɛ 缺雪绝
ɯ 给坷圪			
ər 二耳儿			
ai 哀拍来	iai 崖懈家白读	uai 歪快获	
ei 北内煤		uei 威对退	
au 包刀抄	iau 要孝桥		
ou 走头手	iou 丢酒修		
an 班番咱	ian 烟边千	uan 弯团关	yan 原涓权
ən 分真深	in 因今林	uən 温昏困	yn 云军群
aŋ 昂康刚	iaŋ 央良江	uaŋ 王黄光	
əŋ 朋风曾	iŋ 英冰清	uŋ 翁农空	yŋ 拥兄倾

[ɤ] 拼 [p pʻ m f] 时，舌位略低，唇稍圆；拼 [tʂ tʂʻ ʂ ʐ] 时，舌位偏前；拼 [k kʻ x l] 时，才是本音 [ɤ]。

（2）合音词的韵母大多和基本韵母相同，只有以下 4 个是合音词专用的，其中有的还表示白读音。

ɔ 知道 iɔ 清早 uɔ 五个 yɔ 一个

（3）儿化韵母共 16 个。每行"<"号左边的是儿化韵母，"<"号右边的是该儿化韵的基本韵母。每个基本韵母后举出一个该基本韵母的儿化韵例词。

ər<ɿ 枪子儿 ɿ 老师儿 ‖ ei 长辈儿 ‖ ən 缸盆儿 ‖ iər<i 粉皮儿 ‖ in 皮筋儿 ‖ uər<u 杏核儿该乡东部读音 ‖ uei 香味儿 ‖ uən 手纹儿 ‖ yər<y 小鱼儿 ‖ yn 围裙儿 ‖ ɐr<a 腊八儿 ‖ ɤ 小车儿 ‖ ɛ 花名册儿 ‖ ai 井台儿 ‖ an 飞盘儿 ‖ iɐr<ia 结痂儿 ‖ iɛ 树叶儿 ‖ ian 针眼儿 ‖ uɐr<ua 猫娃儿 ‖ uai 土块儿 ‖ uan 茶碗儿 ‖ yɐr<yɛ 不够月儿 ‖ yan 油卷

儿‖ɤr<ɣ 柏壳儿柏树上结的籽儿‖ɔr<ɣ 独个儿｜au 灯泡儿｜aŋ 草棒儿｜əŋ 水坑儿‖iɔr<iau 面条儿｜iaŋ 鞋样儿｜iəŋ 铁钉儿‖uɔr<uɣ 鸡窝儿｜uaŋ 鸡蛋黄儿｜uŋ 笔筒儿‖yɔr<yɣ 豆角儿｜yŋ 哭穷儿‖ɔr<ou 麦牛儿麦子里生的一种小甲虫‖iɔr<iou 万金油儿‖ur<u 指头肚儿该乡南部读音

3. 声调　广武话除轻声以外，共 4 个声调：

阴平 13 壹　　　阳平 42 倚　　　上声 55 椅　　　去声 31 义

二　分音词

大多数分音词有音无字，都用同音字代替，没有合适的同音字代替时，用"□"表示。有的字不止一读的，用斜线"/"隔开表示，如"圪 kuɯ^{13/42}"表示有阴平、阳平两读，"卷（儿）tɕyan/tɕyer"表示有非儿化、儿化两读。

八拉 pa¹³la⁰——疤 pa¹³ ①伤口愈合后留下的痕迹：他脊梁上有个大~。②泛指器物上的破痕：你那锅上咋恁大个~？

不闹 pu¹³nau⁰——包 pau¹³ 包袱：你这大~、小~，我一车就都装完了。

不来 pu¹³lai⁰——摆 pai⁵⁵ 摆动：你这裤子老_很轻，风一刮乱~，又好看又凉快。可重叠：①ABB 式：孩子那裤腿老_太长，走起路~，~，多碍事。②ABAB 式：他把布洗了，晾到绳上，~，~，一会儿可干了。

不棱 pu¹³ləŋ⁰——绷 pəŋ¹³ 拨弄：这弦子定好弦了，可别使手乱~，一~音就不准了。

不拉 pu¹³la⁰——绊 pan³¹ 搭上，扣住：你把大门~住，睡去吧，天不早了。

不拉 pu¹³la⁰——拨 pɣ¹³ 拨弄：大门冇没有上好，我在门外先_{外边}使手一~，可~开了。

鹁拉 pu⁴²la⁰——扒 pa¹³ 扒拉：你把这碗里的饭~干净，桌子上的馍花馍屑也~干净。

鹁棱 pu⁴²ləŋ⁰——蓬 p'əŋ⁴² ①树冠：这棵树，~老很密，能在底下避雨。②丛生的灌木枝条：这榆~、柳~都能编筐儿、编篮儿。

铺棱 p'u¹³ləŋ⁰——膨 p'əŋ⁴² 绽放：夜儿个_{昨天}这花还都是骨都花蕾，今儿个可都~开了。

铺棱 p'u¹³ləŋ⁰——澎 p'əŋ¹³ 因抖动而溅洒：那个狗一身脏水，身子一~，也~了我一身。

铺塔 p'u¹³t'a⁰——趴 p'a¹³ ①趴下：割了十天麦子，把我使累~了。②趴伏的状态，堆，量词：他是个胖子，他那一~，谁能拉动他？

铺僧 p'u¹³səŋ⁰——丛 ts'uŋ¹³ 量词，用于茂密丛生的植物：山沟里青草一~，一~，膝盖深。

铺囊 p'u¹³naŋ⁰——□ p'aŋ¹³ 经水浸而胀大或糟烂：这落生_{花生}水一泡都~开了，锅里盛不下了｜锅不滚不敢下面条，下下去就泡~了。

蒲朝 p'u⁴²tʂ'au⁰——刨 p'au⁴² 用手乱扒：他不会水_{游泳}，光会在水里乱~。

滴溜 ti¹³liou⁰——丢 tiou¹³ ①转动快的样子：他那拈转儿_{玩具名}~~转呐_得多快。②跑动快的样子：那个小孩~~跑嘞_得多快。③弃置：那个老婆不该死，生叫媳妇儿~死了。

滴拉 ti¹³la⁰——吊 tiau³¹ ①下垂：这孩子裤腰带天天~多长。②可作ABB式重叠，表示松垮不紧凑：你咋_{怎么}总在后头~，~，走快点不中_{不行}！

低闹 ti¹³nau⁰——头 t'ou⁴² 脑袋：我不小心，~上碰了个疙瘩。

立能 li¹³nəŋ⁰——立 li¹³ ①脚尖着地脚跟抬起：小李，我~起脚来才跟你的个儿一般高。②不能直立的动物暂时直立。如高举食物引诱狗、猫等时，它们会暂时用后肢直立片刻。

足节儿 tsy¹³tsiɐr⁰——截儿 tsiɐr¹³ 细小的可塑的杆状物的一小段儿：他老_{非常}脏，身上那灰能搓~｜小孩们在水坑边上和泥搓泥~耍嘞。

即令 tsi¹³liŋ⁰——精 tsiŋ¹³ 反应灵敏，精明：那个小妮儿老~，啥活儿一说就会。辨：该分音词同与它相应的单音词"精"二者词义不同，"精"的词义是"吝啬"。

蒺藜 tsi⁴²tsi⁰——茨 ts'ʅ³¹ 蔓生草本植物，果实有刺：我小时候割草，~经常扎住手。

七六 ts'ʅ¹³liu⁰——秋 ts'iu¹³ 吊起来：把贼~到梁上打了一夜。

枝杈 tʂʅ¹³tʂ'a⁰——奓 tʂa³¹ ①张开：你看他那头发~嘞_得，跟_像个刺

猬一样。②不顺从，过分：你可别老$_太$~哝，小心收拾你！

枝棱 tṣ^{13}lən^0——展 tṣan^{55} ①水灵：这棵花我早上浇了水，你看这咱儿这时候多~。②穿戴整齐：你看他打扮嘞多~，管许是去串亲戚嘞。③可重叠为 AABB 式，表示程度加深：这场雨下嘞好，麦苗~长开了。

居连（儿）tɕy^{13}lian/lieɻ^0——卷（儿）tɕyan/tɕyeɻ^{55} ①翻卷：他那头发~呐得像烫嘞的一样。②翻卷状，多用儿化音：她俩都是~头发。

居龙 tɕy^{13}luŋ^0——惊 tɕiŋ^{13} 惊动：他正睡嘞呢，我一叫他，他一~可起来了。

曲连 tɕʼy^{13}lian^0——圈 tɕʼyan^{13} ①书写潦草：小学生学写字要一笔一画，可不能乱~。②可重叠为 AABB 式，表示程度加深：他写那字~呐，我不认识。

谷最 ku^{13}tsui^0——蹲 tuən^{13}：棉裤老厚，都~不那儿。

骨轮 ku^{13}lun^0——滚 kun^{55} 滚动：他不小心，从山上~下来了。又读作"骨碌 ku^{13}lu^0"。

骨轮 ku$^{13/31}$lun^0——磙 kun^{55} 磙状物：你看他那身体，一~，可壮实啦 ｜ 这一~木头能做好几个大立柜。又读作"骨碌 ku$^{13/31}$lu^0"。

轱轳 ku^{42}lu^0——毂 ku^{13} 轮子：这个小车儿，~不圆，推着老费力。又读"轱轮儿 ku^{42}lueɻ^0"。

轱碌 ku^{42}lu^0——锢 ku^{31} 用焊具焊补器具：他是个小~匠，天天~锅。

固容 ku^{31}zuŋ^0——拱 kuŋ^{55} ①蠕动：茅池里的蛆乱~。可作 ABB 式重叠：孩子醒了，在床上~，~ 。②臃肿拙笨的状态：你看他穿呐多厚，跟个老$_未脱壳儿$的蝉一样。

圪淋 kɯ$^{13/42}$lin^{31}——梗 kəŋ^{55} ①梗状物：这一篮儿布$_梗状布条儿$都是我那旧衣裳上拆下来嘞的。②梗状痕迹：他把孩子身上打嘞一~、一~，老可怜。

圪雁 kɯ^{13}ian^0——干 kan^{13} 枯萎，蔫：多天不下雨，庄稼都旱~啦。

圪棱 kɯ^{42}ləŋ^{31}——埂 kəŋ^{55} 土埂：你顺着这地~走，别踩着旁边的庄稼。

圪棒儿 kɯ^{42}pɔɻ^0——棒 paŋ^{31} 细小的杆状物：草~ ｜ 干~$_细小的干树枝$ ｜ 琉璃~$_冰柱$。

圪料 kɯ⁴²liau⁰——翘 tɕˈiau³¹ ①弯曲，不平：这板儿老~，做家具不中。②脾气不好：他那脾气老~，跟谁都弄不到一堆儿。

圪当 kɯ⁴²taŋ¹³——秆 kan⁵⁵ 特指高粱秆儿：你去弄些红~、白~，我给你编个蛐子蝈蝈笼儿。

窟窿 kˈu¹³luŋ⁰——孔 kˈuŋ⁵⁵ ①洞穴：那边沟沿儿上有个大~，管许是黄鼠狼窝儿。②透开的孔道：你这衣裳上有个~，肉都露出来了，补补吧。

窟蜷 kˈu¹³tɕˈyan⁴²——蜷 tɕˈyan⁴² 蜷缩：被窝儿老凉，我一夜都~着腿，不敢伸。

枯处 kˈu¹³tʂˈu⁰——枯 kˈu¹³ ①植物由于缺乏水分而萎缩：这几畦菜都~了，该浇水了。②皱褶多，不平展：这纸老~，写不成字。

坷抽 kˈɯ¹³tʂˈou⁰——皱 tʂou³¹ 皱缩：他~着脸，不高兴了。

坷朗 kˈɯ¹³laŋ³¹——腔 tɕˈiaŋ⁵⁵ ①胸腔：孩子那衣裳上扣儿都掉了，天天露着~，他妈也不管。②只有四壁的房子：俺家那柴草都在屋~儿里放着嘞。

坷篓儿 kˈɯ⁴²lor⁰ᐟ¹³——壳儿 kˈɤr¹³ ①空壳儿：你这瓜吃完，瓜~可别扔，还能镟瓜皮菜吃。②壳儿：我这兜衣服口袋里是空~，啥也没装。

坷窝儿 kˈɯ⁴²uɔr⁰——坑儿 kˈɔr¹³ 小而浅的坑：我在野地剜菜，一只兔子就在那地边儿~里卧着。又读作"坷窑儿 kˈɯ⁴²iɔr⁰"：给你个玻璃蛋儿，在地下挖个~往里弹吧。

忽□ xu¹³luan³¹——环 xuan⁴² 特指团形的：他手里拿了一~线。

忽拉 xu¹³la⁰——垮 kˈua⁵⁵ 垮台，失败：这一仗把敌人打~了。

胡拉 xu⁴²la⁰——划 xua³¹ 散落：这孩子把碗里的绿豆一下~了一地。

胡□ xu⁴²tʂua⁰——画 xua³¹ 乱写乱画：教小孩学写字时间不能长，时间一长，他就烦了，就给你~开了。

囫囵 xu⁴²luən⁰——浑 xuən⁴² ①完整：我小时候冇没有穿过一件~衣裳。②连带：冬天老冷，俺晚上都不脱衣裳，~衣儿睡。

□喽 xɯ¹³lou³¹——齁 xou¹³ 齁声：胖人睡着咾好扯~，有的瘦人也扯~。

□地 xɯ⁴²ti⁰——黑 xei¹³ 夜晚：夜儿昨天~俺庄演电影了。

□涝 xɯ⁴²lau³¹——搅 tɕiau⁵⁵ 用棍棒搅动、探寻或取出：俺孩儿嘞的书包掉到这河里了，你拿棍儿~、~，看是不是在这儿｜我那个电子表掉到床底下了，你把它~出来。

□涝 xɯ⁴²lau³¹——耗 xau⁴² 耗神，搅扰：这些小孩儿天天来我这园子里偷核桃，真~人！

□喽 ɣɯ¹³lou³¹——瓯 ɣou¹³ ①特指一种肚大而深的陶质大碗：这一~捞面条老多，我吃不完。②指类似该物的某种状态：你看他~着那眼，长嘞多丑｜这种锅老~，盛饭可多啦。辨：该分音词同与它相应的单音词"瓯"二者用法不同，不能互换：该分音词有上述二义，而其单音词"瓯"则只表小义，使用时要儿化，如"一瓯儿饭""木瓯儿"旧时供小孩用的小木碗、"茶瓯儿"等。

下面一些词也是分音词，值得进一步探讨：

沟欠儿 kou¹³tɕʻier³¹——坎儿 kʻer⁵⁵ 沟坎：那边有个~，他拿着东西过不米，你去帮帮他。

圪揽儿 kɯ¹³ler⁰——揽 lan⁴² 圈状物：煤火~炉口周围的"∩"形土埂｜锅~用麦草捆扎的放锅的圈儿｜~帽旧时老年妇女或幼儿戴的一种无顶圈状帽子。

圪丁儿 kɯ¹³ᐟ⁴²tiɔr⁰——丁 tiŋ¹³ 丁儿或丁儿状物：把萝卜切成~吧。

圪角儿 kɯ¹³tɕyɔr⁰——角 tɕyɤ⁵⁵ 特指墙角：你把那笤帚放到~里吧。

圪蛋儿 kɯ⁴²ter⁰——蒂 ti³¹ 瓜果后面的托儿或把儿周围较硬的部分：柿~｜瓜~。

圪颤 kɯ⁴²tʂan³¹——颤 tʂan³¹ 发抖：他穿呐得老单很单薄，冻嘞得~。

圪针 kɯ⁴²tʂən⁰——针 tʂən¹³ 特指枣树等木本植物的刺：上树摘枣吃，别叫~扎住手。

圪痂儿 kɯ⁴²tɕier⁰——痂 tɕia¹³ 痂或痂状物：你身上那灰能揭~，快去洗洗澡吧。

圪弯儿 kɯ⁴²ᐟ³¹uer⁰——弯 uan¹³ 小弯儿：这张桌子，边儿不是老直，有点小~。

坷台儿 kʻɯ⁴²tʻer⁰——台儿 tʻer⁴² 台儿或台儿状物：红薯窖边上多掏几个~，上下就方便了。

坷杈 kʻɯ³¹tʂʻa⁰——杈 tʂʻa³¹ ①树杈儿：树~儿上卧着个猫。②喻指人的两腿在臀部相交像个杈儿：新裤子一做成，他就穿到~上了。

三　合音词

合音词也大多有音无字，这里直接以音标表示；个别有合音字的，先写出汉字，再标音。有的合音字不止一读的，也用斜线"/"隔开表示。

tʂɛ³¹——这样 tʂɤ³¹iaŋ³¹ 可修饰或取代谓词，表示方式：你看好，这个字是就~写 ｜ 就~好，就nɛ³¹那样不好 ｜ 这件事，就~吧。又读作［tʂaŋ³¹］。

nɛ³¹——那样 na³¹iaŋ³¹ 可修饰或取代谓词，表示方式：这个字就tʂɛ³¹写，不是就~写。又读作［naŋ³¹］。辨：［tʂɛ³¹］、［nɛ³¹］可单用，如上例；也可对举，如："tʂɛ³¹也不中，nɛ³¹也不中，你说咋弄怎么办吧。"单用时二词前面都要带"就"，否则音节上站不住。二词的又读音［tʂaŋ³¹］、［naŋ³¹］则不能单用，只能对举，如："tʂaŋ³¹也不中，naŋ³¹也不中，你说该咋弄！"

tʂɔ³¹——这个 tʂɤ³¹kɤ⁰：~孩儿这字儿写嘞不赖。

nɔ³¹——那个 na³¹kɤ⁰：~孩儿那字儿写嘞不老中不太好。

nɔ⁵⁵——哪个 na⁵⁵kɤ⁰：这俩瓜你要~？自己拣吧。

tʂən³¹——这么 tʂɤ³¹mɔ⁰ 修饰形容词或助动词，表示程度：你这庄稼咋长嘞~好嘞呢 ｜ 你咋~会说笑话嘞。

恁 nən³¹——那么 na³¹mɔ⁰ 修饰形容词或助动词，表示程度：他咋长嘞~高嘞 ｜ 你咋~敢花钱呐！

tʂei¹³——这不是 tʂɤ³¹pu¹³ʂʅ³¹：小李，~你嘞的水笔，你还去哪儿找嘞！又读作"这［pei¹³］"，其中［pei¹³］是"不是"的合音：这pei¹³你嘞书，我拿着嘞，别找了。可见，合音短语［tʂei¹³］是分层合成的，先由"不是"合成［pei¹³］，再加进"这"合成［tʂei¹³］。

nei¹³——那不是 na³¹pu¹³ʂʅ³¹：小英，~恁［nən⁵⁵］你，和"俺"相对称说，不是敬称"您"呐的孩儿来了，正朝这儿跑嘞。又读作"那［pei¹³］"。也是分层合成的。

tɕiər¹³——今日 tɕin¹³ʐʅ¹³ 声母是［tʂ tʂʻ ʂ ʐ］的音节，快读时，往往变为一种卷舌动作，使它前面相邻的音节发生类似儿化的现象参见孟琮：

《〈红楼梦〉里的"先儿"》，《中国语文天地》1986 年第 1 期：~是正月十五。

miɔr⁴²——明日 miəŋ⁴²z̩¹³：~是正月十六。

xor³¹——后日 xou³¹z̩³¹：~是正月十七。

iɐr³¹——夜来 iɛ³¹lai⁰昨天：~是正月十四。

ts'iɐr³¹——前日 ts'ian³¹z̩¹³：~是正月十三。

ts'iɔ¹³——清早 ts'iŋ¹³tsau⁵⁵早晨：夜儿昨天~我上学迟到了。

xaŋ³¹——后响 xou³¹ʂaŋ⁰下午：你夜儿~咋冇没有来上学嘞？又读作
［xɔ³¹]。

tsɔr³¹——早晚儿 tsau⁵⁵uɐr⁵⁵时候：你tʂən³¹这~往哪儿去嘞？

tiɔ⁴²——顶上 tiŋ⁵⁵ʂaŋ⁵⁵：他家nɔ³¹那个大公鸡一下飞到房~了。

tia⁴²——底下 ti⁵⁵ɕia³¹：你趴桌子~弄啥嘞？又读作［tiai⁴²]。

tia³¹/⁴²——地下 ti³¹ɕia³¹：你可不敢叫孩儿坐~，~老凉。又读
作［tiai³¹/⁴²]。

ʂɛ¹³——身上 ʂən¹³ʂaŋ³¹：我~有土，你别挨我。

liou⁴²——里头 li⁵⁵t'ou⁰：nɔ³¹那个洞~有长虫蛇，你可不敢去那~耍。

uei¹³——屋里 u¹³li¹³：这~嘞的蚊子老特别多，你开开门叫往外跑跑。

mɐr⁴²——门外 mən⁴²uai³¹特指街上：走，咱俩去~耍一会儿。

n̠ia⁴²——人家 zən⁴²tɕia⁰别人：~都走了，你还不走？

siɐr³¹——先生 sian¹³ʂən⁰：你这病叫张~医生给你看看吧。

tiɔr³¹——弟兄 ti³¹ɕyŋ⁰：小张，恁［nən⁵⁵]你（们）~仨谁挣钱多？

siou⁴²——媳妇 si⁴²fu⁰①特指妻子：俺~待我老好。②泛指已婚中
青年妇女：nɔ³¹那个~老能干呐！

tʂɔ¹³/⁴²——知道 tʂʅ⁵⁵tau³¹：粮食提价了，你~不~？

tsua⁴²——做啥 tsu³¹ʂa³¹干什么：孩子正在那儿写字儿嘞，你叫
他~嘞？

tsua⁴²——怎么 tsən⁵⁵ma⁰：你这几天咋冇上班嘞？~了？

tɕiai⁴²——起来 tɕi⁵⁵lai⁴²：~，腾腾路，叫我过去。

tʂ'uai¹³——出来 tʂ'u¹³lai⁴²：叫恁［nən⁵⁵]你爹赶紧~，大家等着他嘞。

kuɣ⁴²——给我 kɯ⁵⁵uɣ⁵⁵：妈，~三块钱，我订杂志嘞。

kei⁴²——给你 kɯ⁵⁵ni⁵⁵：~这三块钱，你买菜吧。

pau⁴²——不要 pu¹³iau³¹：年轻人，~光吸烟，没好处。

piŋ^{42}——不应 pu^{13}iŋ^{31}：今儿个发工资嘞，你~叫他，他就来了。

冇mou^{42}——没有 mu^{42}iou^{55}：我这个月，还~买面呐，钱可~了。

k'ou^{42}——可恶 k'ɤ^{55}u^{31} 特指人心狠、厉害：［nɔ^{31}］那个［siou^{42}］妇女老非常~，看把她那前窝儿孩儿打成啥！

yɔ^{42}——一个 i^{13}kɤ^{0}：这活儿光我~人可做不完。

俩 lia^{55}——两个 liaŋ^{55}kɤ^{0}：我姓李，你姓张，咱~~姓儿。

仨 sa^{13}——三个 san^{13}kɤ^{0}：~人~馍，yɔ^{42}一个人吃yɔ^{42}。

sʅːɔ^{31}——四个 sʅ^{31}kɤ^{0}：给这~梨，拿去吃吧。

uːɔ^{42}——五个 u^{55}kɤ^{0}：~孩儿~书包儿，yɔ^{42}孩儿yɔ^{42}。

liouːɔ^{31}——六个 liou^{31}kɤ^{0}：我买了~人呐的电影票，你要［nɔ^{55}］哪一张？

ts'iːɔ^{42}——七个 ts'ʅ^{13}kɤ^{0}：这~学生都是初中生。

pa^{42}——八个 pa^{13}kɤ^{0} 此合音短语是把数词"八"由原调 13 变为 42 而成：俺家一共~人。

tɕiouːɔ^{42}——九个 tɕiou^{55}kɤ^{0}：那边儿来了~解放军。

ʂʅːɔ^{42}——十个 ʂʅ^{42}kɤ^{0}：［tɕiouɔ^{42}］九个加［yɔ^{42}］一个是~。

tɕiːɔ^{42}——几个 tɕi^{55}kɤ^{0}：恁［nən^{55}］你家一共~人？又读作［tɕiɛ^{42}］。

附记

本文发音人是作者本人，作者在上大学前一直在家乡荥阳县广武乡生活。现在回家时，仍说家乡话。

（原载《语言研究》1994 年第 1 期，总第 26 期，第 160—165 页）

济源方言形容词的级

济源市位于河南省西北部，和山西交界。原为河南新乡专区的一个县，1987 年改设市。本文记录的是市区内和东郊梨林乡的说法。

济源话形容词有 A（如"红"）、AB（如"干净"）、BA（如"雪白"）、ABB（如"平展展"）、ACBB（如"光不年年"）、ADEF（如"黑咕隆咚"）六种结构方式。表示性状的程度时，前三种（A、AB、BA）结构的词（姑称甲类词）一般都能构成初级、比较级和高级三个级。构成的方式多有特色，初级由甚词加形容词构成，其他级都采用不同的重叠方式构成。甚词就是表程度深的词，一般指"老、可、血、怪、□［tṣən¹³］这么、□［nən¹³］那么"几个词，前四个是程度副词，意思是"很、非常、特别"，后两个是表示程度的代词。其中程度副词"老"使用最普遍。后三种（ABB、ACBB、ADEF）结构的词（姑称乙类词）只能构成比较级，和普通话同类格式的词用法一致。本文拟对上述现象做一基本描写。

一 三个级的构成

1. 初级 济源话形容词一般不单独作谓语，这样，在表示初级的性状差异时，它的前面就得带上个甚词，结构上才协调。有以下两种格式。

格式 1：甚词"可/怪/血/［tṣən¹³］/［nən¹³］"＋单音词 A。例如：

（1）那个村庄可远嘞 | 这布染嘞得还怪黑嘞 | 这双鞋血大，我穿不成 | 这天咋［tṣən¹³］冷嘞！

格式 2：甚词"老/可/血/怪" +双音词 AB。例如：

（2）他骑车老稳当丨来旺对人可和气丨他血冒失，这事不能叫他干丨你这屋还怪暖和嘞。

上述两种格式所用的甚词略有差异：格式 1 中少用"老"，可用 [tʂən¹³]、[nən¹³]；格式 2 则相反，常用"老"而不用 [tʂən¹³]、[nən¹³]。

2. 比较级　济源话形容词的比较级，格式丰富多样：既有上述甲类词构成甲类比较级，也有乙类词构成的乙类比较级。

甲类比较级有以下四种格式。

格式 3：（甚词"老/ [tʂən¹³] / [nən¹³]" +单音词 A）+原单音词 A。这种格式用得最多。例如：

（3）你嘞的眼眉老黑黑，不应用画了丨这根铅笔老短短，拿不住丨我嘞头发老灰脏灰丨这菠菜老副词，读去声 13 老形容词，读上声 53 老，咬不动。

（4）这茅厕所 [tʂən¹³] 臭臭，不能进丨你嘞个儿咋 [tʂən¹³] 低低嘞呢丨他 [nən¹³] 忙忙，会有空来我家？

格式 4：（甚词"老" +双音词 AB）+原双音词 AB。这种格式也很常用。例如：

（5）他洗这衣裳老干净干净丨我老瞌睡瞌睡，赶紧睡去嘞丨他考了一百分，老高兴高兴。

格式 5：甚词"老/血/可" +双音偏正词 BA。这种格式用得少。例如：

（6）这水老冰凉丨他这东西老金贵，你不要摸丨他嘞脸可铁青，可能是冻嘞的。

格式 6：（甚词"老" +双音偏正词 BA）+原双音偏正词 BA。这种格式也少见。例如：

（7）他那东西老金贵金贵，谁都借不出来丨这水老冰凉冰凉，不能洗衣裳。

以上是甲类比较级的情况。乙类比较级直接由乙类词（ABB、ACBB、ADEF）和双音词 AB 的重叠式 AABB 充当。这种表达方式和普通话相同。例如：

（8）这块地不赖，平展展嘞丨你嘞手湿乎乎嘞，别乱抓丨这肉炖嘞烂<u>乎乎</u>嘞。

（9）这梨脆圪<u>崩崩</u>嘞，多买几斤吧｜这饭糊圪<u>刀刀</u>_{稀稠均匀合适}，有黏性嘞，可好吃。

（10）他那头发<u>干莫失草</u>_{不柔润}嘞，不好看｜夜里<u>黑咕隆咚</u>嘞，路不好走。

（11）那个小孩不听话，你<u>结结实实</u>揍他一顿｜那个小妮长嘞<u>白白净净</u>嘞。

有时，乙类词和 AABB 重叠式前面也可出现"老"，它也读去声13，这时，这类格式表面上和甲类比较级相同，但须注意，这个"老"不表程度，不是甚词，而是个表频率的副词，意思是"总是，老是"。这种"老"都可换用"总是、老是"，句子原意不变，而甲类比较级中的甚词"老"不能这样代换。例如：

（12）他做嘞饭老<u>总是</u>咸<u>乎乎</u>嘞｜这个商店老光不<u>年年</u>_{总是空荡荡地无}货，咋回事｜她和嘞面老<u>筋骨拽拽</u>_{总是柔韧得很}，不信你去看看｜她那头发老<u>乱王古洞</u>_{总是乱得很}嘞，也不好好梳梳。

（13）这个人老_{总是}和和气气，没见他吵过架。

以上甲、乙两类比较级，二者并存共用，但习惯上多用甲类，少用乙类。

3. 高级　有以下两种格式。

格式 7：（甚词"老"+单音词 A）+原单音词 A，然后，整体再作重叠。即将上述甲类比较级格式 3"老 A+A"再作重叠。这种格式用得很多。例如：

（14）那个人<u>老能</u>_{爱显示自己}能老能能｜这茄子老¹³老⁻老⁵³老⁻老¹³老⁵³老⁵³老极了，长成木头了。

格式 8：甚词"老"+双音词 AB，然后，整体再作重叠。即将上述初级格式 2"老 AB"再作重叠。这种格式也用得很多。例如：

（15）今黑_{今天晚上}这天老凉快老凉快，可睡个好觉吧｜解放军呐的被子叠嘞_得老整齐老整齐。

二 级的结构特点

济源话形容词级的结构要素是甚词和重叠。甚词和重叠的作用表现在以下两个方面。

1. 先由"甚词+A/AB"构成初级；再以初级为基础重叠原词构成比较级，如格式 3、4、6；再将比较级格式 3 或初级格式 2 作整体重叠构成高级，如格式 7、8。这就是说，层层叠加构成了不同的级。

2. 在构成比较级时，甚词和重叠必须同时共现，二者不能单用。试以格式 3"甚 A+A"、格式 4"甚 AB+AB"这两种最常见的格式说明如下。例如："这棵树老高高这棵树非常高""今个天老凉快凉快今天天气特别凉快"，两例中如果隐去甚词就成了"这棵树高高""今个天凉快凉快"，就都不成话，不能表示性状程度的加深了；而如果隐去格式中后面原词的重叠部分，则又成了"这棵树老高""今个天老凉快"，就回复到初级阶段了。由此可知，"AA/ABAB"这种重叠式，在济源话中不是个语义段，是不能成立的。因此，格式 3、4 的结构层次不应是"甚词+（A/AB+A/AB）"而应该是"（甚词+A/AB）+A/AB"，而且甚词和重叠必须同时共现。这种结构普通话里是没有的。

（原载《语言研究》1996 年第 2 期，总第 31 期，第 102—104 页）

兰州话的"V+给"句[*]

——兼及甘宁青新方言的相关句式

提 要 本文列举了以兰州话为代表的甘宁青新方言"V+给"句中"给"所分布的9个义类的18种格式。认为"给"的功用与它所在的句式和动词的类别有关。在指人的受事、与事句中,它是一种引入指人对象的标志;在其他句中,"给"大多泛化为相关补语。由于它有排斥其他后置成分的作用,又导致了某些句型的消长。它是动词"给"在共时条件下的一种泛化用法。

关键词 兰州话 "V+给"句 给 泛化

"V+给"句指"V+给"充当谓语或谓语中心语的句子,"V"一般指动词,包括少数谓补短语、形容词和代动词。这种句式是兰州话的一种常见句式,甘、宁、青、新等省、区的广大地区也普遍使用。当然,涉及的义类和格式,各地会有出入。

这种句式中"V"后的"给"词性和用法都很复杂,历来为大家所关注。1958年龙果夫曾提到过,二十年来,又常有文章论及,对"给"都做过有益的思考。但是这些文章,大多都是略略带过,未能深入展开;还有某些现象,似乎又被漏掉了。

我们现拟把这种位置上的"给"放在大背景里,即以兰州话为主兼及其他西北方言,结合句式、动词和语用等方面,就以下分布、功用、

---

* 本文的兰州话例句曾呈兰州大学赵浚(1922年生,兰州人)、何天祥(1925年生,兰州人)二位先生审核,笔者并就某些例句同他们做过细致的讨论,证实或深化了笔者的某些看法。

词性三个方面，再做一些探索。

"V+给"的前面，常常出现"给/把/连+指人的名/代"构成的介词短语。其中的介词"给"语义复杂，可表示"给予"，也可表示"协同/为、替/叫、使/向"等。当表示"给予"时，由"给"或"把"字构成的介词短语，我们称为"受事"；当表示"协同/为、替/叫、使/向"时，由"给"或"连"字构成的介词短语，我们称为"与事"。

一 "给"的分布

"给"可以分布在以下9个义类的共18种格式中。分述如下：

甲、分布在以下5种格式中，表示"给予"。

（一）给+名/代+V_给+给（+宾）。例如：

（1）那_他把书也给我给了一本。

（2）那昨个才把书给我给给，你但_{如果}看，跟我取走。

（3）你快些儿给给给咻！_{你快些（把某物）给（某人）呀！}

这一格式中"给"前的动词只有一个"给"。例（3）中"V+给"前面还出现了一个"给"。

（二）给+名/代（+不要）+V_{给予义}+给（+宾）。例如：

（4）我给那输给了一百块钱。_{我输给了他一百块钱。}

（5）你但不使了，给我借给。

（6）西瓜给他不要卖给。

这一格式中"给"前的动词限于"给予"义的动词，如"交、送、还、赔、递、汇、赏"等。

（三）给/把+名/代+V_{获取义}+给（+宾）。例如：

（7）单位上发电影票呢，你给我也要给一张咻。

（8）那给我收给了十块钱的鸡蛋。

（9）那把我赢给了一百块钱。_{他赢了我一百块钱。}

这一格式中"给"前的动词都是有"获取"义的动词，词项较多，如"买、赚、抢、挣、偷"等。例（9）中的"我"是给予者，"那"是受物者。

（四）给+名/代+V_{制作义}+给（+宾）。例如：

（10）那们的鸡儿们_{人家的那群鸡}见天_{每天}给那们下给十几个鸡蛋。

（11）面条再给我捞给些。

（12）朋友给我刻给了个章子。

这一格式中"给"前的动词都是有"制作"义的动词，也是个开放的类，如"做、写、画、修"等。

（五）定+名+V+给。例如：

（13）妈要的药我买给了。

（14）儿子的新房盖给了。_{给儿子盖了新房了。}

（15）家里的钱捎给了。

这一格式是（一）至（四）式的变体，它的不同处是："定+名"中的"定"是受事（受物者），其中的"名"是所给予的"物"。施事（给予者）常常省略，如例（14）、（15）；如要出现，它的位置是放在"定+名"后，如例（13）中的"我"那样。这种情况口语中比较常见。

以上"给予"类的特点是：

A. 都有给予者、受物者和所给予的物。

B. 从（一）到（四），"V"的"给予/移交"义和"给"的动词词性呈反向递变："V"的"给予/移交"义依次递减，到（四）中完全消失；"给"的动词词性依次递增，到（四）中成为完全的动词。因此，（一）、（二）式中的"给"删去后句义仍表示"给予"，（三）、（四）式中的"给"删去后句子则不再表示"给予"义。

C. （一）、（二）式中的"给予"义主要由"给"前的"V"承担，"给"的"给予"义很弱，特别是（一）式中的"给"，龙果夫（1958，第114页）说它是"半虚词性的派生动词"，大概差不多。它仍是动词，做补语的一个小类："给予"补语。

D. （三）、（四）式中的"V+给"是连动关系："V"是方式，是手段，是 V_1；"给"是目的，是 V_2。

E. （三）、（四）式中"给予"的过程情况有二：一种是由先后两个不同阶段合成："V"是预备阶段，"给"是实施阶段，"V"必须充分完成，"给"才能顺利实施，如例（7），电影票必先"要来"，才能"交给"；另一种是"V"和"给"是同一过程，如例（10），鸡"下"蛋的过程也就是它把鸡蛋"给予"主人的过程，"下"一结束，"给"

也就同时完成了。

乙、分布在以下两种格式中，表示"施加于"。

（六）把+名/代+V+给+补动量。例如：

（16）把那尿扇给了一个饼打了一耳光，踢给了两脚。

（17）你把他打给一顿。

（七）把+名/代+（动/形+补结果）+给+了。例如：

（18）把那坏尿打哑/坏给了。

（19）你做啥去了哕？把人找哑给了！你干什么去了呀？让人找死了！

（20）那们把我灌醉给了，难受给了一天。

（21）今个一下把人热哑/坏给了。

（22）把人高兴哑给了。

以上二式的特点是：A. 一般都分布在"把"字句中。B.（六）式中的"V"都具有"施加"义，"V"前的"把+名/代"是被施加的对象，这种情况下的"给"，就是使对方得到某种遭遇。（七）式只表示已然，其中"给"的前边是个"动/形+补"短语，短语中的"补"一般只限于"坏、醉、哑"几个表示结果或程度深的词，"给"放在这样的"补"后，实际上就是对"补"的二次强化，也是一种"施加于"。C. "给"做补语的一个小类："施加于"补语。

丙、分布在以下两种格式中，表示"动作时间短暂"或"尝试"。

（八）（给+名/代）+V+给。例如：

（23）你去给那说给，我们就走呢。

（24）你但到了那里，把小张叫给，我有话连他说。

（25）你把地方给我指给，我自己去。

这一格式中的"V给"，就是普通话的"V（一）V"。西北方言的动词一般不能重叠，表示"短时"或"尝试"，就用此式或用下面的格式（九）。

（九）动/形+给（+了+一）+下［xa］。例如：

（26）我把他劝给了下。

（27）灯泡子亮给了一下。

（28）你们商量咔哕。你们商量商量么。

（29）打狗要看个主人脸哩。（《兰州市志·方言志》（送审稿））

（30）你给说给个。（程祥徽，1980）

这一格式用得更普遍。它的特点是：A. 格式（八）只能表示未然，这一格式已然（如例（26）、（27））、未然（如例（28））都能表示。B. 其合音形式值得注意。如例（28）中的"咔［k'a］"（也可读为不送气的"嘎［ka］"）或例（29）中的"个［kə］"，都是"给（一）下［xa］"的合音形式。成为合音形式后，便只能表示未然，因为"了"再无法添加进去。但是"V"和"咔/嘎/个"之间还可再出现个"给"字，变成"V 给咔/嘎/个"，这种说法兰州、静宁（《静宁县志》，1993）等地都可见到。例（30）青海话的"说给个"也就是兰州等地的"V 给嘎/个"，即"给个"也是个合音变体。因此，有的学者认为"给个"是"表示祈使的形态单位"，说"'给个'的定型似乎与藏语的影响有关"（程祥徽，1980），这应是一种误解。因为"V 给个"的结构层次是［（V+给）+个］，不是［V+（给+个）］，即"给"是"V"的补充成分，与动量单位的合音变体"个"无关，所以"给个"不是个语义段，不能成为"单位"，更无法"表示祈使"，而是和"V"一起表示未然的"VV"。未然的"VV"当然可以用在祈使句中，像例（28）那样。可见，"V 给个"和"V 给（一）下"、"V（给）咔/嘎/个"一样，都是西北汉语的固有格式，和藏语无关。C. "给（一）下"的合音形式"咔/嘎/个"是动量补语。

　　丁、分布在以下格式中，表示对"V"前某些指人对象即"与事"的介引。

（十）给/连+名/代（+不）+V+给。例如：

（31）甲：你想复婚呢，老婆连/给你复给么不复给？

　　　　乙：一会儿复给呢，一会儿不复给，说不成。

（32）把奶子搭给放到炉子上，馍馍泡给，娃娃喂给/给喂给。（赵浚提供）

（33）乘客：师傅，买票！我要下车了！

　　　　司机对售票员说：那人家就下呢，快些买给哟。（你）快点使他买上（车票）呀。

（34）药凉下了，快些喝给。（你）快些叫某人喝。

（35）这个事情，我就给你靠给了。就靠向你了。

以上各例都是表示介引"V"前有关指人对象即"与事"的。例（31）是表示"协同某人做某事"，（32）是表示"为/给某人做某事"，（33）、（34）是表示"叫对方使第三者做某事"，（35）是表示"把某事靠向某人"。这些介引的对象，有的借助语境可以省略：有"介+名/代"全省的，如例（31）乙中"（不）复"前的"连/给我"，（32）中"搭"和"泡"前的"给娃娃"，（33）中第二个"买"前的"给乘客"，（34）中"喝"前的"给某人"；有省略一部分的，如例（32）中第三分句的"娃娃"前省略了介词"给"，介词"给"后省略了介引的对象"娃娃"。有的则必须全部出现，否则，句子不能成立，如例（35）中的"给你"就不能省略。但是，不管省略与否，说者和听者双方都能明确判断出"V"前"介+名/代"的存在，而赖以作出判断的标志，就是"V给"的"给"。

戊、分布在以下两种格式中，做有关补语。

（十一）动/形+给（+宾/补）。以下例中"给"右下侧的小字是可被"给"取代的当地词语。例如：

（36）我昨个玩套圈，套给上/下/住了一个碟子。

（37）这娃比去年高给上/下/出了一截子。（张安生，1993）

（38）昨个出了个大车祸：摩托车、汽车、自行车一下碰给上/下/着一搭了。

（39）我把化肥上给上/着地里了。

由以上各例可知：

A. "给"常取代的词大多是"上、下、住、成、掉、好"等用作结果补语的动词或形容词（如例（36）、（37）），也有少数用作处所补语的介词短语（如例（38）中的"着一搭"到一块，（39）中的"着地里"到地里）。

B. "给"和被它所取代的词语作用相同，可任选，但一般多选用"给"。

（十二）动/形+给+了（+补动量）。例如：

（40）你把那怎么给了？你怎么他了？

（41）那今早上一下跑给了十圈儿。

（42）他考给了三年，才考了个中专。

（43）我们这些人苦给了一辈子。

例（40）中"给"前的"怎么"是个代动词。

这一格式的特点是："给"仍然明显地充当着结果补语，但却没有任何词语可以和它替换；而普通话中这种位置上是不能出现补语的。

己、分布在以下格式中，表示趋向。

（十三）V+给（+宾）。例中"给"右下侧的小字是可被"给"取代的当地词语。例如：

（44）这些东西，一挂_{全部}装给_{上去／着}车上，小包包座位底下塞给_{下／进去}，大麻袋车顶上放给_{上去}。

（45）赶早上来的时节，我就给这搭_{这里}把电话打给_{过来}了，这会儿_{现在}我再给家里打给_{回去}，叫他们放心。

（46）谁但踢给_{进去}／踢进给_去／进给_去一个球，就奖给一万元。

例（46）的"给"值得注意：放在一般动词如"踢"后，它相当于双音合成趋向动词如"进去"等；放在单音趋向动词如"进"后，它相当于另一个相应的单音趋向动词如"去"等。

这一格式是简式，相应的繁式是：V（+不）+着+趋：把椅子搬着过来｜我搬不着来。

庚、分布在以下两种格式中，表示可能。

（十四）V（+不）+给（+呢）。例如：

（47）甲：这个圿洞洞，你钻给呢么钻不给？_{能不能钻进去？}

　　　乙：我钻不给_{钻不进去}，他钻给呢_{能钻进去}。

（48）这双鞋我穿给呢_{能穿上}，他穿不给_{穿不上}。

这一格式表示肯定时，"给"后的"呢"不能缺少。"V（+不）+给"＝"（不+）能+V+补_{趋向，结果}"，二者同义。"给"都可换用它的同义词"下［xa］"。（王森，1993）

这一格式是简式，相应的繁式是：V（+不）+着+趋（+呢）：这个球我踢着进去呢_{能踢进去}，他踢不着进去_{踢不进去}。

（十五）动／形（+不）+给（+呢）。例如：

（49）甲：大米饭十分钟熟给呢么熟不给_{能不能熟？}

　　　乙：十分钟熟不给_{不能熟}，半小时熟给呢_{能熟}。

（50）我们的麦子再有三天割完给呢_{能割完}。

（51）豆子煮下半个小时煮烂给呢能煮烂。（赵浚提供）

这一格式和普通话的"V（+不）+得"（吃得/吃不得）相对应。表示肯定时，"给"后的"呢"不能缺少。格式中的"动"是动补短语（如例（50）的"割完"），其中的"给"表示"能"，"V（不）给"与"（不）能 V"同义，"给"也都可换用它的同义词"下［xa］"。

辛、分布在以下两种格式中，表示经历体"过"和实现体"了"。

（十六）V+给+了+宾/补动量+了。例如：

（52）那个演员净演坏蛋，抓住、杀掉，抓住、杀掉……到现在哈巴大概"死"给了五六回了。

（53）我给那给给了三千了，再不给了。

（54）北京你可价竟已去给了几回了吗？

以上各例中"V 给"的"给"都表示曾经有过的动作，和"过"相当。

（十七）V+给+宾。例如：

（55）我喝给多少好多杯了，再不喝了。

（56）他把话待刚说给就走了。

（57）那养生了个女子，不想要，给给人了。

（58）甲：你们两家哈巴大概订给合同着呢吧？

　　　乙：就是的，订给合同着呢。

以上例（55）、（56）中的"V 给"的"给"有两种语法作用：当着眼于动作的经验时，和"过"相当；当着眼于动作的实现时，和"了"相当。例（57）、（58）中"V 给"的"给"，都只能理解为表示实现的"了"。

壬、分布在以下格式中，表示联结等。

（十八）（V₁+给）+（V₂+给）+……。例如：

（59）公司招人着呢，一天吃给住给，还给着十块钱工钱。

（60）叫那吃给喝给住给，又给那把票买给，才打发着走了。

（61）娃娃么，天天打给骂给，也不是办法。

（62）一天价吃给睡给，啥事都不干。

这一格式是由至少要有两个带"给"的语义相关的动词并列在一起构成的联合短语充当的，只要表达需要，带"给"的动词数目还可增加。在这一格式中，"给"的用法是多样而游移的。例（59）应是

"给"的本义"供给，管"：管吃管住。例（60）的"给"应是结果补语"上"的等价词：吃上喝上住上。例（61）的"给"应是表示列举"打呀，骂呀"，或表示关联"又打又骂"。例（62）的"给"应是表示多次反复"吃吃睡睡"，或表示列举"吃呀睡呀"。

二　"给"的功用

公望（1986）说："V给"的"给"是"V"的"定位后置成分，它有排斥其他后置成分的作用"；张安生（1993）说：这个"'给'的意义虚实与句式及所依附的动词类别有关"。这些见解是正确的。我们认为，它的上述功用大概是如下所述那样，层层引发的。最初，它可能源于甲类表示"给予"的"给"，有复指"V"前指人的受事（受物者）表示强调的作用。后来，当"V"前引入的指人的对象不再限于只是表示甲类受事，且结构上也不一定出现时，它便由复指演变为一种表示引入的形式标志。再往后，在指人的受事句、与事句以外的句中，便又泛化为相关补语，或只表示已然的语法成分。最后，由于"它有排斥其他后置成分的作用"，又导致了某些句型的消长。分述如下：

（一）在有或可以有指人的受事（如甲、乙、丙类中的"给/把+指人的名/代"）、与事（如丁、己类中的"给/连+指人的名/代"）的句中，"给"的语义总是指向"V"前的受事、与事等成分，实际上成了这些成分的形式标志。有三种情况。

A. 一般情况下，"给"和受事、与事等成分相伴出现。如甲类例（10）、（14），丙类例（25），戊类例（40），己类例（45）。

B. 在语义、结构都许可的情况下，受事、与事等成分可省略：或省略介词"给/连"，如甲类例（13），丁类例（32）；或省略介词后的"名/代"，如甲类例（3），丁类例（32）；或"介+名/代"全省，如丁类例（33）、（34）。

有时，由于往往只用省略式，而省略范围又不限于受事、与事，因而其被省部分渐趋模糊，致使"V给"的"给"易被误认为"V"的构词成分。但仔细品味，这时的"给"仍起着形式标志的作用，就是说仍可凭借它推知它的语义指向或其他省略部分。例如：

（63）今年的麦子讨给了。

（64）老天爷讨给了。

例（63）是说麦子丰收了。其中"讨给"民间都解作"丰收"，这很使人纳闷。我们借助例（64）辗转得知，"讨给"就是"赐给"。凭借"给"可推知它的语义指向就是句中被省略了的"受物者"即"我们"，"给予者"不言而喻就是"老天爷"，而"麦子"就是"所给的物"。该句的完全句就是"老天爷把今年的麦子给我们讨给了"。而原句"今年的麦子讨给了"，就是"今年的麦子被讨给了"，其中"今年的麦子"是受事主语。

C. 有些时候，"给"必须和受事、与事同时出现，否则，单用"给"或单用受事、与事时句子不能成立。有的是结构上不能成立，大多是语义上不能成立，或有歧义。例如：

（65）这件事你就给他靠给。

（66）那们的牛给那们下给了个牛犊儿。

例（65）去掉"给他"或"靠"后的"给"，句子就成为"你就靠给丨你就给他靠"，结构上都站不住，语义上也不知所云。例（66）是说老牛下了小牛，是对主人的一种"给予""报答"，没有受事"给那们"时，"下"后的"给"决不能用，而如果单用受事，或把"下给"改成"下下"时，"知恩图报"的原义也就没有了。

（二）顺应句法结构的要求，充当某些成分，起各种语法作用。这种功用和前述"给"的标志作用是兼容的。由于句法结构和动词组合能力的不同，"给"便呈现出种种不同的作用。

A. 当"给"在语义上能和 V 搭配，在句法结构上处在连动结构的 V_2 时，它是"给予"义动词，和 V_1 一同做谓语中心语。如甲类（三）、（四）式。

B. 当"给"在语义上不能和 V 搭配，但在句法结构上却有某些语法空位时，它往往频频出现，抢占这些空位，取代某些词语，并承担这些词语的语义、语法作用。这时，它的"给予"义淡化或消失。大致有四种情况。

第一，用作动词，充当补语，表示"给予"（（一）、（二）式），"施加于"（（六）、（七）式），短时或尝试（（八）式），结果（（十一）式），趋向（（十三）式），可能（（十四）、（十五）式）。在（一）、（二）式中，因为有表示"给予"的三要素（给予者，受物者，所给予的物），所以"给"还是"给予"的本义，尽管它的动词词性有所减弱。在表示"施加于"的（六）、（七）式中，上述"三要素"中的"受物者"由"被施加的对象"取代了，"所给予的物"也被"所承受的遭遇"取代了，这样，"给"实际上就成了一种"施加"，是"给"的一种强化引申。此外，在其他格式中，"给"都和它所取代的词语的语义、功能相当，"给予"义消失了。

第二，用作动量词，充当动量补语，表示短时或尝试（（九）式），其中"V给一下"的"给"，和表示"施加于"的情况类似，它的作用是把某种短暂的动作"给予/达于"受动者，或使某种状态呈现出来，是"给"的一种弱化引申。

第三，用作介词短语，充当处所补语，如（十一）式例（38）、（39）。

第四，用作虚词，表示已然态的"过""了"（（十六）、（十七）式），或表示关联、列举等（（十八）式）。

C. 当"给"在语义上不能和 V 搭配，在句法结构上也有无两可时，习惯上仍多用，如（十二）式。

（三）"给"表示已然，将然。

"给"主要表示已然，参见相关各例。在祈使句和有的陈述句中可表示将然，例如：你/我去称给几斤梨。

在有的格式中"给"只能表示已然，例如乙类（七）式：把人挤咂给了。在有的格式中它又只能表示将然，例如丙类（八）式；（九）式中"给一下"的合音形式"咔/嘎/个"也只用作将然。

但是，所有格式中的"给"都不能表示现在进行时。这里，辛类（十七）式例（58）值得注意。例中"订给"的"给"既然是表示实现体"了"，又怎么能和"表示说话瞬间的现在时语尾'着呢'"相结合呢？龙果夫（1958）的论述是支持我们的看法的。他说："此时的语尾'着呢'已经不是关于动作本身而是关于在说话时已经完成了的动作的结果的存在。"（第 106 页）

（四）适应表达要求，显示修辞色彩。

"给"是单音节词，使用方便，又定位于 V 后，这就使它易于取代有关词语，具有较强的概括性和表现力。

A. 当有简繁同义的表达格式并用时，"给"总是出现在简式中，如表示趋向的己类（十三）式，表示可能的庚类（十四）式。而（十四）式中的"给"又和"下［xa］"是同义词，"给"分担了"下"的一部分任务。

B. 用作结果补语时，"给"常常和"上、下、住、掉、成、好"等词构成同义词，并在一定语境中取代它们，如戊类（十一）式各例。它同时又常常和"掉、下、上"等词构成近义词，充当程度序列中的一档，表示程度较轻。即："掉>下>上/给"。例如：

（67）汽车把人轧给了。

（68）我把面条都下给了，不要走了。

例（67）中"给"和"上"同义，都是"轻触"，如用"下"就重了一点，用"掉"就更重，可能轧"死"了。例（68）的"给"指面条"已入锅"但还不熟，如用"下"就是"已熟"可以捞了。

C. 繁细的表述具体、明确，如 a 组；由"给"取代的表述简约、灵活，如 b 组。如果有碍表达，则须用 a 组，而在语义相同情况下，由于经济原则的支配，a 组往往自然转为 b 组。例如：

| a 组 | b 组 |

（69）馍馍蒸 $\left\{\begin{array}{l}\text{着到笼上}\\\text{着出来}\\\text{过/好/下}\end{array}\right\}$ 了。　　　　（69）'馍馍蒸给了。

（五）影响、改变句型，促使自身分化。

A. 由于"给"的后置，导致了大量"把/给"字句（指 V 前有介词"把/给"的句子）的产生。我们统计了苏联作家肖洛霍夫的著名俄文短篇小说 *Судъба человека* 的两种汉语译文：草婴的普通话译文（1981），吉尔吉斯斯坦东干族作家哈瓦佐夫的东干话（来自1876年前的陕、甘话）译文（1993）。二译文中"把/给"字句出现次数如下表。

	普通话	东干话
把	79	365
给	31	66

由表可知:"把/给"字句的使用,东干话分别约是普通话的4、6倍和2.1倍。应该说,这种情况和兰州等地的西北话是一致的。导致这种句型的大量使用,"给"的后置应是重要原因。

B. "把/给"字句的频繁使用,又引出以下结果:

第一,双宾句渐趋消失。西北的大致情况是,宁夏尚有双宾句,如银川(高葆泰、林涛,1993),中卫(林涛,1995),同心(张安生,1993),中宁(李树俨,1987)。这大概和历史上"山陕人,冀鲁豫人"等的多次迁入有关(高葆泰、林涛,1993;林涛,1995)。此外,甘、宁、青大多地区一般不用双宾句。据刘俐李先生函告,她所调查过的乌鲁木齐(回民)、焉耆、哈密等地也未见有双宾句。

第二,指人的单宾句也少用。正如公望先生(1986)所指出的:"'给给小郎'的说法……远不如'给小郎给给'流行。"因为当地人觉得后者比前者要顺当得多。而且,在否定句中,指人的宾语更是全部前置,例如只能说"给他不要说给",不能说"不要说给他"。

第三,促使"给"自身再次分化,即由表示甲类"给予某物"向乙类、丙类引申,表示动作。再由此走向泛化。

三 "给"的词性

"给"的词性,大多认为正处在虚化过程中。就我们所列举的9类18式来看,还要复杂得多:当处在连动句 V_2 的位置上时,它是地道的动词"给";当处在其他语法位置上时,它和它所取代的词语相当,或实或虚;当无可取代时,它或此或彼,难以确说。

由此可知,"给"的种种用法都是在句子的动态中呈现的,是句式、动词和语用的综合诱发使然,离开句子,它还是动词"给",其他用法,荡然无存。也就是说,它是动词"给"在共时条件下的一种泛化,不是历时条件下的虚化过程。这种情况也反映在东干话中。笔者曾在近年间赴吉尔吉斯斯坦和哈萨克斯坦的东干族聚居地调查,并阅读到大量书面语料。东干人从陕、甘西迁是1876年。因此,看来至少在19世纪初"给"的用法就已经泛化了。

参考文献

草婴译:《一个人的遭遇》,(北京)《苏联文艺》1981 年第 5 期。

程祥徽:《青海口语语法散论》,《中国语文》1980 年第 2 期。

高葆泰、林涛:《银川方言志》,语文出版社 1993 年版。

公望:《兰州方言里的"给给"》,《中国语文》1986 年第 3 期。

哈瓦佐夫译:《人的命运》,《咱们的文学》(教科书,第 6 册),比什凯克,МЕКТЕП 出版社 1993 年版。

李树俨:《中宁方言的语法特点》,《宁夏大学学报》1987 年第 4 期。

林涛:《中卫方言志》,宁夏人民出版社 1995 年版。

刘俐李:《乌鲁木齐回族话语法》,《汉语方言语法类编》,黄伯荣主编,青岛出版社 1996 年版。

龙果夫,A. A.:《现代汉语语法研究》,(北京)科学出版社 1958 年版。

王森:《甘肃临夏话做补语的"下"》,《中国语文》1993 年第 5 期。

张安生:《宁夏同心(回民)方言的语法特点》,《宁夏社会科学》1993 年第 6 期。

张成材、朱世奎:《西宁方言志》,青海人民出版社 1987 年版。

周磊:《〈乌鲁木齐方言词典〉引论》,《方言》1994 年第 4 期。

朱德熙:《与动词"给"相关的句法问题》,《方言》1979 年第 2 期。

静宁县县志编纂委员会(甘肃):《静宁县志》,甘肃人民出版社 1993 年版。

(原载《中国语文》2003 年第 5 期,总第 296 期,第 410—418 页;《语言文字学》2003 年第 11 期转载。发表时署名是王森,王毅)

兰州方言中的"们"

"们"这个词尾，在普通话里，经常是放在指人的普通名词和人称代词后表示复数的，如"人们""同志们""我们""她们"等。兰州方言也是如此。但兰州方言中的"们"，还有不同于普通话的特殊用法。

1. 放在动植物名词后。如：

（1）我们的鸡儿们都死掉了。

（2）我们这一方方，苍蝇们再（就）把人吃上哩。

（3）今年的麦子们长下的好的很。

（4）树们的叶子都绿了。

2. 放在非生物名词后。如：

（5）价书念下了没有哟，水笔们就不知道买给了多少？

（6）饭们吃些哩不？汤们嘞？

（7）三十晚上，炮们就放者一夜没有站（停）。

（8）你的烟们、酒们，价钱就砢码（此指昂贵）的很。

（9）你照（看），那（人家）的屋里们收拾的亮豁不亮豁？

有的还放在抽象名词后。如：

（10）那们的饭菜味道们就是不一样。

（11）这几天菜的价钱们一下跌下来了。

（12）嗳，师傅，话们少说上些哟。

（13）我一来，你们的事情们就来了。

3. 常放在疑问代词"谁"，第三人称代词"那"（他、她）后。如：

（14）谁们做下的你找谁（们）去。

（15）这是谁们的狗？拴住些！

（16）那们的瓜瓜子香的很。

（17）快些儿，那们走掉了。

4. 放在"的"字短语后。如：

（18）天将变哩，卖菜的们一呱（全部）走掉了。

5."们"一般表示复数，如以上各例，但有时在特定情况下，也可以表示单数。如：

（19）壶们给一个哟！

（20）说是秋天了，热头（太阳）们还是吃劲的很呐。

（21）你的这个头们就理的讲究的很。

（22）天将变哩，你出去了，把帽子们戴上一个。

这种情况，也可指人。如：

（23）"那（她）是谁？""那是我们老婆。"

（24）那是谁的娃娃们哟？

（25）这个事情，你还是把那的婆娘们问一下好。

以上 7 例中"们"都表示单数。这或者已由宾语指明，如例（19）、（22），或者已由定语限定，如例（21），或者可由常理推知，如例（20）、（23）、（24）、（25）。但有时，是单数，还是复数，还需依当时具体语境判定。如：

（26）师傅，抹布们给一下。

（27）同志，粮票们拿着哩没有？

（28）你的这个棋呀，着儿们还嫌瓤哩。

（29）这几年，一下把肚子们给吃蹩（饱）了。

上述兰州方言中的"们"的特殊用法，与今天的普通话很不相同，而和元代口语却较接近。如一般认为 14 世纪朝鲜人用我国北方口语写成的《老乞大》（简称"老"）、《朴通事》（简称"朴"），就有某些类似的用例：

（30）这马们都拴住着。（《老》，第 104 页）

（31）把那驴骡们喂的好着。（《朴》，第 176 页）

（32）（鹿皮）被鬼们挡住出不来，就油里死了。（《朴》，第 304 页）

（33）（马丢了，）你写与我告子，各处桥上、角头们贴去。（《朴》，
　　　第 370 页）

这四例都是动物名词或非生物名词带"们"表复数。例（33）和前

面例(9) 相当，都是表处所方位的名词带"们"。不过，却没有在《老乞大》《朴通事》中见到"们"表单数的用例。

由此，我们似乎可以认为，兰州方言里"们"的特殊用法，当是元代汉语的遗留和发展。

（原载甘肃《合作民族师专学报》1991 年第 1 期，总第 3 期，第9—10 页。王森执笔。发表时署名是梁崇基，王森）

兰州方言语法

第一部分　词法

1. 有无类似"中心语+定语"的构词法，如下列各词

若不止一种语序，请在词条后穷尽之，如：拖鞋：拖鞋/鞋拖/……

客人	干菜	生鱼	生肉	干肉
拖鞋	公鸡	母鸡	公牛	母牛

兰州话中"中心语+定语"见到7例，都只有这一种语序：庄村∣利吉∣兴时∣失遗∣答报∣菜蔬∣影身。

2. 名词的小称用什么形式（如儿缀、儿化、子缀、子变韵、其他后缀、变音、变调、重叠），下面名词以普通话的非小称的基本形式给出，请写出相应的小称形式（词表外的常用的小称形式可补在表后；若基式同普通话，不必另写；如不同于普通话请另写出基式；如无非小称形式，小称形式已取代基式，则请在基式上加星号＊）

兰州话有如下小称形式：

	小称形式及其意义		小称形式及其意义		小称形式及其意义		小称形式及其意义
坑	坑坑	沟	沟沟子	花	花花子/儿	石块	
车	车车子/儿	房子	房房子	楼		雪片	
妈妈		腿	腿腿子	脸		眼睛	尕眼睛
米		虾		脚	脚脚子	羊	羊羔子
勺子	勺勺子	爸爸		鸡	鸡娃子	猫	
木板	板板子	苹果	（尕）果果子	姐姐		哥哥	
肉		碗	碗碗子	桃子		布片	索索子
锅	锅锅子	瓢		橘		刀	刀刀子/儿

（1）兰州话中常用的小称形式

①单音名词重叠加"子"，还可在前面再加个"尕"字：［A→（尕）AA 子］。如：碗→（尕）碗碗子。

②带"子"的双音节名词重叠"子"前面的语素，保留"子"尾，或把"子"换作"儿"，也可在前面再加个"尕"字：［A 子→（尕）AA 子/儿］。如：刷子→（尕）刷刷子/儿。

（2）［AA 子/儿］的构成

①一般限于单音节或带"子"的双音节非动物名词。动物名词只有"驴/雀/蝇子"几个词可构成［AA 子/儿］。

②A 叠为 AA 后，一般后面带"子/儿"，如不带时，则多为儿语，如："刀→刀刀"。

③音变：兰州话的语音系统，详见《兰州话音档》（上海教育出版社1997 年第一版）。有四个声调：阴平 31，阳平 53，上声 442，去声 13。［AA 子/儿］中前一个"A"读本调，后面的"A 子/儿"读轻声。

（3）表义

①"AA 子"表小称，"AA 儿"表小称兼爱称。

②有些"AA 子"是构词重叠。其中有的无原型 A/A 子，只有 AA子，如：丫丫子（女性化的男子）｜了了子（轻浮的人）｜柔柔子（一种稠粥的锅巴）；有的除表小称外，还有另指，如：口口子（小口子，又指街口）｜瓜瓜子（泛指香瓜）。

3. 名词词缀

（1）加在排行、姓氏、名字构成、称谓的前缀（小~、老~、阿~等），后缀（~子，~儿、~仔等）和前后缀并用的形式（阿~仔等）（以"陈伟""欧阳伟平"为例，分别体现单、双音节的姓名的构成规则）。

兰州话

	兰州话
前缀+排行：老三	老三
前缀+姓氏：小王	尕王｜老王
前缀+名字（或名字的一部分）：阿强	张拥军→尕军｜刘燕→尕燕

前缀+亲属称谓：阿妈　　　　　　阿舅

排行+后缀：四仔

姓氏+后缀：　　　　　　　　　　史尕子

名字+后缀：　　　　　　　　　　指青年男性：赵永江→江娃子
　　　　　　　　　　　　　　　　丨顾宏→宏娃子

亲属称谓+后缀：　　　　　　　　女婿子丨老婆子（妻）丨媳妇
　　　　　　　　　　　　　　　　子（儿媳）

前缀+排行+后缀：

前缀+姓氏+后缀：　　　　　　　　尕李子丨尕张子

前缀+名字+后缀：

前缀+亲属称谓+后缀：

（2）用动词、形容词加后缀等构成转指行为者或属性拥有者的指人名词。

动词/形容词+的（或相当于"的"的成分，如吴语的"个"）。

卖菜的、开车个。

兰州话：卖菜的。

"动词/形容词+的"在属格中：卖菜的（口才）、卖菜的的（口才）。

兰州话：卖菜的的（口才）。

动词/形容词+其他词缀：如普通话：参观者、胖子、作曲家；徽语：驼背佬、剃头佬；粤语：肥佬；吴语："独头"（傻子）、滑头。

兰州话：动词+客子（表贬义）：说/吹客子（爱吹嘘的人）丨谝客子（爱闲聊的人）丨显客子（爱显示的人）；形容词+尻（詈语）：坏尻丨笨尻丨懒尻丨老尻丨杂尻。

（3）以上词缀的其他用途（专指工具、构成抽象名词等）。

如普通话：刨子、钻头、念头、甜头、苦头；关中话：看头（看的价值：有看头——值得一看）；常州吴语：大佬（大的）、细佬（小的）；苏州吴语：胖头势（胖的程度）、聪明头势（聪明的程度）。

兰州话中，一般动词（单音或双音）后面都可带"头"表"值得 V"。如：看头丨吃头丨商量头。又：[（姓+）名职业+客（+子）]，表从事某一职业的人。如：张水客(指某一张姓卖水的人) ｜ 筏子客(从事放筏水运的人) ｜ 麦客(替人割麦挣工钱的人)。

4. 词及名词的复数形式

(1) 代词的复数形式(配合"虚词"部分 1. 代词，特别注意以内部屈折来表复数的方式，若此，则以国际音标标明)。

兰州话	代词单数	复数形式	双数/三数/小量形式
第Ⅰ身	我	我们	我们两个/三个/几个
第Ⅱ身	你	你们	你们两个/三个/几个
第Ⅲ身	他 ｜ 那 [^{53} la] ｜ 那个_{人家}	他们 ｜ 那们 ｜ 那个们_{人家们}	他们/那们/那个们两个/三个/几个

(2) 名词的复数形式(如果复数形式可以与数量结构同现，则特别记出；如不可以，无须)。

人、学生、大人、卖菜的、马、小狗、狐狸、蚊子、桌子、树、电视机、碗、石头(如无复数形式，可以不记)。

兰州话中，以上名词都可后面带"们"表复数。

(3) 复数形式是否有兼表领属关系的；能否用于实义为单数的领属语，如"他们娘"表示"他母亲"的意思，"他们"实指单数。

以下三类中，领属成分均考察第一、二、三身人称代词的复数形式。

兰州话的人称代词复数，在下列情况下均兼表领属关系：

①亲属领属(被领属成分以"妈妈、儿子、哥哥、妹妹"为例)：

兰州话：我/你/他/那/那个们的妈/儿子/哥/妹妹。

②对于家庭(族)、类似家庭(族)的社会组织单位(被领属成分以"家、村、公司、学校"为例)的领属，或对于家庭(族)或该单位的大型不动产的领属(被领属成分以"土地、果园、房子"为例)：

兰州话：我/你/他/那/那个们的家/庄村/公司/学校/土地/果园子/房子。

③对于纯粹自身物品(永久/临时)的领属(被领属成分以"胳膊、裤子"为例)：

单数：兰州话：我/你/他/那的胳膊/裤子。

复数：兰州话：我/你/他/那/那个们的胳膊/裤子。

5. 词的短时少量重叠 AA 式和 ABAB 式（也可酌情收录方言中功能对应于普通话表短时少量重叠式的其他格式）

兰州话的情况见下表。

普通话例词	兰州方言中表短时少量的重叠式		其他表义、句法功能（说明：例句）（句法中尤其注意重叠后能不能跟宾语）
	文字形式	语音声调的变异	
唱唱（歌）	唱咔/（一）下（歌）		可带宾语。下同
看看	看咔/（一）下		
尝尝	尝咔/（一）下		
走走	走咔/（一）下	"咔[kʰa]/下［xa]"读轻声，做补语	
跑跑（步）	跑咔/（一）下（步）		
收拾收拾	收拾咔/（一）下		
商量商量	商量咔/（一）下		

6. 动词表尝试的"VV 看"式在方言中的对应形式

兰州话的情况见下表。

普通话例词	兰州方言中的重叠式		重叠式其他表义、句法功能（说明：例句）（句法：尤其注意重叠后能否跟宾、补语）
	文字形式	语音声调的变异	
看看看	动+［一下/咔］+了+［看/再说］	"［一下/咔］+了"读轻声	宾语前置，不带补语。例：（买不买）我看一下了再说
唱唱看	同上	同上	同上
尝尝看	同上	同上	同上
打扮打扮看	同上	同上	同上

7. 形容词重叠式生动形式

（1）有基式无生动式的，基式不动。方言中无基式词的，在基式词上加"＊"号，或用同义词、近义词代替，例如关中方言中无"小"，与之相对应的是"碎"，可记"碎"。

（2）AABB 格对双音词 AB，填入其重叠式 ABAB，对单音词 A，填入 AA 和 BB 的并列式，如"大大小小的"。

（3）AAB 格对 AB，填入可能有的 AAB，对 A，填入带前加成分的 bbA，如"通通红"。

（4）对于 bbA 和 bAbA 两项，如 bA 不成词，则加"＊"号。bA 成词则不加。

（5）可在表外简要说明各式的轻重音模式和基本变调规律。

兰州话形容词重叠式生动形式主要是"AA"式。见下表所列。

例词	AA（前一"A"为阴平 31，阳平 53，去声 13 时，不变调，若为上声 442 时，变 53；后一 A 读本调）	AABB（包括 AA+BB）（不变调）	AAB/bbA	bAbA（如"通红通红"）（不变调）
好	好好			
坏	坏坏			
大	大大	大大小小		
小/尕	小小/尕尕			
香	香香			
臭	臭臭			
干	干干			
湿	湿湿			
胖	胖胖			
瘦	瘦瘦			
高	高高	高高低低		
低	低低			
＊矮				
＊漂亮				
丑				
多	多多			
少	少少			
黑	黑黑			

续表

例词	AA（前一"A"为阴平31，阳平53，去声13时，不变调，若为上声442时，变53；后一A读本调）	AABB（包括AA+BB）（不变调）	AAB/bbA	bAbA（如"通红通红"）（不变调）
白	白白			
雪白				雪白雪白
红	红红			
血红				血红血红
绿	绿绿			
*金				
紫	？紫紫			
宽	宽宽			
稀	稀稀			
*黏稠				
甜	甜甜			
咸	咸咸			
辣	辣辣			
难				
容易				
懒				
清（指水）	清清			

8. 形容词附加式生动形式

（1）基本表格

兰州话形容词附加式生动形式只有"Abb"式。见下表。

例词	Abb	Abcc	Abcd	各式程度差别序列
好	好端端			
坏	坏辛辛			
大	大夸夸			
*小　尕	尕几几			

例词	Abb	Abcc	Abcd	各式程度差别序列
香	香喷喷			
臭	臭烘烘			
干	干绷绷			
湿	湿溜溜		湿儿瓦达	
胖	胖楚楚			
瘦	瘦儿几			
高	高息息			
低	低恰恰			
*矮　矬	矬根根			
肥	肥腾腾			
美（指舒适）	美滋滋			
丑	丑腥腥			
多				
少				
黑	黑乌乌儿		黑儿瓦达	
白	白生生儿			
红	红丢丢			
绿	绿茵茵			
黄	黄楞楞			
*金				
紫	紫根根			
宽	宽堂堂			
稀	稀拉拉			
稠	稠登登		稠不棱登	
甜	甜音音	甜不几几		
咸	咸句句			
辣	辣苏苏			
难				
懒	懒洋洋			
清（指水）	清亮亮			

续表

例词	Abb	Abcc	Abcd	各式程度差别序列
嫩	嫩几几			
老	老查查			
*小（指年龄）尕	尕几几			
脆	脆生生儿			

比较程度等级时，可以连同前一表中与附加有关的 bA 和 bAbA 式一起考虑。

兰州话形容词附加式生动形式的有关说明：

①有四种形式，本身都已带有某些程度意义，不能再受程度副词修饰或补充。都只有肯定式，无否定式。

②四种形式如下。

1）Abb：胖楚楚(贬) ｜ 胖乎乎(褒)。

2）Abcc：脏不希希 ｜ 苦不几几。

3）Abcd：肉不棱登 ｜ 皮不棱登；冰几瓦达 ｜ 脏几瓦达。

4）A 巴郎：斜巴郎 ｜ 扁巴郎。

③上述四式中，1）式可褒可贬，词项量大，其"bb"丰富传神，"A"的褒贬义多受它左右或决定。其他三式都只表贬义，词项有限。4）式是专表形态、位置的。

④Abb 式褒贬程度的变化：在"Abb"后添上后缀"儿"（自成音节，轻声），同时把后一个"b"字重读且读音拖长时，可使原来的褒义程度增强，如：绿茵茵→绿茵茵——儿。同样，有些表贬义的"Abb"可转化为"Abcc"，或"Abcd"，这样，也可使原来的贬义程度增强，如：肥棱棱→肥不棱棱 ｜ 湿几几→湿几瓦达。

⑤以上四式的音变情况：

生动形式	本调	轻声	阳平 53	本调	轻声
1）	A		b		b
2）	A	b	c		c
3）	A	b	c ／	瓦	d
4）	A	巴郎			

（2）有无专用的褒义格式和贬义格式

这种情况可参见 8.（1）③所述。其中"X 不拉叽/X 不叽叽"中的 X 一般只能是表小、丑、衰等有消极意义的形容词。

第二部分　虚词

一　代词

（一）人称代词

表1　　　　　　　　　　　兰州话的基本人称代词

人称＼范畴	单数	复数		双数	主	宾	领		尊
		排除式	包括式				单	复	
第一身	我	我们	我们	我们两个	单，复	单，复	我的药/计划	我们的学校	
第二身	你	你们		你们两个	单，复	单，复	你的腰	你们的帽子	
第三身	他丨那①丨那个	他们丨那们丨那个们		他们/那们/那个们两个	单，复	单，复	1. 他（的）爹 2. 爹的	他/那/那个们的爹	

说明：

1. 若该方言代词无以上其中某个范畴，该项可空缺。

2. 对于第一人称复数形式，"排除式"和"包括式"两项不可空缺，相同则两格均填。

3. 北京话的"俩"就可视为双数形式，因为有"你俩、我俩"等式，而"仨"不可视为"三数"，以为必须说"你们仨"，此时已出现复数"们"。

4. 在某些方言中，单复数对立、主宾领格的对立、一般称和尊称

————————

① 表中第三身"那/那个（们）/那们"多出现在非正式场合的口语里，表亲昵，"那"音［^{53}la］，是"人家"的合音。

等的对立可能用语音的屈折手段(如声调、韵尾等的屈折)表现,请另以国际音标标出。

5. 有无反身代词用作人称代词的情况:如"自己/个人……"用作"我"或"你"。或如北京话"人"表示"别人、人家"(他想去,人不同意)。

6. 可调查下列几个领属短语:

兰州话

他(的)爸爸	他(的)爹丨爹的(限于第三人称单数)
我(的)妻子	我(的)老婆/媳妇
我们(的)学校	我们(的)学校
你的腰	你的腰
你们的帽子	你们的帽子
咱们的房子	我们的房子
我的药	我的药
我的计划	我的计划

(二)指示代词

1. 基本指示代词

表 2 　　　　　　　　　　　　基本指示代词

	近指	中指	远指	更远指	定指 (不分远近)
个体/名物*	这				
	这个				
程度	这么(高)				
方式/性状	这样/么				
处所	这儿/里				
时间	这会儿				
数量	这些、这一				
可否指示兼替代	这(是书)				
是否有非单用的基本指示成分**	居(温州)		依/埃(上海)		

续表

	近指	中指	远指	更远指	定指 （不分远近）
体标记	辣海、辣辣				

* 基本指示成分之后基本量词也可以不限于"个"。

** 有些方言中，全部或部分指示代词由一个不能单用的指别语素后加量词、时间或地点小词等构成，如关中方言的兀u-的组合情况：兀+搭 = uta→ua表地点、兀+个→uo表个体指示；汉语邻近的日语、朝鲜语、一些阿尔泰语系语言也有类似情况。

说明：

（1）"远指"指只有近和远二分对立时所用的形式，即默认的远指。比默认的远指近的非近指为"中指"。比默认的远指更远的为"更远指"。所以"三分"不一定是"近—中—远"，也可是"近—远—更远"或其他情况。关键是先要找出默认的（优先使用的）近指和远指作为坐标，再确定其他相对次要的指示词。

（2）有无量词兼用作指示代词、类定冠词的情况，若有，是个别少数量词还是成类的量词？量词兼作指示词/冠词的句法功能请在二（三）中反映。

（3）"这""那"或相当于"这"和"那"的词根若有多读音现象，请列出；这些不同的读音若具有功能上的对立，请举例说明。

（4）若有以长音、拉长语调等韵律手段来增加远指的指称距离的现象，请简要说明。

（5）若个体指称有格范畴或类似格的范畴（如甘肃河州话），请简要说明。

2. 兰州话的指示代词

表3　　　　　　　　　　　兰州话的基本指示代词

	近指	远指	说明
个体/名物	这	那	
程度	这么（+形）	那么（+形）	"这/那么"可放在动、形前
方式/性状	这么/这么价	那么/那么价	"这/那么价"只能放在动词前
处所	这里/这塔（里）	那里/那塔（里）	

续表

	近指	远指	说明
时间	这会儿/子	那会子	
数量	①这些 ②这一（+量）	①那些 ②那一（+量）	①修饰名物：这些书 ②修饰时间词：那一 天/年
指示兼替代	这（是书）	（我说的是）那	

表 4　　　　　　　　兰州话"这/那里"的三分现象

	语音特点	例句
近指	"这"读本音 $[^{13}\text{t}ʂ̩]$。	这塔是我们的家。
中指	"那"读本音 $[^{13}\text{la}]$／$[^{13}\text{lɛ}]$。	那塔是老张的家。
远指	"那"读本音 $[^{13}\text{lɛ}]$，且重读，拖长读音两倍以上。	那——塔是尕刘的家。

（三）疑问代词

1. 基本疑问代词

表 5　　　　　　　　基本疑问代词

疑问范畴		单数	复数	可否为任指代词
	基本	什么｜啥		什么也不吃｜啥也不吃
	人	谁｜谁	谁们，都谁｜谁们	谁都喜欢他｜谁都喜欢他
	个体指别	哪个/张……｜哪个/张	哪些｜哪些	
	处所	哪儿/里｜哪塔		
	时间	什么时候｜哪会/多 会/啥时候		
程度	疑问语气	多/多么（高）？｜（有）多/多么（高）？		
	赞叹语气	多/多么高的小伙子啊！｜多/多么高的小伙 子啊！		
	方式/性状	怎样/么｜怎么（去呢）？		
	原因	为什么｜怎么（没有来）？		
数量	基本	多少？（——三百二十。）｜多少？		
	十以内	几？（——八。）｜几？		
	其他数域以内			
	与量词组合 的情况	多少只、几斤｜多少只、几斤		

说明：

（1）注意问方式/性状的疑问代词可否也可用于问原因。（他怎么/为什么没来?）

（2）同一疑问功能可能在不同句法位置上有不同的形式（相当于"格"）。如江苏启东吕四话的疑问代词在主语、宾语、定语的相当于"什么"的疑问代词形式分别为：嗲子、嗲、斗。此类情况也要说明。

2. 兰州话的疑问代词情况说明

（1）上表各栏中短竖线右侧的词是兰州话的疑问代词。

（2）兰州话的疑问代词可表任指。可单用表任指，也可在前边加标记词"是［^{13}ʂ］"表任指，如"（是）啥也不吃"。

（3）"怎么"可用于问原因：他怎么没来?

二　量词的语法功能

（一）列出可用于下列名词的个体名量词和可用于下列动词的动量词

兰州话：

人__个__ 学生__个__ 牛__个/头__ 狗个/__条__ 鱼__条/个__ 树__棵__ 花__朵/个__ 米颗颗子__ 西瓜个__ 绳子__根/条__ 房子（整体）__座__ 房子（单间）__间__ 饭店__个__ 西瓜（切开后的一瓣）__牙（子）__ 自行车__个/辆__ 汽车__个/辆__ 船__个/条__ 飞机__架/个__ 彩电__个__ 锤子__把/个__ 香烟__根/支__

跑（一趟）__一趟（子）__ 打（一下、一次）__一下__ 去（一回）__一回__ 等（一下、一会儿）__一下/一会__

表6　　　量词的全量义/逐指义功能及其屈折形式（兰州话）

全量义/逐指义形式	举例以"个、只、本、块、叠、斤"为例（不能重叠的打＊号）
重叠	（如AA式、一AA式、一A一A式） 兰州话：①全量义（AA）："个"。如：个个都是英雄。 ②逐指义（一A一A）："个、只、本、块、沓子（＝叠）、斤"。如：一斤一斤地称。
其他	

表7	名量结构的指称功能（兰州话）
名量结构的功能	举例
类指	书本（北京）狗只（香港）｜兰州话：书本子，纸张，碗盏
定指	纸张（遵义）｜兰州话：画张子，面张（子）（擀成的面），灯盏（子），毡条（＝毡），米颗颗子

（二）量词与数词的合音现象（兰州话无）

表8	量词与数词组合的合音（或脱落）现象	
	与"个"（或相应的基本量词）"的合音	与其他量词的合音（不同形式的合音）
一	（一／i³⁵／）	
二	（俩／lia／）	
三	（仨／sa／）／仁儿	
四		

＊注意合音或脱落后，可指示名词的范围是否扩大，如"俩"用于原来不用"个"的名词。

（三）量词用作定冠词（或其他形式的 Determiners）（兰州话无）

吴、粤、徽、闽南（潮汕）和一些西北方言（可能）中存在量词作定冠词的现象（相当于 the），请注意哪些类别（个体、度量衡、容器?）有此功能，这些词在实现量词功能和定冠词功能时的关系。

如：本书、个人、kuo(uo) 猪(关中：可能和"个""箇"等有同源关系，而西北很多方言中表个体的量词其实只有一个"个"——度量衡、容器等除外）。

（四）量词单独做宾语或动量补语（兰州话）

表9	兰州话量词单独做宾语或动量补语
量词单独做宾语	兰州话中有些量词 A 的重叠式 AA（子）可做宾语，表方式。如：这些瓜数个个子（卖）呢么称斤斤子（卖）呢？——称斤斤子（卖）呢。
动量词单独做补语	兰州话：你尝（一）下｜我回趟家｜娃娃，笑个呦!

三　动词的特殊小类

（一）（能愿）助动词

1. 普通话与方言词项对照

表 10　　　　　　　　　**普通话和方言词项对照**

类型	情态	普通话参考例词	普通话参考例句	兰州方言对应例句
主观的主观	能力	能、可以、会、-得-（性质形容词、趋向动词、结果式补语动词）、-不-、不会	1. 你会开车吗？——没学过，不会。 2. 小张一顿能吃完三碗饭吗？——吃不完。 3. 包太重了，你拿得动吗？——能/可以。	1. 车你会开不会开？——没有学过，不会开。 2. 尕张一顿能吃完三碗饭吗？——那吃不完。 3. 这个包重的很，你能提动吗？——能（拿动）/中呢。
	胆量	敢、不敢	你技术不太好，敢开车吗？ 你没有驾驶证，敢开车吗？	你的技术瓢些儿，车敢开吗？ 你驾驶证都没有，敢开车吗？
	义务	应该、必须、得、不能、不应该、不必	不早了，我得走了。 你应该去医院看看他。 虽然我饿了，但这个饼我不能吃，我要留给妈妈。 打电话就可以了，你就不必写信了。	不早了，我该走了。 你应该到医院里把那看给下去。 我饿是饿着呢，可是这个饼子我不能吃，我要给我妈留给呢。 嘉₁［tɕia］轻声，发语词打个电话就成呢，你就再不要写信了。
	意愿	希望、想、要、不想、愿意、肯、不愿意、不肯、不要（此义似乎已进入普通话）	我不想吃这个苹果。 小丽愿意嫁给小张。 ？我不要吃剩饭！ 你肯不肯一个人去北京？	我没想着吃这个苹果。 小丽那愿意/情愿嫁给尕张。 我不愿（意）吃剩饭！ 剩饭一个，我才不吃呢！ 你个家愿意不愿意到北京去？

续表

类型	情态	普通话参考例词	普通话参考例句	兰州方言对应例句
主观的客观	客观可能性的推测	应该、可能、怕、恐怕、会、应该不、不可能、可能不、不会	明天可能是晴天。 都三点了，张三恐怕来不了了。 张三是个好人，他不会撒谎。 张三的老婆应该不难看，因为张三长得不错啊。	明个哈巴是晴天。 都三点了，张三哈巴来不下了。 张三那是个好人，那不会编谎。 张三那的婆娘哈巴好看着呢，你看那张三长的亮豁嘀。
主观的施力—祈使	许可／禁止	可以、不可以、能、不能、不得、休得、休要、不允许	话还没说完，你现在不能走! 你现在可以说了! 房间里不允许吐痰。	话还没有说完呢，你嘉₂[⁴⁴² tɕia]现在不能走! 嘉现在你可以说了! 屋里不能吐痰。
	义务	必须、得（děi）、不应该	你必须把饭吃完!	你一定把饭要吃完呢!／你把饭吃完哟!

　　＊不必拘泥于词项对应，应从功能对应出发，尤其注意实现某一情态功能的不同格式。如长沙话"得+动词"。

说明：

（1）注意普通话的某些助动词形式在一些方言中表达不同情态的功能（晋语、关中方言用"不敢"表示"不要、别"等祈使功能；东北用"不能"表示指可能的"不会"：鱼明天不能死；吴语"不肯"表示"不止""勿肯"也可用作无生命的物体：个只天日日勿肯晴）。

（2）请写出对于某一情态功能的否定形式（例如对于"许可"（可以）这一情态功能的否定形式是"不可以/不能"），尤其注意同一功能内部的相应否定式（我能做好/我做不好）。

（3）否定形式相应但功能不对称的情况（他应该来了/＊我不应该来了）。

（4）歧义现象（情态类型交叉，请调查：不能开车；我知道你能开车，但路太滑你不能开车，我也不能开车，如果你还坚持要开，领导一定会呵斥你："张三同志，你不能开车!"）。

　　2. 兰州话助动词有关情况的说明：

（1）普通话中表意愿的"肯"和兰州话的"愿意"相当。兰州话中有"肯"，但不是助动词，是副词，意思是"常常""太、很"等。

（2）兰州话中表肯定时用"能/可以"，表否定时只能说"不能"。

（3）兰州话中的"要"，在否定句中做状语时读音是 $[^{13}lɔ]$。如：你不要走。

（4）关于"不能开车"的歧义现象，兰州话的说法是：

我知道你会开车，但路滑的很，你不能开，我也不能开，你但一定要开，领导会批评你："张三同志，你不能开!"

（二）趋向动词

1. 参考词项

来、去、上、下、进、出、起、过、到、拢、开、上来、下来、上去、下去、进来、进去、出来、出去、起来、起去、过来、过去、到来

2. 调查项目

趋向补语与前面的动词之间是否带补语标记"得、将、着（如'抓将上来'）"等，即调查：

（1）带标记格式/不带标记格式，请举例：

兰州话：拿着来 | 放不着进去。

（2）补语标记的可选性/补语标记的强制性

兰州话中：①标记"着"老派一般要用，年轻人用否两可。②格式是 ［V（+不）+着+趋单音/双音］。

适用于哪些趋向补语：单音节趋向补语？/双音节趋向补语？/全部？

（下面的趋向补语表都要加进例句，否则获得的答案无法有可比性。普通话不说或少说的用星号或问号标出，方言答案无该趋向词的，例句格可空；有词而句子不说或少说的则仍要填进相应例句，再标星号或问号）

表 11　　带受事类宾语时的句法结构（括号内的是兰州话例句）

趋（普）	趋（方）	动+趋+宾		动+宾+趋		动+趋1+宾+趋2	
		语气	例句	语气	例句	语气	例句
来	来	陈述	他拿来一支笔。（那拿来一支笔。）	祈使？祈使	拿一支笔来。？（拿一支笔来。）		
去	去	陈述	他送去两瓶酒。（那送着去了两瓶子酒。）	？祈使	送两瓶酒去。？（送两瓶子酒去。）		

续表

趋(普)	趋(方)	动+趋+宾		动+宾+趋		动+趋1+宾+趋2	
		语气	例句	语气	例句	语气	例句
上	上	*	他从井里吊上一桶水。*（那从井里头吊上一桶水。）	*	*他从井里吊一桶水上。*（那从井里头吊一桶水上。）		
下	下	?陈述	他摘下那个苹果。?（那摘下了那个苹果。）	*	*他摘那个苹果下。*（那摘那个苹果下。）		
进	进	*	他往口袋塞进了一百块钱。*（那往抽抽里塞进了一百块钱。）	*	*他往口袋塞了一百块钱进。*（那往抽抽塞了一百块钱进。）		
出	出	?陈述	他拿出十块钱。?（那拿出十块钱。）	*	*他拿十块钱出。*（那拿十块钱出。）		
起	起	?陈述	他抓起两个鸡蛋。?（那抓起两个鸡蛋。）	*	*他抓两个鸡蛋起。*（那抓两个鸡蛋起。）		
过	过	?陈述	门前开过一辆车。?（门前头开过了一辆车。）	*	门前开一辆车过。*（门前头开一辆车过。）		
开	开	陈述	他推开门进来。（那搡开门进来。）	*	*他推门开进来。*（那搡门开进来。）		
到	到	祈使	把车开到他家吧。（把车开到那们家吧。）	祈使	*把车开到他家吧。（把车开到那们家哟。）		
上来	上来	陈述	他提上来一桶水。（那提着上来（了）一桶子水。）	祈使 ?陈述	你提一桶水上来。（你提一桶子水上来。）?他提一桶水上来。?（那提着一桶水上来。）	陈述 *	他提上一桶水来。*（那提上一桶水来。）

续表

趋（普）	趋（方）	动+趋+宾 语气	动+趋+宾 例句	动+宾+趋 语气	动+宾+趋 例句	动+趋1+宾+趋2 语气	动+趋1+宾+趋2 例句
下来	下来	陈述	他端下来一碗水。（那端着下来（了）一碗水。）	祈使 ? 陈述	你端一碗水下来。（你端一碗水下来。）? 他端一碗水下来。? （那端着（了）一碗水下来。）	*	他端下一碗水来。* （那端下一碗水来。）
上去	上去	陈述	他钉上去一颗钉。（那钉着上去了一颗钉子。）	*	他钉一颗钉上去。* （他钉一颗钉子上去。）	*	他钉上一颗钉去。* （那钉上一颗钉去。）
下去	下去	陈述	他往坑里推下去一块石头。（那往坑里头操着下去了一块石头。）	? 陈述	他往坑里推一块石头下去。? （那往坑里头操了一块石头下去。）	*	他往坑里推下一块石头去。* （那往坑里操下一块石头去。）
进来	进来	陈述	他搬进来一箱书。（那搬着进来（了）一箱子书。）	? 陈述	他搬一箱书进来。? （那搬了一箱子书进来。）	*	他搬进一箱书来。* （那搬进一箱来。）
进去	进去	陈述	他递进去一瓶水。（那送着进去（了）一瓶子水。）	? 陈述	他递一瓶水进去。? （那递了一瓶水进去。）	*	他递进一瓶水去。* （那递进一瓶水去。）
出来	出来	陈述	他掏出来一块表。（那掏着出来（了）一块表。）	? 陈述	他掏一块表出来。? （那掏了一块表出来。）	? 陈述	他掏出一块表来。? （那掏出一块表来。）
出去	出去	陈述	他扔出去一块肉。（那扔着出去（了）一块子肉。）	? 陈述	他扔一块肉出去。? （那扔了一块肉出去。）	*	他扔出一块肉去。* （那扔出一块肉去。）

续表

趋(普)	趋(方)	动+趋+宾		动+宾+趋		动+趋1+宾+趋2	
		语气	例句	语气	例句	语气	例句
起来	起来	陈述 * *	他扶起来一个人。 （那扶着起来（了）一个人。） *他唱起来歌了。 （那唱起来歌了。） *他唱起来歌很好听。 （那唱起来歌好听的很。）	?陈述 * *	他扶一个人起来。 ?（那扶着一个人起来。） *他唱歌起来了。 （那唱歌起来了。） *他唱歌起来很好听。 （那唱歌起来好听的很。）	?陈述 陈述 陈述	他扶起一个人来。 ?（那扶起一个人来。） *他唱起歌来了。 （那唱起歌来了。） 他唱起歌来很好听。 （那唱起歌来好听的很。）
过来	过来	陈述	他扔过来一块肉。 （那扔着过来（了）一块子肉。）	?陈述	他扔一块肉过来。 ?（那扔了一块肉过来。）	?陈述	他扔过一块肉来。 ?（那扔过一块肉来。）
过去	过去	陈述	他扔过去一块肉。 （那扔着过去（了）一块子肉。）	?陈述	他扔一块肉过去。 ?（那扔了一块肉过去。）	?陈述	他扔过一块肉去。 ?（那扔过一块肉去。）
开来	开来	*	*他传开来消息。 *（那传开来消息。）	*	*他传消息开来。 *（那传消息开来。）	*	他传开消息来。 *（那传开消息来。）
开去	开去	*	*他传开去消息。 *（那传开去消息。）	*	*他传消息开去。 *（那传消息开去。）	*	?他传开消息去。 *（那传开消息去。）
(其他)							

（语气分陈述、祈使两类。陈述句成立的，可以只填陈述句；假如只有祈使成立或以祈使为常的，则填祈使句或两类都填。下表同）

表 12　　　带处所类宾语时的句法结构（括号内的是兰州话例句）

趋（普）	趋（方）	动+趋+宾		动+宾+趋		动+趋1+宾+趋2	
		语气	例句	语气	例句	语气	例句
来	来	＊	〈粤〉行来沙田。 ＊走来北京。 ＊（走来北京。）	？陈述	？走北京来。 ＊（走北京来。）		
去	去	＊	＊走去北京。 ＊（走去北京。）	陈述	？走北京去。 （走/到北京去。）		
上	上	陈述	他爬上那座山了。 （那爬上那个山了。）	？陈述	＊他爬那座山上了。 ？（那爬那座山上了。）		
下	下	陈述	他滑下山坡。 （那滑下了山坡。）	＊	＊他滑山坡下。 ＊（那滑山坡下。）		
进	进	陈述	他走进房间。 （那走进屋子。）	＊	＊他走房间进。 ＊（那走房子进。）		
出	出	陈述	他跑出房间。 （那跑出屋子。）	＊	＊他跑房间出。 ＊（那跑房子出。）		
起	起	陈述	＊他爬起床。 （指从床上爬起来） （那爬起床。）	＊	＊他爬床起。 ＊（那爬床起。）		
过	过	陈述	他走过我家门口。 （那走过我们家门口。）	＊	＊他走我家门口过。 ＊（那走我家门口过。）		
开	开	＊	＊他走开屋子。 （指他走着离开屋） ＊（那走开屋子。）	＊	＊他走屋子开。 ＊（那走屋子开。）		
到	到	陈述	他走到门口。 （那走到门口。）	＊	＊他走门口到。 ＊（那走门口到。）		
上来	上来	＊	＊他走上来梯子。 ＊（那走上来梯子。）	＊	＊他走梯子上来。 ＊（那走梯子上来。）	陈述 ？陈述	他走上梯子来。 ？（那走上梯子来。）
下来	下来	？陈述	＊他走下来楼。 ？（那走下来楼。）	＊	＊他走楼下来。 ＊（那走楼下来。）	？陈述	他走下楼来。 ？（那走下楼来。）
上去	上去	＊	＊他爬上去树。 ＊（那爬上去树。）	＊	＊他爬树上去。 ＊（那爬树上去。）	？陈述	他爬上树去。 ？（那爬上树去。）

续表

趋（普）	趋（方）	动+趋+宾		动+宾+趋		动+趋1+宾+趋2	
		语气	例句	语气	例句	语气	例句
下去	下去	*	*他走下去山。*（那走下去山。）	*	*他走山下去。*（那走山下去。）	?陈述	他走下山去。?（那走下山去。）
进来	进来	*	*他走进来房子。*（那走进来房子。）	*	*他走房子进来。*（那走房子进来。）	?陈述	他走进房子来。?（那走进房子来。）
进去	进去	*	*跑进去房间。*（跑进去房子。）	*	*跑房间进去。*（跑房子进去。）	祈使/?陈述	跑进房间去。?（跑进房子去。）
出来	出来	?陈述	*老鼠爬出来洞。?（老鼠子爬出来洞。）	*	*老鼠爬洞出来。*（老鼠子爬洞出来。）	?陈述	老鼠爬出洞来。?（老鼠子爬出洞来。）
出去	出去	?陈述	*老鼠爬出去洞。?（老鼠子爬出去洞。）	*	*老鼠爬洞出去。*（老鼠子爬洞出去。）	?陈述	*老鼠爬出洞去。?（老鼠子爬出洞去。）
起来	起来	?陈述	*他爬起来床。（指从床上爬起来）?（那爬起来床。）	*	*他爬床起来。*（那爬床起来。）	?陈述	*他爬起床来。?（那爬起床来。）
过来	过来	*	*他跑过来街。*（那跑过来街。）	*	*他跑街过来。*（那跑街过来。）	?陈述	他跑过街来。?（那跑过街来。）
过去	过去	*	*他跑过去街。*（那跑过去街。）	*	*他跑街过去。*（那跑街过去。）	?陈述	他跑过街去。?（那跑过街去。）
开来	开来						
开去	开去	*	他跑开去屋子。*（那跑开去屋子。）	*	他跑屋子开去。*（那跑屋子开去。）	*	他跑开屋子去。*（那跑开屋子去。）

（三）系（动）词

1. 系（动）词

表13   系（动）词在兰州方言中的存在形式

系（动）词	肯定形式例句	否定形式例句	是非问形式例句
是	我是学生。	我不是老师。	你是学生吗/哟？

2. 判断句的类型

（1）系（动）词在判断句前后件之间的判断句

兰州话

①等同：阿斗的父亲是刘备。　　　阿斗那爹是刘备。

刘备是阿斗的父亲。　　　　　刘备是阿斗那爹。

②个体—类别：张三是当　　　　张三那是个当官的。
　官的。

③领属：那本书是我的。　　　　那一本书是我的。

④X（就）是 X：好是好，　　　好是好着呢，就是贵的很。
　就是太贵了。

　一个（就）是一个，不要　　　一个就是一个，不要说成两个。
　说两个。

⑤存现句：整面墙都是她的　　　整个墙上全都是她的像片子。
　照片。

⑥肯定强调（"是" 重读）：

　张三是爱玩，但是他也不　　　张三爱玩是爱玩，做开活了也
　懒啊。　　　　　　　　　　　不偷懒。

（2）系（动）词不在判断句前后件之间的判断句（简要说明；若无此格式，则不记）

（3）不使用系（动）词的判断句。注意下列句子括号中的"是"能否省略，能否用话题标记"嚜" 之类代替系词

兰州话

昨天（是）星期三。　　　　　昨个（是）星期三。

鲁迅（是）浙江绍兴人。　　　鲁迅那是浙江绍兴人。

鲁迅也（是）浙江绍兴人。　　鲁迅也是浙江绍兴人。

鲁迅（是）浙江绍兴人吗？　　鲁迅是浙江绍兴人吗？

这趟车终点站（是）哪儿？　　这趟车终点站是哪塔？

——终点站(是)北京西站。 ——终点站是北京西站。

他(是)我们的校长。(他 那是我们的校长。(他嚜,(是)
嚜,我们的校长。) 我们的校长。)

张明(是)中学生。/张明 张明是(一个)中学生。
(是)一个中学生。

他(是)医生,我(是) 那是医生,我是护士。
护士。

四　副词

就、才、再、还、很(其他程度副词的用法)

(一) 就

"就"的语法功能调查(请用下划线标出重读部分,没有明显重读
的可不标)

1."就"对后面成分所表达信息的确认功能

兰州话

我要的<u>就是</u>这个。(或:我 我要的这个就是。
要的就是这个) 我要的就是这个。

咪咪就是猫。 咪咪就是猫儿一个。

　 咪咪猫儿<u>就是</u>的。

我就吃了三个。 我才吃了三个。

<u>就</u>张三没来。 光就张三没来。

张三让我去,我<u>就</u>不去。 张三叫我去,我单<u>偏</u>不去。

我<u>就</u>不喜欢念书考大学, 我就是不爱念书考大学,
看你还有什么办法? 看你有啥办法?

说了就说了,没关系。 说了就说了么,没关系。

2."就"表达自然逻辑关系(原因+自然结果,原因被凸显)

兰州话

| 他让我走,我就走了。 | 那叫我走呢,我就走了么。 |
| 这个家伙,一有钱就去喝酒。 | 这个尿,有些钱就喝酒去了。 |

3. 条件不足,也可以达到某个目标

兰州话

题都没做完,就已经有 80 分了。	题还没做完呢,可就/都 80 分了。
3 点钟没到,他就来了。	3 点钟没到,他可就/都来了。
能吃饱肚子就行了。	肚子吃饱就成了。

4. 对比/话题焦点的确认

兰州话

(——谁没吃?/我不相信有人没吃/
不知道还有没有人没吃饭)

——小张就没吃。　　　　　　　　　——小张就没吃/
　　　　　　　　　　　　　　　　　小张那就没有吃者。

(二) 才

"才"的语法功能调查

兰州话

他直到六点钟才回去。	那一直到了六点钟才回去。
怎样才能治好他的病?	怎么才能看好那的病(哟)?
只有王师傅来才修得好这台机器。	只有王师傅来了才能修好这个机器。
你怎么才来?(指"你这么晚才来")	你咋才来哟?
再睡一会儿吧,才三点。	再睡上一会儿,才三点钟。
他才不会赞成你的主意呢。	那才不会赞成你说下的呢。

(三) 再

"再"的语法功能调查(注意方言中 1 和 2 功能所用的副词甚至语

序可能不一样）

兰州话

吃了一个，想再吃一个。	吃了一个，还想再吃上一个。
下次再来好不好？	下一次再来行不行？
吃完饭再去。	吃完饭再去咇。
明天再给他。	明天给他再给/再给那给给。
这个饭馆不好，我再也不想来了。	这个饭馆子不好，我再也不来了。
他已经检查过了，你要不要再检查检查？	那已经检查过了，你再检查（呢么）不检查了/咇？
	附："再"有时相当于"就"。
	如：那爱打电话的很，抱上再不放。

（四）还

"还"的语法功能调查

兰州话

袋子里有十个苹果，拿走五个，还有五个。	兜兜里有十个果子，拿掉了五个，还剩下五个。
他比屋檐还高。	那比房檐子还高。
声音还没蚊子大。	声音还没有蚊子大呢。
这个手术现在还不能做。	这个手术现在还做不成/不能做。
吃了三个苹果了，还不够。	吃了三个果子，还想吃。
我们一直劝他去，最后都把老板请来了，他还是不去。	我们一个劲的劝那，最后把老板都叫来了，那还是个不去。

（五）程度副词

1. 很（"很"在方言中的分布可能不很广泛）

方言中功能相当于"很"、出现于核心形容词或动词前的其他程度副词举例：

贼、真(表"很"义，如一些徽语)、精、狂、pei^{51}-r、溜、蛮、怪、奇、老、特、忒、狠 | 兰州话：希不("很/非常"。"希"，音[^{442}ȵi]；"不"[pu]，轻声)。如：那个老师希不好了着。

表14　在核心形容词、动词之前或之后的格式（括号中的是兰州话例句）

普通话对照例	在方言中做定语举例		在方言中做谓语举例	
	核心在后	核心在前	核心在后	核心在前
很高	他是个很高的人。*/?（那是个希不高的人。）	高得很的（那）人去哪儿了？*/?（希不高的那个人哪塔去了？）	他很高。（那希不高了着。）	他高得很。（那高的很。）
很坏	他不是个很坏的小孩。*/?（那不是个很坏的娃娃。）	坏得很的那个孩子是谁？*/?（坏的很的那个娃娃是谁？）	这个孩子很坏。（这个娃娃希不坏了着。）	这个孩子坏得很。（这个娃娃坏的很。）
很不好	他买了一只很不好的西瓜。*/?（那买了一个希不瓢的西瓜。）	?他买了一只不好得很的西瓜。*/?（那买了一个瓢的很的西瓜。）	这只西瓜很不好。（这个西瓜希不瓢了着。）	?这只西瓜不好得很。（这个西瓜瓢的很。）
很想家	很想家的工人大多数是年轻人。*/?（希不想家的工人多的是年轻人。）	?想家得很的工人大多数是年轻人。*/?（想家的很的工人多的是年轻人。）	工人们很想家。（工人们希不想家了着。）	工人们想家得很。（工人们想家的很。）
很黑	前面走来一个很黑的人。*/?（前头走着过来一个希不黑的人。）	?前面走来一个黑得很的人。*/?（前头走着过来一个黑的很的人。）	那个人很黑。（那个人希不黑了着。）	那个人黑得很。（那个人黑的很。）
很黄	远处很黄的那种水果就是杜果。*/?（远处希不黄的那种果子就是杜果。）	?远处黄得很的那种水果就是杜果。*/?（远处黄的很的那种果子就是杜果。）	杜果很黄。（杜果希不黄了着。）	杜果黄得很。（杜果黄的很。）

续表

普通话对照例	在方言中做定语举例		在方言中做谓语举例	
	核心在后	核心在前	核心在后	核心在前
很紫	我看见了一堆很紫的葡萄。 */?（我看着了一堆希不紫的葡萄。）	我看见了一堆紫得很的葡萄。 */?（我看着了一堆紫的很的葡萄。）	那里的葡萄很紫。 （那塔的葡萄希不紫了着。）	那里的葡萄紫得很。 */?（那塔的葡萄紫的很。）
很没意思	昨天我们听了一次很没意思的讲话。 */?（昨个天我们听了一次希不没意思的讲话。）	昨天我们听了一次没意思得很的讲话。 */?（昨个天我们听了一次没意思的很的讲话。）	昨天的讲话很没意思。 （昨个天的讲话希不没意思了着。）	昨天的讲话没意思得很。 （昨个天的讲话没意思的很。）

2. 程度表示的其他格式和方式（可选上表中的形容词为例）：如兰州话"希不+形"："他希不坏了着。"即：他非常坏。

3. 上表说明：兰州话中"很"极常用，常出现在谓语中做补语，很少做状语。"希不"和"很"相当，也常用，但用法和"很"有分工，即它只能出现在谓语中做状语。"很"和"希不"一般都不出现或少出现在定语核心词的前后。

五　前置词（介词）

（一）静态处所格介词（在）

普通话以及很多方言在实现处所格（不包括从格和目标格）时，并不仅仅使用前置词；其实前置词往往并没有负载处所的语义信息（和 in，on 等不同）。处所的语义信息往往有两个方面的补充：一是名词后再加后置词，二是该名词本身就是处所名词，蕴含了"~里"一类意义。

1. PP+VP 和 VP+PP 这两种格式表达的意义可能有所不同，请标出。

2. 普通话在动词前面加"在"表进行体这一方式可能在方言中有不同的表现。

在有些方言里，表处所格时句子强制性地需要体标记。（关中：毛娃到桌子上写字呢/哩；毛娃写着/到桌子上咧）所以尽量记录全句。

表 15 　　　　　　　　　　**兰州话处所格介词用法**

普通话介词结构	兰州话介词结构及其句法功能		
	PP+VP（肯定/否定）	VP+PP（肯定/否定）	单独做谓语（肯定/否定）
在房间里	我在房子里看书/睡着呢。 我没有在房子里看书/睡。	那睡在房子里头呢。 那没有睡在房子里头。	那在房子里呢。 那没有在房子里。
房间里	我房子里看书着呢。 我没有在房子里看书。		那（在）房子里呢。 那没有在房子里。
在房间	我在房子看书/睡着呢。 我没有在房子看书/睡。	那睡（在）屋里头呢。 那没有睡（在）屋里头。	那在屋里头呢。 那不在屋里头。
房间			
在杯子里	苍蝇在杯杯子里头爬着呢。 苍蝇没有在杯杯子里头爬着。 那在杯杯子里头放东西着呢。 那没在杯杯子里头放东西。		苍蝇在杯杯子里头呢。 苍蝇没在杯杯子里。
在杯子			
杯子里	苍蝇杯杯子里头爬着呢。 苍蝇没在杯杯子里爬。		苍蝇杯杯子里头呢。 苍蝇没在杯杯子里头。
杯子			
在桌子上	那在桌桌子上（指纸放在桌上）/在桌面子上（指写在桌面上）写字儿着呢。 那没在桌桌子上/在桌面子上写字儿。		书在桌桌子上呢。 书没在桌桌子上。
在桌子			
桌子上	那桌桌子上写字儿着呢。 那桌桌子上没写字儿。		书桌子上呢。 书没在桌子上。
桌子			

续表

普通话介词结构	兰州话介词结构及其句法功能		
	PP+VP（肯定/否定）	VP+PP（肯定/否定）	单独做谓语（肯定/否定）
在工作中	不要在做活的时节闲谝。		那上班着呢。 那没有上班。
在工作			那忙着呢。 那闲着呢。
工作中	不要上班闲谝。		
工作		不要谝着上班。	那上班着呢。 那没有上班。
在吃饭时	我在吃饭的时节看电视着呢。 我不在吃饭的时节看电视。		
在吃饭			
吃饭时	我吃饭的时节看电视着呢。 吃饭的时节我没有看电视。		
吃饭			我吃饭着呢。 我没有吃饭。
在睡觉（之）前	在睡觉前不要吃东西。 在睡觉前要吃些东西呢。		
在马路对面	那们在街对过子做活着呢。 那们没在街对过子做活。	那们上班在街对面个呢。 那们上班没在街对面个。	那个馆子在街对过子呢。 那个馆子不在街对过子。
在北京	那儿子在北京上大学着呢。 那儿子没在北京上大学。		那儿子在北京呢。 那儿子没在北京。
北京	那儿子北京上大学着呢。 那儿子不在北京上大学。		那儿子北京呢。 那儿子不在北京。

（二）从格介词（从）

注意方言中：

1. 相当于"从"的前置词。

2. 尤其注意介词结构（PP）在动词前和动词后的分布是否平衡、

是否可自由切换。

3. 在有些方言里，从格和表存在的处所格可用同样的介词（如苏州：勒屋里出来），需注意。

表 16　　　　　　　　　　　　从格介词用法

普通话 PP 格式	兰州方言 PP 格式及其句法功能
我们从北京来。	我们跟/从北京来。
? 我们北京来。	我们是（从）北京来的。
我们北京来的。	我们是（从）北京来的。
他从家里跑来。	那从家里头跑着来了。
? 他从家跑来。	那从屋里跑来。
*他家里跑来。	*他家里跑来。
他家里跑来的。	那从屋里跑来的。
*他家跑来。	*他家跑来。
不要从车窗伸出头。	不要把头从车窗子里头伸出来。
不要车窗伸出头。	不要把头伸到车窗外面。
从北京到上海有 1500 多公里。	从北京到上海有 1500 多公里。
北京到上海有 1500 多公里。	北京到上海有 1500 多公里。
我们应该从厨师那儿学做饭。	我们应该跟/从厨子那塔学一下做饭的。
*我们应该从厨师学做饭。	我们应该跟/从厨子那塔学一下做饭的。
我们应该厨师那儿学做饭。	我们应该跟/从厨子那塔学一下做饭的。
从外面看，这座房子很好看。	从外头看，这座房子希不好看了着/希不了好看。
外面看，这座房子很好看。	（从）外面看，这个房子希不好看了着/希不了好看。
一辆汽车从我们身边经过。	一辆汽车那我们跟前开着过去了。
一辆汽车我们身边经过。	*一辆汽车我们身边经过。
从 1978 年开始，我在那个学校教书。	跟/从 1978 年（起/开始），我一直在那个学校教书着呢。
1978 年开始，我在那个学校教书。	从 1978 年（起/开始），我一直在那个学校教书着呢。
从 1978 年，我在那个学校教书。	跟/从 1978 年，我一直在那个学校教书着呢。

（三）目标格介词（到）

普通话中"到"与"从、在"有所不同，"到"在很多情况下并不强制要求其辖制的 NP 为处所格，而且，"到"字结构（PP）在句法上绝大多数是在动词之后。请调查。

请注意方言中"到"这个介词是否同时可以用作静态处所格（如关中方言）。

表 17 目标格介词用法

普通话 PP 格式	兰州方言 PP 格式及其句法功能
我们去年来到这个地方。 小张跑到了我的跟前。 他睡到八点钟才起来。 他一口烟喷到我脸上。	我们年时到这塔来的/来下这塔。 尕张跑着/到我的跟前了。 那睡着八点钟才起来。 那把一口烟喷着我的脸上了。
这菜到明天就不好吃了。 你们到农村去看看。	这菜到明个天就难吃下了。 你们到乡里看一下去。
从东城到西城得二十分钟。 两点到三点会有人来这儿。	从东关到西关要走二十分钟呢。 两点到三点有人到这塔来呢。

（四）途径格介词（从）

普通话也用"从"，方言中不一定同从格介词。注意是使用专用的途径格介词，还是借用从格（从）、目标方向格（往、向）、静态处所格（在）介词表示。

普通话句例	兰州方言对应句例
老王刚从我们家门前走过。	老王刚刚跟/从我们家门前头走着过去了。
你去江西，可以从安徽走，也可以从浙江走。	你上江西，能跟/从安徽走，也能跟/从浙江走。
他从窗口朝外看。	那跟/从窗子上朝外看着呢。
我从门缝里看到了一只脚。	我跟/从门缝子里看见了一只脚。

（五）对象、相对格介词（对）

普通话中"对"和其辖制对象之间的关系比较复杂，例如对待关系"他对我很好"和相对关系"他对我很重要"，这两种语义关系在方言中可能表现为不同的介词或其他不同格式。统计时需要以功能为出发点。

请注意相当于"对"的前置词形式。

表 18	对象、相对格介词用法
普通话 PP 格式	兰州方言 PP 格式及其句法功能
小张对我很好。 我对村长有意见。 张三对他们说："好好干!"	尕张那对/把我希不好了着。 我对村长有意见呢。 张三对那们说："好好儿的做!"
五千块钱对他（来说）不算什么。 我是个瞎子，眼镜对我（来说）没用处。	五千块钱对那不算啥。 我是个瞎子，眼镜子对我有啥用呢吆。

（六）伴随格（跟）

表 19	伴随格介词用法
普通话 PP 格式	兰州方言 PP 格式及其句法功能 （整句，肯定/否定）
跟我来! 他跟妈妈姓。	跟我来吆! 那跟那妈的姓着呢。
想不想跟老人一起生活? 跟张三谈话可以吗? 我跟张三很熟。 你跟小张是什么关系?	想不想连/跟老人一塔里住? 连/跟张三能说话吗｜ 连/跟张三说话行哩不? 我连/跟张三希不熟了着。 你连/跟尕张是啥关系吆?
不要跟大人开玩笑! 我有话跟你说。 快跟老师说一声! 快去跟老师表明态度!	不要跟大人开玩笑吆! 我有话给你说。 快给老师说上一声! 快给老师明个心吆!
他画的牛跟真的似的。 他很累，跟死了一样。	那画的牛连/跟真的一样/像 [^{13}t ɕia ŋ] 是真的。 那希乏不了着，连/跟死下了一样。

（七）给

作为动词的"给"有"给予"义，所以它在很多方言中虚化为介词（前置词）后，往往赋予其论元以与格、受益格、目标格甚至被动格式中的施事格。再加上"给"仍在很多方言中有动词的用法，所以对这些复杂的现象在调查时需要多加注意。

格式对照语例在普通话中例子不一定成立，仅为显示可能的格式。

下面例句中，括号中的是兰州话例句。

1."给"的泛化

表 20　　　　　　　　　　　"给"的泛化

给我带礼物（歧义）（给我带给/上个礼信）	带礼物给我　*/?（带上个礼信给我）（给我带给/上个礼信）	带给我礼物　*（带给我礼信）（给我带给/上礼信）	礼物带给我　*（礼信带给我）（（把）礼信给我带给/上）	给我带来的礼物（给我带着来的礼信）
给他介绍朋友（给那介绍（给）个朋友）	介绍朋友给他　*/?（介绍个朋友给那）（给那介绍（给）个朋友）	介绍给他朋友　*（介绍给那朋友）（给那介绍（给）个朋友）	?朋友介绍给他　*（朋友介绍给那）（（把）朋友给那介绍给）	给他介绍的朋友（给那介绍（给）的朋友）
给我盖章（给我盖（给）/下个章子）	?盖章给我　*（盖章子给我）（给我盖（给）/下个章子）	*盖给我章　*（盖给我章子）（给我盖（给）/下个章子）	章盖给我　*（章子盖给我）（（把）章子给我盖给下）	?盖给我的章　*（盖给我的章子）（把我的章子给盖给）
给我寄信（歧）（给我寄（给）个信）	寄信给我　*/?（寄个信给我）（给我寄（给）个信）	寄给我信　*（寄给我个信）（给我寄（给）个信）	信寄给我　*（信寄给我）（把信给我寄给）	给我寄的信（给我寄（给）的信）
给我照相（歧）（给我照（给）个相）	照相给我　*（照个相给我）（给我照（给）个相）	?照给我相　*（照给我个相）（给我照（给）个相）	相照给我　*（相照给我）（给我照（给）个相）	给我照的相（（那是）给我照（给）的相）

*给我给信　*（给我给信）（把信给我（给/给给）/给给我）	给信给我　*（给信给我）（把信给我（给/给给）/给给我）	*给给我信　*（给给我信）（把信给我（给/给给）/给给我）	*信给我　（（把）信给我）	给我信　*（给我信）（把信给我（给/给给）/给给我）	*给我给的信（给我给（下）的信/给（给）的信）

给我们打扫卫生（歧义）（给我们打扫卫生着呢）	*打扫卫生给我们　*（打扫卫生给我们）（给我们打扫一下卫生）	*打扫给我们的卫生　*（打扫给我们的卫生）

给我做吧（歧义：≈让我做吧/≈为我做吧）（给给我做哟）（=让我做吧）	给我看病（几种意思?）（给我看个病 | 给我看病着呢）

续表

放音乐给你听 （把音乐放给你听）	？给你放音乐听 （嘉_{发语词}给你放音乐听一下）	音乐放你们听 （把音乐放给你们听）
？给大家分苹果吃 （给大家分着吃苹果）	分苹果给大家吃 （把苹果分给大家吃）	苹果分给大家吃 （把苹果分给大家吃）

2.“给”的被动用法

他给人打了一顿 （那给人打给了一顿）	他给打了一顿 （那给打给了一顿）	他给人打了脸 （那给人把脸打下了）

3.“给 V”的用法

给开一下门 （嘉_{1轻声，发语词}给开（给）一 下门）	给泡一杯茶 （嘉₁给泡（给）一杯子茶）	替/给他给开一下门 （嘉₁给他开（给）下门）

（八）工具/方式格“用”

注意方言中是否用“用”字或与之有同源关系的词，注意“用、拿、以、使”等词。

普通话	兰州方言肯定式	兰州方言否定式 （否定“用”短语）
老张用菜刀切肉。 他们都用砖块铺地。	老张那拿/用切刀切肉着呢。 那们都拿/用砖头铺地着呢。	老张那不拿/用切刀切肉。 那们不拿/用砖头铺地。
雨不大，不用打伞。	雨大的很，把伞打上。	雨不大，不要/用打伞了。
他把我当客人一样招待。	那把我当客人着待承着呢。	那没有把我当成客人待承。

（九）为

一些方言中，表受益格的“给”字句往往和“为”有共同的分布，注意二者在方言中有无区别和互用现象。注意作为表受益（服务对象）和表动机的“为”在方言中是否为同一词。

普通话语例	兰州方言对应例
他为什么（有没有这样的格式）不吃饭？	那为啥不吃饭哟？
爸爸为儿子收拾行李。 请老张为我们讲几句话。	那爹给那儿子收行李着呢。 请老张给我们讲上几句话。
你请我来就为喝一口茶吗？	你请我来就为了喝一口茶吗？

六　后置词

（一）上

pp+v（"在"在方言中可能为其他形式，如"的、着、到、是、向、喀、来"等或者在有些情况下不出现）。

兰州话

街道上停着一辆车。	街上停着一辆车/一辆车在街道上停着呢。
请那张椅子上坐。	请在那个椅子上坐。
？你会不会马路上开车？	（在）马路上你会不会开车哟？

1. v+pp

车停街道上了。	车停着/在/到街道上了。
请坐那张椅子上。	请坐着/在/到那个椅子上。
他把车开马路上了。	那把车开着/在/到马路上了。

2. pp 的 np（定语位置）

门上的标语。	门上的标语。
门上贴的标语。	门上贴的标语。

3. 句首位置

路上有一块大石头。	路上有一块大石头。
地上是一双脚印。	地上有一双脚印子。

4. 谓语位置或系动词之后

苹果是树上。（指苹果在树上）	苹果那是树上的/苹果那在树上呢。
苹果树上呢。（指苹果在树上）	苹果那在树上呢。
他楼上呢。	那在楼上呢。

5. "上"的其他用法

注意该方言中是否在"上"之外，还存在一个相当于普通话"上面/边"的复合式方位词，有无相当于普通话"上"和"上面/边"对立的情况。

兰州话

桌子的上/上面有一本书。　　　　桌子上头有一本书。

上/上面的那本书是我的。　　　　上头的那本书是我的。

（二）下

注意有些方言中"上"和"下"的通用现象。

1. pp+v　　　　　　　　　　　　**兰州话**

他（在）楼下等朋友。　　　　　那在楼底下等朋友着呢。

（在）楼下住着朋友。　　　　　楼下头那的朋友住着呢。

你（在）楼下等着！（祈使句）　你在楼下头等着！

2. v+pp

我朋友住（在）楼下。　　　　　我朋友住着/在楼下头着呢。

你把书包放（在）地下。　　　　你把书包放着/在地下/地上。

3. pp 的 np

（在）树下的椅子。　　　　　　树下头的椅子。

4. 句首位置

（在）楼下有一张椅子。　　　　（在）楼下头有一个椅子。

（在）树下是小狗的窝棚。　　　（在）树下头是尕狗的窝。

5. 谓语位置或系动词之后

哥哥是楼上，弟弟是楼下。　　　哥哥是楼上头，弟弟是楼下头。

小张树下（呢/或其他语气词）。　尕张那在树下头呢。

6. "下"与"下面"（或其方言对应词）的关系

桌子的下/下面有一个脸盆。　　　　　桌子的下头有个脸盆。

下/下面的那件衣服是我的。　　　　　下头的那件衣服是我的。

7. "下"的其他用法

（三）里/中

注意能用"里"的地方是否都可以用"中"。

1. pp+vp	**兰州话**
张三（在）食堂里坐着呢。	张三那在食堂里头坐着呢。

2. vp+pp

张三正坐（在）食堂里吃饭。　　　张三那正坐着/在食堂里头吃饭着呢。

不要把苹果皮扔（在）盒子里。　　　不要把果子皮撂着/在盒子里头。

3. pp 的 np

（在）房子里的家具很新。　　　房子里的家具希不新了着。

4. pp 在句首

（在）食堂里是一群学生。　　　食堂里是一群学生娃。

（食堂里有一群学生。）　　　（食堂里有一群学生娃。）

5. pp 在系动词之后或做谓语

学生是食堂里。　　　学生在食堂里头呢。

学生食堂里呢。（或其他语气词：指学生在餐厅里）　　　学生（在）食堂里呢。

6. "里"与"里面/边"（或其方言对应词）的关系

房间的里/里面有一个人。　　　房子里头有一个人。

里/里面的那盆花是小张的。　　　里头的那盆花是尕张的。

7. "里/中"的其他用法（注意有无"里"取代"上"的用例："写在黑板里、走在路里"等）

（四）外

注意是否有"以外、之外、外面"等对应词。

兰州话

（向/朝/往…）窗外看。	朝/往窗子外头/外面看。
（在）门外站着。	（在）门外头/外面站着呢。
（往）屋子外爬。	往屋子外头/外面爬着呢。

（五）前

注意是否有"前面、以前、之前"等对应词。

兰州话

我想（在）大门前种树。	我想在大门前头种树。
（在）三天前去了北京。	（在）三天前去了北京。
睡觉前要刷牙。	睡觉前要刷牙。

（六）后

注意方言中相当于"……之后、……后面、……以后、……背后"等后置词。

兰州话

坐车的时候不要（往/向）车后看。	坐车的时候不要往/朝车后头看。
长大后去当兵。	长大（以）后去当兵。
三天后病就好了。	三天（以）后病就好了。

（七）……来/以来

兰州话

三天来他没有睡觉。	三天（以）来他没有睡觉。
小张（自从）结婚以来就没过过好日子。	尕张从/打结婚以来就没过过好日子。

（八）……起

兰州话

（从）明天起你就不要来了。	打/从明个天起你就不要来了。
（从）上个月起，老板没给我发工资。	从上个月起，老板没给我发工资。
从我开始教书起，到现在都20年了。	从/盘我开始教书起，到现在都20年了。

（九）（跟/像……）似的/一样

请注意列举语义功能与"跟/像"以及"似的/一样"相同的表达形式。

兰州话

他（像/跟/连等）狗一样。	他连/跟狗一样。
他像狗一样（的）叫。	他连/跟狗一样叫。
小张走了半天也不说话，木头似的。	尕张走了半天也不说话，连/跟木头一样。

七　结构助词"的、地、得"的方言对应成分

（一）的 de 1

定语+中心名词（注意中心名词的省略情况和条件）

1. 形容词+中心名词	兰州话：的［ti］
他高高的个子。	他高高的个子。
我喜欢干净的衣服。	我喜欢干净（的）衣服。
山那边是小小（的）一座屋子/一座小小的屋子。	山那边是小小的一座屋子/山那边是一座小小的屋子。

2. 领属结构（可省略的结构助词放在括号内）

我的爸爸是工人。　　　　我（的）爸爸是工人。

我没见过他的儿子。　　　我没见过他（的）儿子。

他们的县长姓张。　　　　他们（的）县长姓张。

张三的母亲是个善良的人。　张三的母亲是个善良的人。

李四娶了张三的女儿。　　　李四娶了张三的女儿。

我的书不见了。　　　　　我的书不见了。

——书是我的。　　　　——书是我的。

张三的胳膊细得像麻秆。　张三的胳膊细的连麻秆子
　　　　　　　　　　　　一样。

我们不大喜欢张三的样子。　我们不太喜欢张三的样子。

3. 数量名结构

买了三斤的肉。　　　　　买了三斤肉。

（喝了）三碗的汤。　　　（喝了）三碗汤。

＊他写这本书写坏了三支　他写这本书写坏了三支笔。
的笔。

4. 关系化结构

张三给老师的书在那边。　张三给老师给的书在那塔呢。

——张三给老师的（指书）——张三给老师给的在那塔
在那边。　　　　　　　　些呢。

给老师书的张三就住在　　给老师给书的张三那住在跟前
附近。　　　　　　　　　着呢。

——给老师书的（指张三）——给老师给书的那住在跟前
就住在附近。　　　　　着呢。

张三吃螃蟹的样子。　　　张三吃螃蟹的样范。

我昨天去县城的时候淋　　我昨个天上县城的时节雨淋
了雨。　　　　　　　　　下了。

5. "是……的"结构（"是"
省略的情况/"的"后名词
出现的情况）

我（是）三年前来的。	我（是）三年前到这塔的。
我（是）来这儿玩的。	我是到这塔浪/玩的。
灯是谁开的?（是谁开的灯?）	灯是谁开下的? （是谁开下的灯?）
——灯是我开的。（是我开的。）	——灯是我开下的。（是我开下的。）
——灯我开的。（我开的灯。）	——灯我开下的。（我开下的灯。）
——是我开的灯。	——是我开下的灯。

6. "……的是……"结构

张三找的是一个钱包，不是手表。	张三找的是一个钱包，不是手表。
你说的什么话?	你说的啥话吶?
——我说的（是）普通话。	我说的（是）普通话。

（二）地 de 2

兰州话：的［ti］

飞快地奔跑。	飞快的跑。
好好地学。	好好（的）念。
我的心咚咚地跳。	我的心咚咚的跳。

（三）得 de 3

1. 可能补语及其否定形式

兰州话：的［ti］

看得懂/看不懂。	能看懂/看懂呢 ︳ 看不懂。
三天走得完/三天走不完。	三天能走完/走完呢 ︳ 三天走不完。

张三吃得了这么大的苹果/张
三吃不了这么大的苹果。

张三能吃上/下这么大的苹
果丨张三吃不上/下这么大的
苹果。

买得起房子/买不起房子。

能买起/买的下房子 丨 买不
起/买不下房子。

这么多肉，一个小时蒸得
烂吗？
——蒸得烂。

……能蒸烂吗/（能）蒸烂
呢吗？
——能蒸烂/蒸烂呢/能蒸
烂呢。

那家饭馆的饭菜真不错，
肉蒸得烂，饭做得香，酒也很
好喝。

那家饭馆的饭菜真不错，
肉蒸下的烂，饭做下的香，酒
也好喝的很。

2. 方式—程度补语

他说得很快，我听得不很
清楚。

那说的快的很，我听的不
太显。

他舞跳得很好看。

那的舞跳的好看的很。

3. 结果—状态补语

小张说得大家都笑了。

尕张谝的把人都笑寰了。

他把地板踩得啪啪响。

那把地板跤的叭嗒塔的响
着呢。

他们笑得碗里的饭都洒了。

那们笑的把碗子里的饭都洒
掉了。

4. "得" 在方言中对应词的
其他用法

八 体标记

（方言中的体的判定应依据形态句法的标准——例如，普通话转译
粤方言的"我食翻我嘅饭"为"我恢复/继续吃我的饭"，"翻"在粤方

言中为体标记，而"恢复"等在普通话中是词汇手段，所以可以确定粤方言有"恢复体"，而普通话没有）

（一）完成/终结/实现体

普通话句例	兰州方言对应句例
那只鸡死了。	那一只鸡儿死/罢掉了。（"掉"做补语读[^{13}tɔ]）
我吃了三个苹果，不想再吃了。	我吃了三个苹果，不想再吃了。
我吃了三个苹果了，还想吃。	我吃了三个苹果了，还想吃。
昨天死了一个乞丐。	昨个天死掉了一个要饭的/要要吃。
小张杀了鸡。	尕张杀了个鸡/把鸡做死了。
你吃苹果了没有?(注意答句)	你吃苹果了没有/你果子吃了没有? ——吃了/没有吃。
昨天小张下了班就走了。	昨个天尕张下（了）班就走了。
我明天下了班就走了。	我明个天下（了）班就走（呢）。
小猫捉耗子了。	猫娃子抓老鼠了。(指要去抓了)
（——小猫要去捉耗子了。）	猫娃子那去抓老鼠去了。(指已开始抓了)
（——小猫开始捉耗子了。）	
你老婆怀孕多长时间了?	你媳妇有了多长时间了?
——六个月了。	——六个月了。
那头牛活了三年。	那一头牛活（给）了三年。
那头牛活了三年了。	那一头牛活（给）了三年了。
（*普）那头牛死了三年。	那头牛死（给）了三年,(才罢/完掉了)
那头牛死了三年了。	那一头牛死（给）了三年了。
吃了苹果吃橘子。	吃罢了苹果吃橘子/吃罢苹果又吃橘子。
三天没吃东西了。	三天没吃东西（了）/三天啥都没有吃。
没来北京已经两年了。	没来北京已经两年了。/有两年没来北京了。
他递给我一本书。(零标记，下同)	那给我给给了一本书。
昨天，小张打死一只蟑螂。	昨个天尕张（那）做死了一个蟑螂。
我收到一封来信。	我收到（了）一封来信。

（二）持续/进行体/"着"的对应成分的用法

注意该方言使用的是词汇手段还是体标记。

兰州话

小张（正）在洗衣服。　　尕张（那）（正）洗衣服着呢。

小张做什么呢?　　　　尕张做啥着呢?

——他看书呢。　　　　——那看书着呢。

他红着脸，一句话也　　那脸红着，啥也不说。
不说。

门口站着一个学生。   门上/门前头/门口里站着一个
                            学生。

两个动词的关系

看着看着睡着了。   看哩/着看哩/着睡着了。

他正在吃饭的时候，门   那正吃饭着呢，门开了。
开了。

我们等啊等啊，一直等到   我们等着/啊等着/啊，一直等到
天亮。   （了）天亮。

小张边说边哭。   尕张说着呢，哭着呢。

他笑着说"那就去吧"。   他笑着说"那就去吧"。

饺子最好煮着吃。   饺子要煮着吃呢。

（三）经历体

普通话语例	兰州话
你去过北京没有？ 你去过北京吗？ 我三年前去过北京。 我去过北京三次了。	你（到）北京去过没有/你去过北京没有？ 你（到）北京去过吗/你去过北京吗？ 我三年前到北京去过/我三年前去过北京。 我到北京去过三回了/我北京去给了/去过三回了。

（四）起始体及起始体标记的其他用法

普通话语例	兰州话
小张听到这个消息，高兴起了。 他走起路来像个猴子。 他唱起歌，其他人就睡不着了。	尕张听到这个消息，高兴下了/[^{53}zɔ] 开了。 那走开路了像个猴子。 那唱脱了/一唱歌/唱起歌，再的人就不要想睡着了。

（五）将始体

兰州话

快要吃饭了。   快（要）吃饭了。

客人快（要）来了吧。   客人快来了吧？

（六）反复体

兰州话

他们又说又笑。（下面例句
在普通话中未必用特定的反
复体手段表示，注意方言中
有无表示类似意义的形态性
手段）

他/那们又说又笑。

楼上的灯一闪一闪的。

楼上的灯一闪一闪的/一亮一
亮的。

说来说去，原来你比不上张
三啊。

说（过）来说（过）去，（原来）
你比不上张三（啊）。

他呼噜呼噜就睡着了。

他/那呼噜呼噜就睡着了。

（七）再次体

注意是否使用动词后的"过"一类标记，假如用"过"等，"再""重
新"一类副词是否可省？

兰州话

你再吃一碗饭吧。

你再吃（上）一碗饭哟。

我又洗了一遍。

我又洗了一遍。

茶淡了，再/重新泡一杯吧。

茶败了，再泡/沏上一杯。

（八）短时/轻说/随意体貌

兰州话

过一会儿我们谈谈。

等一会儿我们喧咔/（一）下。

我在口袋里摸了摸，没钱。

我在抽抽里摸了一下，没
有钱。

（九）尝试体貌

兰州话

这件衣服先看看再说。

这件子衣裳先看一下（了）再
说/看一下了看/着。

（温州）给我眙眙眙。（让我
看看）

这盘磁带你先拿回去听听看。	这盘带子你先拿回去听一下（了）再说/听一下了看/着。

（十）方言中的其他体貌范畴和体貌标记

九　连词

（一）连接名词性短语的并列连词和并列关系的表示（若有不止一种表示法，请列举）

兰州话

小张和小王都去了北京。	尕张、尕王都去了北京/尕张、尕王那们都去北京了。
小张和小王去了北京。	尕张、尕王去北京了。
张三和李燕结婚了。	张三跟/连李燕结婚了。
牛啊、羊啊、马啊都跑出来了。	牛呀、羊呀、马呀都/一呱跑（着）出来了。

（二）连接动词的并列连词和并列关系的表示

兰州话

我今天要买东西还要做饭。	我今个又要买东西又要做饭。
他喝着茶，看着电视，还跟客人说话。	那喝着茶，看着电视，还跟客人说着话。
他洗了头，又洗了脚，准备睡觉了。	那洗罢头，洗完脚，就打算睡觉了。

（三）连接形容词的并列连词和并列关系的表示

兰州话

这个姑娘又漂亮又善良。	这个姑娘长的又好，心眼儿又好。
这间房子既破又脏。	这个房子又烂又脏。

（四）复句中并列关系的表达（注意同一种复句关系的多种表达方式）

	兰州话
他吃了两碗饭，又喝了一碗汤。	那咥［^{53}tiə］吃给了两碗饭，又/还喝给了一碗汤。
他想学开车，还想学英语。	那想学开车，还/又想学英语。
我们这儿修自行车，他们那儿修摩托车。	我们这塔修自行车，那们那塔修摩托车。
有时他对我很好，有时不好。	那有时对/把我好的很，有时不好。
他不是张三，而是李四。	那不是张三，那是李四。

（五）复句中选择关系的表达

	兰州话
今天我要么去看电影，要么去朋友家。	今个我要不看电影去，要不到朋友屋里去。
张三可能去了医院，或者还在半路上。	张三可能到医院去了，要不还在半路上呢。
小张不是医生，就是护士。	尕张不是医生，就是个护士。
今天不是我把你打死，就是你把我打死。	今个不是我把你做死，就是你把我做死。

（六）复句中条件关系的表达（注意是否能用“的话”“时”“噻”一类后加成分单独（或和前加的连词一起）表示条件义）

	兰州话
如果明天下雨，我们就不去了。	明个但是/要是下雨（的话）/明个天下雨的话，我们就不去了。
如果你昨天没给我打电话，你就见不到我了。	但是/要是昨个你不给我打电话（的话）/昨个你不给我打电话的话，你就见不到我了。

你再抽烟，我马上就和你离婚。

你再抽烟（的话），我现在就跟你离婚。

他再说脏话时，你就打他一个耳光。

那再说脏话，你就扇他一个耳光子。

只要今年天气好，庄稼肯定会丰收。

只要/要是今年天气好（的话）/今年个天气好的话，庄稼一定讨给呢。

不管明天谁来，你都要准备一桌饭菜。

明个是谁来，你都要准备下/做上一桌子菜。

无论你以前做过什么错事，我都不计较。

不管你以前做过啥错事/你以前是怎么做，我都不计较。

（七）复句中因果关系的表示

兰州话

我明天很忙，所以不能跟你一起去看电影。

我明个忙的很，到时候不能跟你一塔看电影去了。

运动会改期了，因为明天要下大雨。

运动会日子改了，明个天下大雨呢。

既然你已经保证过不抽烟了，为什么今天还抽？

你不是保证过不抽烟了，为啥今个又抽开了？

（八）复句中转折关系的表示

兰州话

雨很大，我也不想打伞。

雨再大，我也不想打伞。

随便你怎么骂我，我就是不生气。

嘉发语词你怎么骂都行，我都不生气。

尽管现在是晴天，但还是要带上雨伞。

虽说现在天晴着哩，嘉还是拿上个伞吧。

他聪明还是挺聪明的，就是不太认真。

那贼还是贼着哩，就是不太认真。

（九）复句中顺接关系的表示

兰州话

你这样说话，客人会不高兴的。

你这么价说话，客人那会不高兴的。

……那么，我先走了。

……咽/那我就先走了。

我先给他打了一个电话，没打通，然后又打，还是不通，最后我干脆直接去他家找他。

我先给那打了个电话，没打通，又打，还是没通，后头我就到那们家找那去了。

第三部分　句法结构

一　动宾句及受事话题化或受事状语化

以下普通话例句只作为对照句（即使不能说也不标"＊"）；请按其句型在每句后写出方言中对应句，若不能说，请标"＊"；若还有其他句型，请另外写出；若有文白风格差异，请标明。

（一）选择 VO/受事话题化的句式条件

1. 祈使句

兰州话

吃苹果！吃苹果！

吃苹果/果子！吃果子！

苹果吃！

果子吃（上）！

快吃苹果吧！

快些儿吃果子哟！

苹果再吃一个！

（把）果子再吃上一个哟！

吃完苹果！

（把）果子吃完哟！

把苹果吃完！苹果吃完！

把果子吃掉！吃掉！

2. 非祈使句

（1）VO 不在谓语位置

主语/话题位置

兰州话

买东西很花钱。	买东西花钱的很。
买那个东西很花钱。	买那个东西花钱的很。
买起东西来很花钱。	买东西花钱的很。

宾语位置/助动词后的位置

兰州话

老张不愿意给你吃东西　　　　　　老张不愿意给你给东西吃。

（温州话：老张弗想物事/kʰao/你吃）。

（2）VO 在谓语位置

条件句的前后件、连动式中若有两个 VO 的情况

兰州话

他喝了茶看电视。	那喝着茶看着电视。
他收拾东西的时候听广播。	那边收拾东西边听广播/他收拾东西的时候听着广播。
他拿着菜刀切着肉。他拿着菜刀切肉。	那拿着切刀切肉着呢/切肉啊呢。
他拿菜刀切着肉。他拿菜刀切肉。	那拿切刀切肉着呢/切肉啊呢。

（注意"拿"后是否必须有类似于"着"的体标记，该体标记是否弱化简省为附着音节，如部分关中方言：拿 a 菜刀切肉）

有补语介入的情况

兰州话

他喝完了酒。	那把酒给喝完了。
他插进去一根针。	那把一根针插进去了。

单一 VO 作谓语的格式

注意：有无 OV 语序，O 后有无宾格（受事格、处所格、工具格等）标记（如部分兰银官话的"［xa］"等）。

①完成体

注意有无时间词、受事的有定程度对受事话题化产生影响的现象。

兰州话

他杀了鸡。	那把鸡做死了。
他杀鸡了吗？（他鸡杀了没有？）	那把鸡做死了吗？（鸡叫那做死了没有？）

②未完成体

注意某些方言中该句的"了1"和"了2"位置可能有不同标记；——如关中方言"张三把鸡杀咧张三杀了鸡 →张三鸡杀咧。／ 张三杀鸡来张三杀鸡了→＊张三鸡杀来"）。

兰州话

他杀鸡了吗？	那把鸡做死了吗？
——他杀鸡了。	——那把鸡做死了。
他昨天晚上杀鸡了。	那昨晚夕把鸡做死了。
熊猫吃竹子。(注意方言中此句是否成句，若不成句，请写出成句的条件和标记)	熊猫那吃竹子。
熊猫不吃竹子。	熊猫那不吃竹子。
熊猫吃不吃竹子？	熊猫那吃不吃竹子哟？

VO 中 O 的生命度的影响

兰州话

张三喜欢/爱苹果。	张三那喜欢苹果。
张三喜欢/爱花狗。	张三那喜欢花狗。

张三喜欢/爱李四。　　　　　　　张三那喜欢李四。

李四张三喜欢/爱。(此句在　　　　张三那把李四喜欢/爱的很。
普通话中有歧义,注意方言
中的排歧手段)

(二) VO 中 O 的不同的论元角色
请填出方言中的对应说法,不空缺。

兰州话

你吃大碗,我吃小碗。　　　　　　你拿大碗吃,我拿尕碗吃。

　　　　　　　　　　　　　　　　嘉你吃大碗,我吃个尕碗。

我去北京。　　　　　　　　　　　我去北京呢。

孙悟空变成一头牛。　　　　　　　孙悟空那变成了一头牛。

那个人叫张三。　　　　　　　　　那个人叫张三。

家里来客人了。　　　　　　　　　家里来客人了。

村子里死了一头牛。　　　　　　　村子里死了一头牛。

(三) 受事状语化 ("把"字句的对应句式)
"把"字小句在主语/话题位置

兰州话

? 把东西偷了要坐牢的。　　　　　把东西偷下了要坐牢呢。

偷东西要坐牢的。　　　　　　　　偷下东西要坐牢呢。

"把"字句中VP是否可以为光杆 V

兰州话

? 他今天上午把小狗打。　　　　　那今个上午把尕狗打了(一
　　　　　　　　　　　　　　　　顿)。

? 他每天(都)把小狗打。 　　那每一天都把尕狗打呢。

附：你把你的路走。

　　你不要张口就把他夸。

"把"字句用于祈使句的情况

("把"在该方言中能不能在句首)

兰州话

把房间打扫干净! 　　　　　　把屋子做干净哟!

把那个房间打扫干净! 　　　　把那个屋子做干净!

? 把一个房间打扫干净! 　　　把那一个屋子做干净!

"把"字句中 O 的有定情况

兰州话

把苹果拿过来! 　　　　　　　把果子拿过来!

把那个苹果拿过来! 　　　　　把那个果子拿过来!

? 把一个苹果拿过来! 　　　　把果子拿过来一个!

他把那个苹果拿过来了。 　　　他把那个果子拿过来了。

他把一个苹果拿过来了。 　　　他把果子拿过来了一个。

附：东干话：你哈巴也许把一

个事情也听见哩。(＝有

件事，你可能也听到了)

二　被动化

　　"被"在方言中的对应词可能有"让、叫/tau、给、畀、拨、乞、/kʰau/"或其他。

（一）可否为祈使句（若被动式不可用作祈使句，则不填）

兰州话

苹果被（你）吃！ 　　　　　果子嘉₃ [³¹tɕia]，重读（你）吃。（嘉＝给≈被）

（二）有无语义限制（［+/−不幸］）

兰州话

张三被公安局抓去了。 　　　　张三叫局子里抓着走了。

张三被北京大学录取了。 　　　　张三叫北京大学录取了。

（三）施事是否可以不出现，进而"被"是否可以不出现

兰州话

张三被打了。 　　　　　　　　张三叫打下了。

张三打了（指张三被打了）。 　　张三叫打下了。

瓶子被打了。 　　　　　　　　瓶子给打掉了。

瓶子打了。 　　　　　　　　　瓶子打掉了。

（四）光杆动词可否进入该格式

兰州话

张三被李四打。 　　　　　　　张三那叫李四打下了。

张三被老师批评。（双音动词例） 　张三那叫老师训给了一顿。

被人打很丢人。 　　　　　　　叫人打下了丢人的很。

（五）VP后带时段、频率、动量等信息

兰州话

张三被李四打了一顿（三个小时/四个耳光。 　张三那叫李四捣/扇给了一顿（三个小时/四个饼）。

（六）VP 后有无与受事语义相关的成分

兰州话

他被流氓打断了腿。	那叫流氓把腿给打折了。
衣服被小偷划了一道口子。	衣裳叫贼娃子划给了一道口子。
羊被村长打死了三只。	羊叫村长给做死了三个。

（七）有无处置式与被动式合用的形式

（七）（八）中的这些例句在普通话中不说。加"＊"表示这种格式在普通话中不说，这样写是为了显示方言中的可能格式。

兰州话

＊把张三的腿被（人）打坏了。	叫人把张三的腿子给打坏了。
	把张三的腿子叫（人）（给）打坏了。
	张三的腿子叫（人）打坏（给）了。
＊张三被流氓把鼻子打歪了。	张三那叫流氓把鼻子打歪了。
＊把衣服被小孩偷走了三件。	叫尕的个把衣裳偷走了三件子。
	把衣裳叫尕的个偷走了三件子。
	衣裳叫尕的个偷走了三件子。
＊把我们的牛被狼咬破了鼻子。	叫狼把我们的牛的鼻子给咬破了。
	把我们的牛叫狼把鼻子给咬破了。
	我们的牛叫狼把鼻子给咬破了。

（八）有无下列格式

兰州话

＊被那个人偷了我家的苹果。

＊叫那个人偷了我们家的果子。

我们家的果子叫那个人偷（掉）了。

＊张三正在开门的时候，被警察大喊一声，连忙转身往后看。

张三那开门的时候，叫警察给喊给了一嗓子，那赶紧回头看。

＊被公安局抓了张三的儿子，村里人都不敢再乱说话了。

＊叫局子里抓掉了张三的儿子，村子里的人再也不敢乱说话了。

张三的儿子叫局子里抓掉了，村子里的人再也不敢乱说话了。

＊被我跑到第三圈的时候超过了他。

＊被我跑到第三圈的时候超过了他。

我跑到第三圈的时候把那超过了。

（九）被动标记是否与使役格标记同形

注意是否存在一些被动标记同时也用于使役标记，句式是否一样。

兰州话

他给张三吃了一颗糖。

那让/给张三吃了一颗糖。

他给张三打了两个耳光。

那叫/让张三扇给了两个饼。

他叫/让儿子去市场买菜。

那叫/让那儿子去市场买菜去。

他叫/让儿子批评了一次。

那叫/让那儿子说给了一顿。

三　双宾语及其相关句式的对照

表中括号里的是兰州话例句

（DO 为直接宾语，IO 为间接宾语，P 为介词 preposition）

V-DO- P-IO	V-DO-IO	V-IO-DO	有 DO-V（-P）-IO	DO-V-IO	把 DO-V（-p）-IO
送一本书给他。*（送一本书给那。）（给那送给一本书。）	送一本书他！*（送一本书那！）（给那送给一本书哟！）	送他一本书！*（送他一本书！）（给那送给一本书哟！）	有一本书送（给）他！（有一本书送给那/要给那送给。）	一本书送（给）他！*（一本书送（给）他！）（这/那一本书给那送给哟！）	把一本书送（给）他！*（把一本书送（给）他！）（把这/那一本书给那送给哟！）
他递了一本书给我。（有无两个给）*（那递了一本书给我。）（那给我交给了一本书。）	他递一本书我。*（他递一本书我。）（那给我交给了一本书。）	他递（给）我一本书。*（那递（给）我一本书。）（那给我交给了一本书。）	他有一本书递（给）我。*（他有一本书递（给）我。）（那把一本书给我交给了。）	他一本书递（给）我。*（他一本书递（给）我。）（那把（这/那）一本书给我交给了。）	他把一本书递（给）我。*（他把一本书递（给）我。）（那把（这/那）一本书给我交给了。）
他从我（这儿）拿了一本书。（那从/在我这塔拿了一本书。）	他拿了一本书我。*（他拿了一本书我。）（那拿了我的一本书。）	他拿了我一本书。*/?（他拿了我一本书。）（那拿了我的一本书。）	他有一本书拿了我。*（他有一本书拿了我。）（那有一本书是拿下我的。）	他一本书拿了我。*（他一本书拿了我。）（那拿了我的一本书。）	他把一本书拿了我。*（那把一本书拿了我。）（那把我的一本书拿走了。）
他给书给我。*（那给书给我。）（那把书给我给(给)了。）	*给书我/给那本书我/给一本书我。*（给书我/给那本书我/给一本书我。）（把书给我（给给）/把那一本书给我（给给）。）	给我书。*（给我书。）（把书给我（给给）。）	他有一本书给我。*（他有一本书给我。）（那有一本书要给我给（呢）。）	他一本书给了我。*（他一本书给了我。）（那给我给了一本书。）	他把书给给我。（他把书给给我/给我（给/给给）了。）他给给我书。*（他给给我书。）（他把书给给我/给我（给/给给）了。）
		他买了小王一只鸡。*/?（他买了小王一只鸡。）（那买了尕王的一只鸡儿。）			

V-DO-P-IO	V-DO-IO	V-IO-DO	有 DO-V （-P）-IO	DO-V-IO	把 DO-V （-p）-IO
		我想问你一个问题。 */?（我想问你一个问题。） （我有一件事呢（想）把你问给下/我谋着跟你问一个问题呢。）			
		人们称他马后炮。 *（人们称他马后炮。） （人们把那叫的（是）马后炮。）			
		我吐了他一口唾沫。 */?（我吐了他一口唾沫。） （我朝/给/把那啐给了一口唾沫。）			
		张三打碎了我四个茶杯。 */?（张三打碎了我四个茶杯。） （张三打碎了我的四个茶杯/把我的四个茶杯打掉了。）			

四 比较结构

（一）等比结构

小张跟/和/同小王一样/一般/一色/一侪高。

兰州话

孥张那连/跟孥王一模儿一样高。

小张高似/如/比小王。

小张小王一样高。

小张有小王那么/一样高。

尕张那连/跟尕王一模儿一样高。

尕张高就连/跟尕王差不多。

（如没有以上格式，请列出方言中表达此意义的其他方式）

（二）差比结构（对应于"比"的比较标记可以有"似、过、拨、/tai/等"）

兰州话

张三比李四高。

李四比张三矮。

张三比李四高呢/哩/来。

（测试是否依靠语气词成句）

张三那比李四高。

李四那比张三低。

张三那比李四高。

兰州话

张三比李四还/还要/要/还有/有/有点儿高。

张三高过/胜李四。

张三李四比/（或其他标记）高。（如青海部分方言点的汉语方言及阿尔泰语系语言）

张三比李四高多了/高一点儿。

张三不如/不及李四高。

张三没有李四高。

张三不比李四矮。（注意两个人的高度差别，请回答：是差不多高，还是张三比李四高?）

张三比李四还要高呢。

张三那比李四高的多。

*张三李四比高。

张三比李四高的多/高些儿。

张三没有李四高。

张三没有李四高。

张三不比李四低。（二人差不多高）

张三不比李四高多少。　　　　张三不比李四高多少。(张、李
　　　　　　　　　　　　　　　　差不多高)

张三不如/没有李四那么矮。　　张三没有李四那么低。

五　关系化

注意：1. 注意除了用相当于"的"的助词外，能否用量词、指示词（或再加助词）来标记关系从句，如苏州话"我买本书"（＝我买的那本书）。2. 以下"主·主""主·宾"等类别，前一项指被关系从句修饰的成分在关系从句中的地位（相当于所谓"潜主语""潜宾语"等），后一项指该成分在主句中的地位，如"我买的书丢了"，"书"是"我买"的宾语（潜宾语），又是主句谓语"丢了"的主语，所以这一类是"宾·主"。余类推。3. 这一部分除用问卷调查外，有条件的可设法用情景式自然会话获取语料，注意可能出现的关系小句后置的现象，如"那个老师，（他）教我们数学的，突然调走了""我们要招聘几个大学生（他）懂电脑的"。4. 注意各种关系句式的出现频率和自然度，最好在"能说"的句式中排出一个等级序列——最常说>较常说>不常说>几乎不说。

老师看书

兰州话

主·主：看书的老师回家了。

看书的那个老师那回掉家了。

（注意名词性成分的前面指示词的有无：如那本、那个等——下同）

（回掉家了＝回家去了。）（不常说）

主·宾：张三欺负过教数学的老师。

张三那欺负过那个教数学的老师。（较常说）

主·话：教数学的老师张三欺负过。

那个教数学的老师叫/让张三欺负过。（较常说）

宾·主：老师看的书破了。

老师看的那本书破了。（较常说）

宾·宾：不要乱动老师看的书。

不要乱挖老师看的书。(挖，翻动)(最常说)

宾·话：老师看的那本书不要乱动。

老师看的那一本书不要乱挖。(较常说)

学生给老师贺卡

兰州话

主·主：给老师贺卡的学生毕业了。

给老师给下贺卡的学生娃毕业了。(较常说)

主·宾：我见过给老师贺卡的学生。

我见过给老师给下贺卡的学生。(较常说)

主·话：给［张］张老师贺卡的那个学生(，/停顿/话题标记) 我见过。

给张老师给下贺卡的那个学生我见过。(较常说)

直·主：学生给老师的贺卡很好看。

学生给老师的贺卡希不了好看。(不常说)

直·宾：我捡起了学生给老师的贺卡。

我拾起了学生给老师的贺卡。(较常说)

直·话：学生给老师的那张贺卡(，/停顿/话题标记) 我捡起了。

学生给老师给下的那一张贺卡，我拾起来了。(较常说)

间·主：学生给他贺卡的老师回家了。

学生给那个给下贺卡的老师回掉家了。学生给给下贺卡的那个老师回掉家了。(较常说)

间·宾：我喜欢学生给他贺卡的老师。

我喜欢学生给那个给下贺卡的老师。我喜欢学生给给下贺卡的那个老师。(较常说)

间·话：学生给他贺卡的老师(，/停顿/话题标记) 我喜欢。

学生给那个给下贺卡的老师，我喜欢的很。学生给给下贺卡的那个老师，我喜欢的很。(较常说)

厨师用刀切肉

	兰州话
工·主：用小刀切肉的厨师今天不在。	拿尕刀子切肉的厨子今个没有在。(较常说)
工·宾：老板辞退了用小刀切肉的厨师。	老板把那个拿尕刀子切肉的厨子辞掉了。(不常说)
工·话：用小刀切肉的厨师（，/停顿/话题标记）老板辞退了。	拿尕刀子切肉的厨子，老板把那给辞掉了。(较常说)

六　疑问句

（先写出与下列普通话例句功能相同的方言对应例句，如以下句型在方言中不能说也要用方言写出再加上星号）

普通话例句	兰州方言对应例句（相同功能）	该普通话句型在方言中能不能说
小张明天来吗？	尕张（那）明个（天）来呢吗/来不？	
小张明天不来吗？	尕张（那）明个（天）不来吗？	
小张来了吗？	尕张（那）来了没有？	
小张没来吗？	尕张（那）没（有）来（吗）？	
小张是昨天来的吗？	尕张（那）是昨个天来的吗？	
小张不是昨天来的吗？	尕张（那）不是昨个天来的吗？	
小张今天会来吗？	尕张（那）今个天来呢不？	
小张应该来吗？	尕张（那）来呢吗/该来吗？	左栏普通话句型兰州话中也能说，但似乎要说得少。
熊猫吃竹子吗？	熊猫吃竹子呢吗？	
熊猫吃不吃竹子？	熊猫（那）吃竹子呢吗不吃/吃不吃竹子？	
熊猫吃竹子不吃（竹子）？	熊猫（那）吃竹子吗不吃/吃竹子呢不？	
熊猫吃了竹子没有（吃）？	熊猫吃了竹子呢吗没有？	
熊猫吃没吃竹子？	熊猫吃了没有吃竹子哟？	
熊猫吃竹子了没有（吃）？	熊猫把竹子吃了没有哟？	
熊猫是在那儿吃的竹子吗？	熊猫是在那塔吃的竹子吗？	

（续表）

普通话例句	兰州方言对应例句 （相同功能）	该普通话句型在 方言中能不能说
熊猫想吃竹子吗？ 小张修理自行车吗？ 小张修理不修理自行车？ 小张修不修理自行车？ 小张把自行车修理了吗？ 小张修没修理自行车？ 小张修理过自行车吗？ 小张肯不肯修理自行车？ 小张有你高吗？ 小张比你高吗？ 小张是不是比你高？ 那棵树被风刮断了吗？ 那棵树风刮断了吗？ 那棵树风刮得断吗？ 那棵树会不会被风刮断？ 你是学生吗？ 你是昨天来的那个学生吗？ 你是昨天来的吗？ 小张多高？ 小张有多高？ 孩子今年多大（问年龄）？ 这条河有多长？ 你昨天和小张说话说了多久？	熊猫那想吃竹子呢吗不吃/想？ 尕张那修理自行车着呢吗？ 尕张那把自行车修理着吗没有？ 尕张那修不修自行车？ 尕张那把自行车修了没有（哟）？ 尕张那修自行车了没有/把自行车 修了没修哟？ 尕张修（理）过自行车吗/没有？ 尕张那愿不愿意修自行车哟？ 尕张有没有你高？ 尕张那比你高吗？ 尕张那有你高么没有？ 那棵树（那）叫风刮折了？ 那棵树（那）叫风刮折了？ 那棵树风能刮折吗？ 那棵树能不能叫风刮折？ 你是学生吗？ 你是昨个天来（下）的那个学 生吗？ 你是昨个来的吗？ 尕张多高？ 尕张（有）多高？ 娃娃今年多大了？ 这条河有多长？ 你昨个天连/跟尕张说话说了多长 时间？	

附记

调查过程中，邓明、毕学义、赵浚、王勋成、张淑敏、宋法仁、王维中等先生都给予了多方支持，借此深表感谢！

（本调查稿 2005 年收入刘丹青主编"现代汉语方言语法数据库"（未刊电子文本），调查提纲是刘丹青先生编制的语法框架，我们有过删改。作者：王森，王毅，姜丽。）

甘肃临夏话做补语的 "下"

"下" 字是临夏话的一个常用词，它作为主要动词出现在谓语中心语的位置上时，一般读作 [ɕia]，和普通话用法相同；如果出现在谓语中心语之后的位置上时，则一律读作 [xa]，兼有几种词性，主要充当各种补语。本文谈的是后一种 "下"。

一　充当各种补语

1. 用作一般动词，充当结果补语。这时，它的含义相当宽泛，可以取代众多词汇意义不同的具体动词。例如：

（1）□ [tɕiɛ] 的儿媳妇娶下了。他的儿媳妇已经娶上了。

（2）这些个字你们一呱学下者才好。这些字你们一下子全学会才好呢。

（3）你我的瞌睡一呱惊下了。你一下子把我的瞌睡惊醒了。

（4）投到我起来，阿娘饭做下了。等到我起来时，妈妈已经把饭做熟了。

（5）我窗子开下了。我把窗子打开了。

以上各例的 "下" 字分别相当于普通话 "上、会、醒、熟、开" 等词。

"下" 字的宽泛性还表现在它的使用范围方面。即在普通话里根本不能用补语的一些句子，临夏话却往往要用上补语 "下"。这时，普通话里没有恰当的词语和它相对应。例如：

（6）老奶奶忙下的个说不成。老奶奶忙得没法说。

（7）以前医院没有，只有私人开下的个尕铺子。

（8）我买下的鞋大下了。

（9）大嫂臊下了。大嫂害羞了。

以上各例都是"下"充当单音节谓词的补语。有时它也充当多音节谓词或短语的补语。例如：

（10）□［tɕiɛ］难辛下的个说不成。他难过得没法说。

（11）身体不爱惜，你们老下时，再干不来下咧。你们不爱惜身体，到老的时候，就再没办法了。

例（11）"干不来"是固定短语，意思是"无可奈何""没办法"。

2. 用作趋向动词，和普通话"起来、出来、下来、过来"等相当，充当趋向补语。例如：

（12）尕老者乐者笑下了。老汉乐得笑起来了。

（13）这么俊的诗我们做下了者！这么好的诗我们写出来了！

（14）今晚夕站下嫑走。今天晚上住下来，别走了。

（15）你们将一些事情颠倒下了。你们把一些事情颠倒过来了。

3. 有些时候，"下"可同时用作一般动词和趋向动词"起来"，这时，它既可析为结果补语，也可析为趋向补语。这种两可情况，是由表达的着眼点不同形成的。动作、性状是一个过程，着眼于过程的起始时，"下"用作趋向动词"起来"，充当趋向补语；着眼于过程的终止时，"下"用作一般动词，充当结果补语。例如：

（16）果子红下了。

（17）雨下下了。

（18）现在过年了，尕娃们衣裳干净下了。

以上三例都同时具有a、b二义。如例（16）"果子红下了"：a. 是说原来"没红"，现在"开始红"了，全句义为"果子红起来了"；b. 是说果子原来就"红着"，现在"红完"了，"红遍"了，全句义为"果子全红了"。例（17）、（18）也是同样道理。因此，三例中a义的"下"都是趋向动词"起来"，充当趋向补语；b义的"下"都是一般动词，充当结果补语。这种情况，如果句中有限定性词语出现，a、b二义就会看得更清楚。如例（17）就可后加不同小句变为：a. 雨下下了，快些走；b. 雨下下了，庄稼不旱了。

4. 用作能愿动词，和普通话"能、会、可以"等相当，充当可能补语。表示可能或不可能时，普通话可以用"（不+）能愿+动（+补）"（能写好）的格式表达，也可以用可能补语的格式即动词后加

"得"或"不得"（吃不得）的格式，或者在结果补语或趋向补语和它们的中心语之间加"得"或"不"（写得好，拿不出来）的格式表达。可是这几种格式临夏话中全都没有，它只用"谓词（+补）（+不）+下"这样一种格式表达可能或不可能，"（不）下"在其中充当可能补语。例如：

（19）（"兰州你去下啦？"）"我去下呢"。（"你能去兰州吗？"）"我能去。"

（20）一嘴一个胖子吃不下。一口吃不成个胖子。

（21）我腿子疼，走者快不下。我腿疼，走不快。

（22）兀个事情三天做完下啦不？那件事三天做得完做不完？

（23）天天思谋吃肉呢，这么办到下啦不者！天天想吃肉，这能不能办到呀！

（24）"三碗黄酒你喝上下啦？""我喝上下呢。"你能喝完三碗黄酒吗？""我能喝完。"

（25）我腰疼者炕上起来不下。我腰疼，起不来床。

（26）"这个菜吃成啦是？""吃成下呢。""这种菜能吃吗？""能吃。"

（27）"他信写来啦？""写来呢。""他会写信吗？""会写。"

由以上各例可知，可能补语有如下特点：A. 它有肯定（可能）式，如例（19）；有否定（不可能）式，如例（20）、（21）、（25）；有肯定否定并列式，如例（22）、（23）。B. "（不）下"前面可以是单个的谓词，如例（19）、（20）、（21）的"去、吃、快"；但最常见的则是补充短语，如例（22）、（23）、（24）、（25）的"做完、办到、喝上、起来"。C. 一般情况下，表示可能大都用"下"，但在前面是单个谓词时，有时也可用"成、来"表示可能，这样用起了划界作用，因为单个谓词后的"下"有表结果、表趋向、表可能等三种，如"写下了"；现在专用"成、来"表示可能，就排除了干扰。但在用"成"或"来"时，它们后面往往又同时出现了"下"，或可以出现"下"，如例（26）、（27），这样实际上又形成了"补充短语+下"的格式。D. "下、成、来"和能愿动词有整齐的对应关系，都可以用"能、会"等词代换，代换后按普通话语序排列，句子原意不变。以上特点是"下"的其他用法所不具备的。

5. 用作量词，和数词构成数量短语后一起充当数量补语。例如：

（28）你的车子我（［ŋa］）借的下。你的车子借给我一下。

（29）他我哈打的了三下。他打了我三下。

（30）兀会我你们说的了下学文化的事情。那时候我给你们说了一下学文化的事儿。

（31）你们想一下，看一下，就片辨过了。你们想一下，看一下，就懂了。

以上各例谓语动词后常带"的"［ti］，意思是"给"，如例（28）、（29）、（30）；有的还带有宾语，如例（30）；"下"前是数词"一"时常常省略，如例（28）、（30）。

二 用作动态助词，在谓词后表示动态

例如：

（32）阿藏墙根里站下个人呢。现在墙根处站着个人。

（33）饭可口时，□［tɕiɛ］们嘴呲下者吃上些。饭可口时，人家呲着嘴吃上一些。

（34）阿藏的年轻人个个成下塌鼻猫哩。现在的年轻人，个个都成了馋嘴猫。

（35）酒喝者多下者第二天饭吃不上呢。酒喝得多了第二天饭就吃不进去。

（36）阿哥兄弟说下的朵老者说的了。哥哥把兄弟说过的话告诉给了老人。

以上例（32）、（33）"下"是"着"的意思，表示动作正在进行；例（34）、（35）"下"是"了"的意思，表示动态的实现；例（36）"下"是"过"的意思，表示曾经有过的动作。

（原载《中国语文》1993 年第 5 期，总第 236 期，第 374—376 页）

甘肃临夏方言的两种语序

临夏回族自治州位于甘肃省西南部，是个汉、回、东乡、撒拉、保安、土、藏等多民族聚居的地区。当地的汉语方言受少数民族语言的影响，语句的顺序很有特色，本文讨论临夏市区的汉语方言的宾语、状语的语序。

一　宾语的语序

（一）宾语的位置

临夏话的宾语大多置于动词之前，也就是"宾语+动词"的语序。像北京话"动词+宾语"的句子，临夏话较少见，只有带判断词"是"的肯定句(如例(5)(6))，存现句(如例(7))，语序跟北京话相似。例如：

（1）新中国成立前河州城里医院没有，西医没有。

（2）我□［tɕiɛ⁴⁴］他哈比不过我比不过他。

（3）老师有十分的本事时，你们哈十分一呱教的呢老师有十分的本事时，这十分本事就全都要教给你们呢。

（4）我箱子揭开者三块钱拿出来了我打开箱子拿出了三块钱。

（5）你们的大爷二爷们都是庄稼人。

（6）a. 阿藏少下的是什么个现在缺少的是什么呢？

　　b. 我是东乡人不是，我是临夏人我不是东乡人，我是临夏人。

（7）a. 天上出虹了。

　　b. 窗台上放着一盆花。

　　c. 牧场后面（是）一片树林。

下例的前置宾语位置就较特殊。例如：

（8）你个人心里明者<u>镜子</u>像呢，<u>我</u>哈还来者汤来呢你心里明得像面镜子，还来纠缠我呢！

还有更为特殊的情形，例如：

（9）<u>别人家</u>背后<u>你的脊梁骨</u>耍叫戳着别叫人在背后戳你的脊梁骨。

（二）"宾语+动词"句式的使用情况

上面提到，临夏话"是+宾语"的句子语序跟北京话相似。另外有些句子的宾语位置比较灵活，比如人称代词作宾语，既可放在动词前，也可放在动词后。但大多数句子总是宾语放在动词前面，这是受当地少数民族语言的影响。据了解，当地保安语和藏语都说"宾语+动词"的句式，比如"我没有吃饭"这句话，保安语和藏语都是"我饭没吃"。临夏话在以下三种句式里，宾语一定是放在动词前面的，不能放在动词后面。

1. 反复问句中的宾语一定出现在动词前面。例如：

（10）你<u>饭</u>哈吃呢么不吃你到底吃不吃饭？

（11）今个<u>学</u>里你去呢么不去今天你上不上学？

（12）<u>这一袋粮食</u>你背动下啦不这袋粮食你能背动不能？

（13）你<u>作业</u>哈做下啦没你把作业做完了没有？

（14）阿藏<u>少下的</u>有阿没现在有没有缺少的东西？

2. 否定式"没+动词+的"的句子，宾语一定出现在动词前面。例如：

（15）兀会我们穷的呱，<u>一个醃咸菜</u>没吃的，<u>一件新衣裳</u>哈也没缝的，得下个病了时，<u>药</u>也没吃的，就白白遭上了那个时候，我们穷得很，一根咸菜也吃不起，一件新衣裳也缝不起，得了病，药也吃不起，只能白白地送命。

3. 由"下［xa⁴²］、来、成、过"（意思相当于北京话的"能、会、可以"）组成可能补语的句子，宾语总是出现在动词前面。例如：

（16）是无论阿一个一嘴<u>胖子</u>吃不下无论哪一个也不能一口吃个胖子。

（17）<u>兀个事</u>三天做完下呢那件事三天能做完。

（18）你<u>信</u>写来啦你会写信吗？——我<u>信</u>写来呢我会写信。

（19）这个花<u>水</u>多地浇不成这种花不能多浇水。

（20）<u>兀个话</u>你辨过啦那种话你能理解吗？

（三）动词前主语、宾语的表示方法

"宾语+动词"是临夏话的一种基本句式。但出现在动词前的名词、名词性短语和代词往往不止一个，这里面有主语也有宾语，在这种情况下可以通过以下几种方式分辨主语或宾语。

1. "名词（名词性短语、代词）+哈"表示宾语。"哈"是一个表示宾语的标记，名词后面带着"哈"的，同时又出现在动词前面的一定是宾语。这种格式在临夏话里最为常见。例如：

（21）你火哈加者旺旺的你把火生得旺旺的。

（22）水哈炉子上搭上把水放到炉子上。

（23）你哈急死看把你急得！

（24）今个作业哈是阿门者交上今天不管怎样都要把作业交上去！

（25）自行车我〔ŋa⁴²〕"我+哈"的合音撞了自行车把我撞了。

（26）我哈雨给泡坏了雨把我淋坏了。

（27）我哈他叫来了他把我叫来了。

（28）我他哈叫来了我把他叫来了。

（29）他你们哈不到他不如你们。

（30）你的儿媳妇你哈也这么做呢吗你的儿媳妇也这样对待你吗？

（31）兀个花狗黑狗哈咬伤了那只花狗把黑狗咬伤了。

（32）狼哈黑狗咬伤了黑狗把狼咬伤了。

如果句子中有双宾语，那么每个宾语后面都要加"哈"。例如：

（33）我你〔n̠ia⁴²〕"你+哈"的合音钱哈给了我给了你钱了。

（34）你东西哈我〔ŋa⁴²〕还给你把东西还给我！

（35）草哈你羊哈喂的些你给羊喂些草。

（36）兀个事情哈我他的阿妈哈还没说的那件事我还没有告诉他妈妈。

非名词性的词或短语作宾语时，要先加"的"，成为"的"字结构再加"哈"。例如：

（37）他走兰州的哈他我哈没说他没告诉我他要到兰州去。

（38）阿藏羊肉便宜下了，便宜的哈我他哈没说的现在羊肉便宜了，这事儿我还没有告诉他。

（39）我的头疼的呱，头疼的哈我明早医院里看去呢我头疼得很，我明天要到医院看看这病。

有两类特殊情况比较值得注意：

A. 在句子不发生歧义，节奏也和谐的情况下，宾语后面的"哈"有没有都可以，一般是语速慢就有，语速快就没有。以下几例都是快速交谈时常见的情况：

（40）酒你嫑喝你别喝酒。

（41）电壶桌子上放着呢桌子上放着热水瓶。

（42）这么俊的诗我们作下了者我们写出了这么好的诗呀。

B. 由于受普通话的影响，临夏话出现了一种"把+宾语+哈"的句式，这类情况多见于青年人的口语，例如：

（43）我把我的亲人哈想者我实在想念我的亲人！

（44）你把你的工作哈做好么你把你的工作做好！

（45）你把我哈阿门呢你能把我怎么样？

（46）我把你的腿哈给砸断呢！

（47）你把这个衣裳哈买者这么贵者□〔tsua⁴²〕呢你买这么贵的衣裳干什么呢！

2. "词（短语）+的"表示宾语。这种格式多见于否定句中。其中的"的"作用和"哈"一样，只是标明它前面的成分是宾语。例如：

（48）关系的没有没关系！

（49）"明早"，"明天早晨"的不是"明早"不是"明天早晨"。

（50）我谦虚的不是，也保守的不是我没有谦虚，也不是保守。

（51）我干散的不是我并不麻利。

（52）我新衣裳没有的，有了没穿的不是我是没有新衣裳，不是有了不穿。

3. "名词（名词性短语、代词）+是"表示主语。在这里，"是"是一个语气词，由它提示它前面的名词是主语，这种格式多见于否定性陈述句和疑问句。例如：

（53）阿哥是怕人的人不是哥哥啊不是怕人的人。

（54）这个水是冰的不是这水不是凉的。

（55）兀个尕娃是坏的不是那个小孩不是个坏孩子。

（56）你是工人不是嘛你不是工人吧？

（57）这个车子是你的就是啦这辆车子是你的吧？

（58）兀个年轻人是皮革厂的厂长就是啦（是）那个年轻人是皮革厂的厂

长吧？

这种带两个"是"字的句式较为常见（有的疑问句末尾还可再带上一个语气词"是"字，如例（58）），它也是一种"宾语+动词"格式，但由于受结构上两个"是"字的干扰，使它显得比较隐蔽。它的特点是：第一个"是"字读音轻而短，宜看作随在主语后的语气词，相当于北京话的"啊、呀"；第二个"是"字读音重而长，是判断动词。也就是说，后面带"是"字的名词（代词）或名词性结构是主语，位置在前；后面不带"是"字的名词（代词）或名词性结构是宾语，位置在后。整个句式是：主语（名/代（短语）+是）+宾语（名/代（短语））+谓语（不/就+是）。

4. 靠语序先后表示主语、宾语，主语在前，宾语在后。例如：

（59）<u>兄弟 后脑勺</u>挖了几把弟弟把自己的后脑勺抓了几下。

（60）<u>我 这个话</u>说者□［tsua⁴²］呢是我说这个话干什么呢？

（61）<u>李家爸今个 一个古今</u>说的了李伯伯今天讲了个故事。

（62）<u>我 我的亲人</u>想者我想我的亲人！

（63）<u>你 你的尕娃</u>管啦不管你管不管你的小孩？

（64）<u>他 他的成绩</u>知道了他已经知道他的成绩了。

（65）<u>我的嫂子 我的阿娘</u>也这么做呢我的嫂子也这么对待我妈妈的。

（66）<u>你个人 个人</u>看起者啦没？<u>个人们 个人们</u>要看起呢你自己看得起自己了没有？自己要看得起自己呢。

这类句子有如下特点：①主语都是指人的，位置在前；宾语一般是名词性短语和人称代词开头的短语，位置在后。②主语、宾语二者都有所属或等同关系。③在临夏话的习惯上这类主语、宾语二者不能换位，特别是宾语是人称代词开头的短语这类句子，虽说换位后语义上也说得通，但不是地道的临夏话。可能正是由于这种原因，青年人已渐渐用带有"把"的句子来代替这种格式。

5. 用加重和拉长读音的方式表示宾语。例如：

（67）你<u>被</u>拆者洗一下你把被子拆洗一下。

（68）这么个，<u>人</u>搓磨是这样做，简直是折磨人！

（69）你<u>事情</u>办好你把事情办好。

在上面几个例句中，"被、人、事情"要重读。

二　状语的语序

（一）状语的位置

当谓语前只有一个状语时，临夏话和北京话的语序相同，也就是说状语一般放在谓语的前面。例如：

（70）兀个老师<u>胡度</u>好那个老师太好了。

（71）饭<u>才</u>吃过，<u>可</u>吃呢吗才吃过饭，又吃吗？

（72）我你［n.ia⁴²］黄酒<u>再</u>倒的一碗我再给你倒一碗黄酒吧。

但在否定句里，状语通常放在否定词之前，例如：

（73）有的小学生书<u>好好的</u>不念者有的小学生不好好学习。

（74）兀个娃娃<u>定定的</u>不坐那个小孩不稳稳当当地坐。

（75）我们这个地方"把"字句<u>多</u>不说我们这里"把"字说得不多。

（76）房子各处<u>胡</u>嫑盖房子不要到处乱盖。

（77）这几年我们家<u>这么者</u>没团圆过这几年我们家没有像这样团圆过。

（78）电视我们<u>天天</u>不看者，有时候看的下电视我们并不天天看，有时候看一下。

（79）今个我们<u>一呱</u> 也不唱，就唱一段今天我们也不全唱，只唱一段。

（80）有时候天气预报<u>甚</u>不灵有时候天气预报不太准确。

表示时间、频率的副词"还、再、也、才、就、天天"等充当状语时，大多放在多音节词语的成分（状语或前置受事成分）前面。例如：

（81）苦吃了，<u>还</u>□［tɕiɛ⁴⁴］们的个喜欢讨不下吃了苦，还讨不上人家的喜欢。

（82）这个还不算，<u>还</u>比这麻达的事情有呢这还不算，还有比这麻烦的事情呢。

（83）娃娃病下了，我<u>还</u>医院里没看去孩子病了，我还没到医院看去。

（84）他饭<u>也</u>一口哈不吃他连饭也不吃一口。

（85）兀个人懒的呱，连地<u>也</u>两笤帚的不扫那个人懒得很，连地也不扫两笤帚。

（86）我今个<u>才</u>他哈认下了我今天才认识他。

（87）你们的二爷的时节，**才**私学里念了几天书那个时候你们二爷才在私
学里读了几天书。

（二）状语的语序不同所表达的意思也不同

比如"格外不重视"这句话，北京话的意思是"很不重视"，指不
重视的程度深；临夏话的意思则是"不很重视"，指不重视的程度浅。
也就是说，这一格式临夏话和北京话都在使用，而语义表达上不完全相
同。临夏话的"甚不灵、一呱也不唱、天天不看、各处不能埋"等说
法都属同类情况。

（原载《方言》1993 年第 3 期，第 191—194 页）

临夏话中一种特殊的"名（代）—动"句式

临夏回族自治州位于甘肃西南部，是一个回、汉、东乡、藏等多民族杂居的地区。市区的汉语方言有着特殊的结构：不仅施事成分处在谓语动词前，而且受事成分也几乎全处在谓语动词前。因此，"名（代）—动"格式便成为临夏话的基本句式。其中，"动"前的"名（代）"往往不止一个，有施事，也有受事，而且"名（代）"（施事）与"名（代）"（受事）的先后位置也是自由的。在这种情况下，受事成分主要用以下几种方式与施事成分相区别，或者说，这种"名（代）—动"句有以下几个小类。（下面加着重号的词语都是受事成分）

1. 用"名（代）+哈"表示受事。"哈"（或"啊"）只起符号作用，标明它前面的"名（代）"是受事。这种格式最常见，而且对人称代词（受事）约束很严，即受事如果是人称代词，特别是两个人称代词连用时，表示受事的人称代词后面一定要用"哈"。否则，就会施受不分，语意不明。例如：

（1）我哈他叫来了。（他把我叫来了。）

（2）我他哈叫来了。（我把他叫来了。）

（3）小鸡哈猫吃了。（猫把小鸡吃了。）

（4）连笔哈拿不来，还写什么字哩！（连笔都握不住，还写什么字呢！）

2. 用拖长读音的方式表示受事。例如：

（5）猫小鸡吃了。（猫把小鸡吃了。）

（6）你人气死了。（你把人气死了。）

（7）堤岸冲坏了。（堤岸给冲坏了。）

3. 受事成分如果是非生物名词时，它后面可以没有形式标志（即不用"哈"字，也不拖长读音），而直接放在谓语动词前，因为这样也不会出现歧义。如上例（7）的受事"堤岸"就可不拖长读音。这种格式在说话节奏较快时常用。例如：

（8）他车子推出去了。（他把车子推出去了。）

（9）你饭吃啦没?（你吃过饭了没有?）

（10）酒你嫑喝。（你别喝酒。）

（11）电壶桌子上放着呢。（热水瓶在桌子上放着呢。）

4. 对普通话中的双宾句，临夏话也大都综合采用以上方式把双宾前置，后面仍保留一个直接宾语的情况少见。前置的两个受事的先后位置也是自由的。例如：

（12）我你［ȵia］钱（哈）给了。（我给了你钱了。）

（13）你东西我［ŋa］还给!（你把东西还给我!）

（14）你我［ŋa］借的一本书。（你借给我一本书。）

（15）我哈给本书。（给我一本书。）

以上四例中的［ȵia］［ŋa］是"你哈""我哈"的合音。例（12）"钱"后的"哈"可不用。例（14）谓语动词"借"后保留了一个直接宾语"一本书"，"借"后的"的"音［ti］或［tɕi］，不是普通话的结构助词"的"，"借的"就是"借给"。

5. 用"词（词组）+的"表示受事。这种格式多见于否定句中。其中的"的"音［ti］。例如：

（16）甲：同志，麻烦您了!

乙：关系的没有，关系的没有!（没关系! 没关系!）

（17）甲："明早"的意思是不是"明天早晨"?

乙："明早""明天早晨"的不是。（"明早"不是"明天早晨"。）

（18）甲：老张，你太谦虚了!

乙：我谦虚的不是。（我没有谦虚。）

6. 用"把+名（代）+哈"的格式表示受事。这是受普通话"把"字句的影响产生的一种混合式。青年人的口语里可以见到。例如：

（19）我把我的亲人哈想者!（我非常想念我的亲人!）

（20）你把你的工作哈做好么!（你把你的工作做好!）

（21）你把我哈阿门哩？（你能把我怎么样？）

（22）我把你的腿哈给砸断哩！

以上例（19）的施事"我"和受事"我的亲人"的定语"我"同音同字，这恐怕是施受二者中间必有"把"字的原因，不然，说成"我我的亲人哈想着"，一定很别扭。例（20）也同样。但老年人口中仍不加"把"字。

（原载《中国语文天地》1989 年第 6 期，总第 24 期，第 4—5 页）

临夏方言"是"字的用法

　　甘肃临夏回族自治州是个回、汉、东乡、保安等多民族杂居的地区，汉语方言受少数民族语言的影响。临夏话"是"［ʂ̩］字的用法很复杂，其词性、语法意义以及在句中的分布，都和北京话有较大的差异。本文只是做个初步的概括。

　　一、"是"字做动词，表示判断。有以下几种情况。

　　1. 用在一般判断句，和北京话相同。表示否定判断时，"是"字后不能带宾语。例如：

　　（1）你们的大爷、二爷们都是庄稼人。

　　（2）你们两个作下的诗不是你们两个写的不是诗。

　　（3）我谦虚的不是我没有谦虚。

　　2. 用在特殊否定判断句。这种否定判断句是个主谓谓语句，全句主语（大主语）是"名+是语气词"，全句谓语是"名词语受事+不是"。例如：

　　（4）阿哥是害怕人的人不是哥哥不是害怕人的人。

　　（5）这个书是我的不是这本书不是我的。

　　（6）我是工人不是我不是工人。

　　这种句式，作为陈述句，北京话里没有。但是结构上却很像北京话里的正反问句。它的特点是：前一个"是"字是语气词，和"呀"相当，它后面有语音停顿，后一个"是"字的宾语都前置做受事主语（小主语）；在读音上，前一个"是"字一般轻读，后一个"是"字一般重读。全句是陈述语气，和北京话的正反问句不同。

　　3. 用在谓词后，对谓词的动作、行为进行肯定和强调，含有"是一定如此的"的意思。例如：

（7）这么个，人搓磨<u>是</u>这样做，简直就是折磨人。

（8）□［tɕiɛ］们说呢，人能的呱<u>是</u>，死呢<u>是</u>人家说，人非常聪明时，是要死的。

（9）铃子响开<u>是</u>，你们的瞌睡惊下呢<u>是者</u>如果铃子响起来，是一定要惊醒人家的瞌睡的么。

（10）我的意思<u>是</u>，你们烟干脆甭吃<u>是者</u>，也没说的<u>是</u>我的意思，也不是要你们一支烟也别吸。

（11）我说的话阿门<u>是</u>，你们看么我说的话到底怎么样，你们看吧。

这种位置上的"是"字，一般都要重读，它的主要作用仍然是判断。但它的位置一般在句末，因此也兼有北京话"……的"的肯定语气。

二、"是"字做连词、形容词、副词，表示强调。

1. 做连词。用在"是+名+动"的格式中，和北京话的"无论、不管"相当，对它后面的名词或名词性词语进行强调，表示在任何条件下结果或结论都不会改变。例如：

（12）懒人不成，懒人<u>是</u>啥事情做不好懒人不行，懒人无论什么事情都做不好。

（13）慌慌张张的，<u>是</u>啥做不好慌慌张张地，无论什么都做不好。

"是"字后跟"阿"字，读做合音［ʂa］。例如：

（14）<u>是</u>阿个一嘴胖子吃不下无论哪一个人也不能一口吃个胖子。

（15）<u>是</u>阿会、<u>是</u>阿会对不起人的活甭做无论什么时候都不要做对不起人的事情。

北京话的这类格式前边有"无论"，后边就要有"都、也"相呼应。临夏话的这种"是"字句，一般是不用"都，也"呼应的。但有时也有前后呼应的情况。例如：

（16）不气的事情不<u>是</u>，<u>是</u>阿个也气呢没有不生气的，无论谁也生气呢。

（17）兀个戾，<u>是</u>阿一个劝者，他都不听那家伙，无论谁劝，他都不听。

2. 做形容词。用在固定短语"是啥不是"中，和北京话的"任何"相当，整个短语表示深度的否定：任何什么都不是。例如：

（18）今个吃的兀个菜，<u>是</u>啥不是今天吃的那个菜，简直不是菜。

（19）阿藏一个人一个月三四十块钱，<u>是</u>啥不是现在一个人一个月三四十块钱，无论如何也无法生活。

（20）兀个大学生是啥不是那个大学生什么都不懂。

这种句子和前面的特殊否定判断句表面上似乎完全相同，其实却是两种完全不同的句式。试以下面两例比较说明：

（21）兀个人，是人不是那个人，简直不是人。

（22）兀个人是学生不是那个人不是学生。

例（21）的主语是"兀个人"，其后有停顿；谓语是"是人不是"，其中前一"是"表任指，"是"后一般跟疑问代词如例（18）"啥"等，这里的"人"也可换用"啥"。例（22）的主语是"兀个人是"，停顿在"是"后，书面上没有点号，"是"读轻声，是语气词；谓语是主谓短语"学生不是"，其中的小主语"学生"都是受事。可见结构不同，所表达的意思也不同。

3. 做副词。用在"动（+宾）+是+好"的格式中，和北京话的"实在、的确"相当。这类句子表示"某时做某事实在如愿以偿"的主观意愿或体验。例如：

（23）阿藏我你啦喝些酒是好现在我们两个喝点酒最合适了。

（24）阿藏浪玩个是好现在玩玩去最好了。

（25）夏天浆水饭吃是好夏天吃浆水面条最各适。

（26）黑了十点钟睡是好晚上十点钟睡觉最合适。

三、"是"字做助词和语气词。

1. 做助词。一般位于句末，在别的语气词之后。例如：

（27）这个菜吃成啦是这种菜能吃吗？

（28）我这个话说者□［tsua］"做啥"的合音呢是我说这话干什么呢？

这类句子中的"是"字，读音轻而短，和它前面的语气词"啦、呢"（表疑问）、"的"（表肯定）之间有个语音间歇，它的作用是辅助它前面的部分，使语气舒缓、柔和。这类句子的末尾也可以不用"是"字，句子的基本意思不变，只是在语气上略有差别。例如：

（29）他走快下啦（是）他能走快吗？

2. 做语气词。有两种情况：一是用在主谓谓语句的大主语后，表示停顿，读轻声，相当于"呀"，如例（4）、（5）、（6），二是用在疑问句的答话中，表示半信半疑的猜想语气，相当于"吧"或"呢"。

例如：

（30）问：小张在家吗？

　　答：A. 有啦是可能在家吧？

　　　　B. 在不在是在家不在家呢？

四、用在某些偏正复句的前一分句末，表示某些意义关系。例如：

（31）以前我们书没念下是，穷了的咻，供不起咻以前我们没有念书，因为家里穷，供不起。

（32）□［tɕiɛ］黑脸黑灶是，□［tɕiɛ］的心里难辛的呱他脸色不好看，因为心里难过得很。

（33）常言说，大处不大是，丢人呢，尕处不尕是，受穷呢常言说，该大方不大方，那就要丢人现眼；应"小气"不"小气"，那就得吃苦受穷。

（34）阿个家里的婆婆不乖么是，家里就颇烦多的凶谁家的婆婆不明事理，家里的麻烦事就非常多。

（35）阿藏阿一个不知道：儿媳妇乖是，婆婆比者儿媳妇还乖现在谁不知道：如果说儿媳妇听话，那么婆婆比儿媳妇更听话。

（36）这一学年念下了，书款款的存好是，可卖过这一学年念完了，书小心翼翼地收存好，以便再卖掉。

上例（31）、（32）两例是因果关系；例（33）、（34）、（35）三例是假设关系，其中的"是"似应写作"时"，不过一般都写作"是"；例（36）是目的关系。值得注意的是：因果关系句全是果句在前因句在后，没有见到因前果后的；假设关系的例（35）比较特殊：它的前一分句"儿媳妇乖"不是事实，而是假设，后一分句不是假设，而是事实；为了强调后一分句"婆婆更乖"这一事实，故意把前一分句当作事实提出来，以便两相比较。

（原载《方言》1991 年第 3 期，第 204—205 页）

临夏方言的儿化音变

　　甘肃临夏回族自治州是个回、汉、东乡、保安等多民族杂居的地区。临夏市区的汉语方言里的儿化音变，其结构规律比较特殊，揭示这种音变现象有助于深入认识汉语的儿化现象。本文现就该儿化音变的构成、分布和作用等方面予以初步探讨。发音人蒲珍先生，72岁，艺人，世居当地城内；李永瑞先生，66岁，中学教师，世居当地城内。

一　临夏方言的声韵调

　　（一）声母25个，包括零声母在内：

p	帮保别不	pʻ	皮批跑盼	m	妈门目女	f	扶放冯父	v	乌王外文
t	到豆达多	tʻ	汤同兔偷	n	南拿奴暖			l	来连老拉
ts	祖走资增	tsʻ	次从仓草			s	思桑三虽		
tʂ	主张支正	tʂʻ	吃唱超除			ʂ	生书上寿	ʐ	让若人然
tɕ	精焦低丁	tɕʻ	七秋停天	ȵ	泥你娘年	ɕ	希线虚玄		
k	贵国干刚	kʻ	开狂可看	ŋ	我讹饿鹅	x	红胡河航		
ø	约元语								

　　（二）韵母32个：

ɿ/ʅ	资思知师	i	逼气未地	u	布柱固杜	y	居絮区举
a	达杂巴扎	ia	家夏恰夹	ua	刮花夸抓		
ə	河蛇哥可	iə	姐些野切	uə	落活国索	yə	脚却雪
ɛ	盖开败孩	iɛ	介界戒皆	uɛ	揣坏帅怪		
ɔ	饱到桃闹	iɔ	叫小交巧				
ei	肥贼儿二			uei	鬼追推碎		
ou	斗口丑走	iou	牛休秋九				

æ　班担占砍　　　　iæ　边见棉偏　　　uæ　端官专酸　　yæ　捐宣圈元

aŋ　邦厂当扛　　　　iaŋ　江抢香强　　　uaŋ　光荒装爽

əŋ　真分争风　　　　iəŋ　今勤晴京　　　uəŋ　敦春冬虫　　yəŋ　熏裙穷兄

（三）声调 3 个。平声 243，记作 24；上声 43，记作 44；去声为 42。轻声记为 0。

二　儿化音变的构成

临夏方言的"儿"读 [ei²⁴]，儿化音变在语音上主要表现为发生儿化的字其韵母的主要元音和韵尾直接变为 [ei]。同时，双音节词、多音节词的后一音节儿化时大多要由平声、上声变为去声，如：布衫 [pu⁴²ʂei⁴²]、尕碗 [ka⁴⁴vei⁴²]；叠音名词的后一音节儿化时都读轻声，如：洞洞 [tuŋ⁴²tuei⁰]；叠音形容词的后一音节儿化时是上声时前一音节变平声，其余平声、去声均不变调，如：款款的 [kʼuæ²⁴kʼuei⁴⁴ti⁰]；单音词儿化时不变调。

和普通话儿化现象相比较，临夏方言的儿化音变更值得注意的特点是，它受音节结构的限制，主要只出现在 [ə] 系和 [æ] 系鼻韵母的字中，也散见于少数开尾韵的字中，其他音节不能发生儿化音变，此外，回民话又有一些自己的特色。下面分别说明。例中带着重号的字在连结线"——"前面的都是该字的本音，后面的则是它的儿化音。这只是为了便于比较，实际上以下例词一般是只读儿化音、不读本音的。

（一）[ə] 系鼻韵母字儿化时是把 [əŋ] 变为 [ei]。例如：

脚后跟 tɕyə⁴⁴xou⁴²kəŋ²⁴—kei²⁴

纽门 ȵiou⁴⁴məŋ²⁴—mei²⁴　布制扣子的扣门儿

尕烟瓶 ka⁴⁴iæ²⁴pʼiəŋ²⁴—pʼiei⁴²　水烟袋

核桃仁 xɛ²⁴tʼɔ²⁴zəŋ²⁴—zɛi²⁴

多木虫 tuə²⁴mu⁴²tʂʼuəŋ²⁴—tʂʼuei⁴²　啄木鸟

裙 tɕʼyəŋ²⁴—tɕʼyei²⁴

（二）[æ] 系鼻韵母字儿化时是把 [æ] 变成 [ei]。例如：

尕布衫 ka⁴⁴pu⁴²ʂæ²⁴—ʂei⁴²

提篮 tʼi²⁴læ²⁴—lei⁴²　一般的竹篮子

尕碗 ka⁴⁴væ̃⁴⁴—vei⁴² 小碗儿

五月端 vu⁴⁴yə⁴²tuæ̃²⁴—tuei⁴² 五月端阳

药罐 yə⁴²kuæ̃⁴²—kuei⁴²

（三）〔æ̃〕系鼻韵母的字还常常把〔æ̃〕变成〔ε〕，也就是说，〔æ̃〕系字还有个儿化变体〔ε〕。

如上面几例的〔ei〕都可换成〔ε〕。再如：

花卷 xua²⁴tɕyæ̃⁴⁴—tɕyε⁴²

门闩 mən²⁴ʂuæ̃²⁴—ʂuε⁴²

针线簸□ tʂən²⁴ɕiæ⁴²pə⁴²læ̃⁴²—lε⁴² 针线筐儿

（四）以上是临夏方言儿化音变的主流。此外，开尾韵母〔i、ε、u、y〕也有零星儿化现象。儿化时，〔i、ε〕变成〔ei〕，〔y〕是在后面添加〔ei〕，〔u〕是或变成〔ei〕，或后面添加〔ei〕。例如：

沙梨 ʂa²⁴li²⁴—lei⁴² 一种未经嫁接的梨，个儿较小

笮篱 tʂo⁴²li⁴²—lei⁴²

坷膝盖 kʻε²⁴ɕiə²⁴kε⁴²—kei⁴² 膝盖儿

言语 yæ̃²⁴y⁴⁴—yei⁴² 话语

以上前三例是〔i、ε〕的儿化音变，后一例是〔y〕的儿化音变。〔u〕的儿化音变参见下节"回音"的例词。

（五）以上各例词的儿化现象回、汉读音是一致的。此外，还有一部分"回音"词。即在上述可儿化的范围内，有一部分词是按回民的说法发生音变的。有三种情况：第一，是把〔æ̃〕韵母变成〔a〕；第二，是把〔ε〕韵母变成〔a〕；第三，是把〔u〕韵母变成〔ei〕，或在〔u〕后添加〔ei〕。例如：

花卷馍 xua²⁴tɕyæ̃⁴⁴—tɕya⁴²mu²⁴

锅铲 kuə²⁴tʂʻæ̃⁴⁴—tʂʻa⁴² 炒菜用的小铲儿

纽襻 n̩iou⁴⁴pʻæ̃⁴²—pʻa⁴² 纽扣的套儿，扣门儿

波皮眼 pʻɔ²⁴pʻi²⁴n̩iæ̃⁴⁴—n̩ia⁴² 肚脐

廊檐 laŋ²⁴iæ̃²⁴—ia⁴²

以上是第一种情况，在"回音"中，这种音变是大量的。以下是后两种情况，比较少见。例如：

妮孩 n̩i⁴⁴xε²⁴—xa⁴² 女孩儿

坷膝盖 kʻɛ²⁴ɕiə²⁴kɛ⁴²—ka⁴²

儿媳妇 ɯ²⁴ɕi²⁴fu⁴²—fei⁴²

小叔 ɕiɔ⁴⁴ʂu⁴⁴—ʂuei⁴² 妻称丈夫的弟弟

小姑 ɕiɔ⁴⁴ku⁴⁴—kuei⁴² 妻称丈夫的妹妹

（六）变音过程中［ei］前有时有增添［u］（如下面前两例）或丢失［u］（如下面后两例）的现象。

板凳 pæ⁴⁴təŋ⁴²—tuei⁴²

笊篱 tʂɔ⁴²li⁴²—luei⁴²

筷笼 kʻuɛ⁴²luəŋ²⁴—lei⁴²

鼻子窟窿 pi²⁴tʂʅ⁰kʻu²⁴luəŋ⁴²—lei⁴²

三　儿化音变的分布和作用

（一）分布

1. 就音节来看，大多分布在双音节词或多音节词的后一音节，如以上各例大都如此；一部分集中分布在可儿化的叠音词的后一音节，如"篮篮 læ²⁴lei⁰/la⁰（斜线"/"后是回音，下同）｜片片 pʻiæ²⁴pʻiei⁰/pʻia⁰ 薄而小的片状物｜盆盆 pʻəŋ²⁴pʻei⁰｜板板 pæ⁴⁴pɛ⁰/pa⁰"；也分布在单音词中，如"裙 tɕʻyei²⁴裙子｜镜 tɕiei⁴²镜子｜虫 tʂʻuei²⁴小虫子"。

2. 就词性来看，一般是名词，如上举各例词；其次是某些 AA 式和 ABB 式叠音形容词，如"弯弯的 væ²⁴vei²⁴ti⁰｜慢慢的 mæ⁴²mei⁴²ti⁰｜紧绷绷的 tɕiŋ⁴⁴pəŋ²⁴pei²⁴ti⁰"；还有少数是量词，如"盅 tʂuei²⁴ 一~酒｜碗 vɛ⁴⁴ 一~水｜瓶 pʻiei²⁴ 着上一~（吸上一袋烟）"。

（二）作用

临夏方言儿化音变的主要作用是表示小称、少量、爱称等感情色彩，此外，有时有改变词性和构词的作用。

1. 表示小称、少量。例如："水坑 ʂuei⁴⁴kʻei²⁴｜尿盆 ɳiɔ⁴²pʻei⁴²｜尻子门 kou²⁴tʂʅ⁰mei²⁴肛门｜□虫 mi⁴⁴tʂʻuei⁴²蚜虫｜沙梨 ʂa²⁴lei⁴²｜鼻子窟窿 pi²⁴tʂʅ⁰kʻu²⁴luei⁴²｜盖盖 kʻɛ⁴²kei⁰/ka⁰｜碗碗 væ⁴⁴vei⁰/va⁰"；"碗 vɛ⁴⁴ 一~水｜盅 tʂuei²⁴ 一~酒｜瓶 pʻiei²⁴ 着上一~（吸上一袋烟）"。

2. 表示爱称。有以下几种情况：

（a）表示上对下的亲昵的感情。例如："外孙 vɛ⁴²suei²⁴ ｜ 妮孩n̠i⁴⁴ xa⁴²女孩儿 ｜ 儿媳妇 ɯ²⁴ɕi²⁴fei⁴² ｜ 小叔 ɕiɔ⁴⁴ʂuei⁴² ｜ 小姑 ɕiɔ⁴⁴kuei⁴²"。

（b）表示对某些事物喜爱的感情。例如："蜜蜂 mi²⁴fei⁴² ｜ 风筝fəŋ²⁴tʂei⁴² ｜ 镜 tɕiei⁴² ｜ 裙 tɕʻyei²⁴ ｜ 树林 ʂu⁴²liei²⁴ ｜ 巴谷虫 pa⁴²ku²⁴tʂʻuei⁴²布谷鸟"。

（c）表示对某些性状喜爱的感情。例如："款款的 kʻuæ̃²⁴kʻuɛ⁴⁴ti⁰慢慢的 ｜ 红红的 xuəŋ²⁴xuei²⁴ti⁰ ｜ 弯弯的 væ̃²⁴va²⁴ti⁰ ｜ 紧绷绷的 tɕiəŋ⁴⁴pəŋ²⁴pei²⁴ti⁰"。不过，这种情况不很普遍，因为它们的褒贬色彩大都由词本身或语缀本身的语义来决定。

值得注意的是，有时需要表示小称、爱称，却受到该词语本身结构的制约因而又无法儿化，这时，临夏方言有一种变通的方法，即延长或缩简该词语，使它适应儿化要求。如"侄女"一词不能儿化，"妮孩"一词可以儿化，为了表示对"侄女"的亲昵感情，便把"妮孩"一词缀加其后，昵称为"侄女妮孩 tʂ̩²⁴mi⁴⁴n̠i⁴⁴xa⁴²"。相反，如"五月端阳"，这是大家喜爱的日子，但该词后一音节"阳"不能儿化，也可能由于整个词是四个音节，长而不便称说，而第三个音节"端"又正巧能儿化，于是便舍去"阳"，说成"五月端 vu⁴⁴yə⁴²tuei⁴²"，也实现了儿化。

3. 表示鄙称、谦称，同情、怜惜。这可以看作小称、爱称的一种引申用法。这种情况集中表现在"人"字的儿化方面。"人"字的本音为［zəŋ²⁴］，在下列例句的合成词中都儿化为［zei⁴²］。

（1）农民：你们城里<u>人</u>笨的呱（很）！居民：你们乡里<u>人</u>笨的呱！

（2）我的阿达（父亲）是个庄稼<u>人</u>。

（3）师傅，我们底下<u>人</u>这塔来下，你们踹踏了！（师傅，我们外地人到这里来，让你们受麻烦了！）

上面例（1）是乡下农民和城市居民互相鄙视对方的话，其中"人"字通过音变充满了轻蔑意味，这种称呼新中国成立前很常见。例（2）是向人介绍自己的父亲，例（3）是歉疚地向人道谢。这两例中的"人"字通过音变都表谦称，类似古代的"鄙人、不才"等。对人为鄙称，对己为谦称，这种丰富灵活的含义，看似矛盾，实际上都隐含着"小"

义，是小称的引申用法。同样道理，下面两例中的"人"字通过音变表示同情、怜惜，隐含着"爱"义，是爱称的引申用法：

（4）旧社会，穷人难怅的呱！（在旧社会，可怜我们穷苦人艰难惆怅得很哪！）

（5）旧社会，尕穷人招了兵（当了兵），实实的可怜！

4. 改变词性和构词的作用。这种现象散见于某些词中。前者如"过生 kuə⁴²ʂei⁴² 过生日 ｜ 头生 tʻou²⁴ʂei⁴² 头胎孩子"，其中"生"儿化后都由动词变成了名词。后者如"镜 tɕiei⁴² ｜ 裙 tɕʻyei²⁴"两个词，它们也是以儿化的面目出现的，这固然附加了小称、爱称的感情色彩，但实际上还另有深一层的意思，就是儿化前的"镜、裙"不能单说，都还只是个不能自由运用的语素，儿化后才具备了词的资格。

四　余论

有的学者把临夏方言儿化音变看作是"临夏方言鼻韵尾的衰退趋势"的体现①。这种说法不确。试看下面的事实。

（一）在该方言可发生儿化音变的范围内，这种音变和非音变现象都同时存在着。请看下面 A、B 两组例词。

A（a）把盅 pa⁴²tʂuei²⁴ 有把儿的茶杯　　（b）盅子 tʂuəŋ²⁴tsʅ⁰ 茶杯

扎绳 tʂa²⁴ʂei⁴² 小绳子　　　　绳子 ʂəŋ²⁴tsʅ⁰

椭笼 tʻuə²⁴luei⁴² 蒸笼　　　　笼□ luəŋ²⁴tʂʻuaŋ⁴² 蒸笼

裙 tɕʻyei²⁴ 裙子　　　　　　　裙子 tɕʻyəŋ²⁴tsʅ⁰

外孙 vɛ⁴²suei²⁴　　　　　　　孙子 suəŋ²⁴tsʅ⁰

盆盆 pʻəŋ²⁴pʻei⁰ 盆儿　　　　盆子 pʻəŋ²⁴tsʅ⁰

B（a）尕桶 ka⁴⁴tʻuei⁴² 小桶儿　　（b）驮桶 tʻuə²⁴tʻuəŋ⁴⁴ 牲口驮水用的大木桶

---

① 张文轩：《临夏方言的叠音名词和叠音形容词》，《兰州大学学报》1988 年第 3 期。

纽门 ņiou⁴⁴mei²⁴ 扣门儿　　　　　　城门 tʂʻən²⁴mən²⁴

榆钱 y²⁴tɕʻiɛ⁴²/tɕʻia⁴² 榆　　　　　　钱 tɕʻiæ²⁴
树的果实

凉粉 liaŋ²⁴fei⁴²　　　　　　　　　便粉 pʻiæ̃⁴²fəŋ⁴⁴ 未经烹饪
　　　　　　　　　　　　　　　　　的粉条

布衫 pu⁴²ʂei⁴²　　　　　　　　　　孝衫 ɕio⁴²ʂæ²⁴ 丧服

多木虫 tuə²⁴mu⁴²tʂʻuei⁴²　　　　　臭虫 tʂʻou⁴²tʂʻuəŋ²⁴ 杏树上
啄木鸟　　　　　　　　　　　　　的一种昆虫，指甲盖大
　　　　　　　　　　　　　　　　　小，很臭

巴谷虫 pa⁴²ku²⁴tʂʻuei⁴² 布　　　　长虫 tʂʻaŋ²⁴tʂʻuəŋ²⁴ 蛇
谷鸟

上述 A 组（a）（b）两式的例词中带着重号的语素尽管都两两相同，按理都可儿化，事实上是除单音节词以外，只有像（a）式那样处在后一音节时才能儿化，而像（b）式那样处在前一音节的都不能儿化。同理，上述 B 组（a）（b）两式的例词中带着重号的语素尽管也都两两相同，除单音节词以外，在词中的位置也相同，都是处在后一音节，按理也都可儿化，事实上也是只有像（a）式那样具有表示小称、爱称等作用才能儿化，而像（b）式那样表示大的、使人厌恶的或一般中性义的都不能儿化。

（二）在该方言中，可儿化音变的范围，虽然以〔ə〕系、〔æ〕系鼻韵母为主，但〔i、ɛ、u、y〕几个非鼻韵母的字也可发生儿化音变，如本文第二部分（四）、（五）两节所述。

由此可见，这种音变在词中的分布和作用与普通话的"儿化"现象是一致的，我们确认它就是儿化现象，只是由于该方言语音系统的制约，它没有像普通话那样发生卷舌的〔ɚ〕化。

（原载《语言研究》1995 年第 1 期，总第 28 期，第 161—165 页）

甘肃话中的吸气音

《中国语文》1999 年第 4 期刊载了张淑敏先生的《兰州话中的吸气音》一文，对兰州城区的吸气音作了描写。其实，吸气音现象并不限于兰州，就地域分布来看，现在已知的，除兰州以外，还有永登县(兰州市所辖县)，临洮县 (定西地区)，秦安县 (天水市所辖县)，碌曲县、玛曲县(均在甘南藏族自治州) 等地区。

涉及的吸气音词也有表示应答的叹词"嗯" (临洮，永登，秦安)，此外还有和"嗯"用法相同的叹词"呀，啊呀" (碌曲，玛曲) 等。与兰州话不同处是，这些词除表示一般性的应答以外，秦安话中的"嗯"还兼表对说话人的怜悯同情义，比如对方有不幸的事向听者诉说，听者便一边听，一边用吸气音"嗯"表示回应和怜悯。

另外，笔者还多次发现，下列带着重号的一些词语的发音也极特殊：

(1) 没 ［me］有水。(秦安)　　(3) 冬梅——! 快回来!(秦安)

(2) 你说的是那个女的吗?　　(4) 娃娃! (新中国成立前)

　　(临洮)　　　　　　　　　　孽障啊受罪呀! (永登)

笔者注意到，上述几个例词的特点是：一、例中的"没" "女" "梅"的声母是 ［m］或 ［n］，适合于发吸气音；二、例中涉及了名词(如"女的""冬梅") 和动词、形容词(如"没有""孽障")，这在兰州话中似未见到；三、"冬梅""娃娃" 在句中充当呼语，这在兰州话中也似未见到；四、例(4) 是向人倾诉遭遇，听起来声音颤抖、凄楚，噪音成分明显增多，从结构上看，似乎可与上述秦安话中表回应兼怜悯的"嗯"搭配在一起，构成前呼后应的表怜悯的格式。

(原载《中国语文》2001 年第 2 期，总第 281 期，第 184 页)

甘宁青方言"着"字新探

摘　要　甘宁青方言中的虚词"着"字，使用频率很高，常常出现在"V+着+趋/处所""V（+宾）+着（+呢）"等格式中，又有"的、得、到"等变体。本文就"着"的上述用法、变体、地理分布、历史演变等方面作了描写和综述。

关键词　西北方言　着

甘肃、宁夏、青海三省区方言里有两个"着"：一个是动词，如"着火了｜睡着了"；另一个是虚词。虚词"着"有四种用法："着$_1$"出现在"V+着$_1$+趋"中，"着$_2$"用作助词，"着$_3$"用作介词，这三个"着"一般读作［tʂɛ、tʂə、tʂɔ、tʂɣ］，写作"着"，它们又共有着"的/得/到"等若干变体，它们的本体和变体内部关系相对密切，是本文讨论的对象；"着$_4$"用作语气词，和前三个"着"关系相对松懈，我们将另文讨论。下面试就前三个"着"的用法、变体、分布、演变等方面作一初步探讨。我们所要论述的"着"或其变体在引例中该字下面都加着重号，以示区别。文中用例有的取自后附的有关文献中，恕不一一注明。需要注释时，随文用小字写在右下侧。

壹　"着"的用法

一、"着$_1$"用在"V+着$_1$+趋"及其变式中，可出现在陈述、祈使、疑问、感叹句中，表示已然和未然。相当于近代汉语相应格式中的"将"字。有以下八种情况。

（一）V+着$_1$+趋。此式甘、宁、青普遍使用。例如：

（1）他是小张请着来的。（宁夏海原）

（2）这么好的瓜，你可弹嫌_{挑剔}着来，弹嫌着去。（宁夏同心）

（3）狼哈狗搌着出去了。_{狗把狼搌出去了。}（甘肃临夏）

（4）包包提着来着呢。_{把提包提来了。}（甘肃兰州）

（5）碌碡滚着下来了。（西宁）

（6）你把钱拿着来，我给你买去。（甘肃广河）

（7）你把这碗饭吃着下去！（兰州）

（二）V+着₁+趋+宾。其中"宾"一般是定中短语。例如：

（8）娃娃邮着来了一百块钱。（宁夏海原）

（9）我们单位上安排着进来了一个合同工。（甘肃临夏）

（10）你把学生叫着来几个吺！（兰州）

（11）你才把人叫着来了几个吺？（兰州）

（三）V+着₁+宾+趋。例如：

（12）他打发着他的兄弟去了。（兰州）

（13）你买着些肉来。（甘肃古浪）

（14）你买着两张纸者来。（甘肃广河）

（四）V+宾+着₁+趋。此式甘肃临夏州的和政、东乡一带有时可见到。例如：

（15）孨娃，你买两张纸着来。

（16）我明个天刷房子呢，你学生叫几个着来吺。

（五）V₁+着₁+趋+ V₂。例如：

（17）一个工结算着下来是_{语气词}投着五块钱。_{结算下来，一个劳动日折合五块钱。}（兰州）

（18）把他喊着来问一下。（甘肃古浪）

（19）他说着来吃饭哩，咋还不见来？（宁夏同心）

（六）表示可能时，有肯定、否定、正反问几种方式。下面我们把否定式放在（七）中和其他否定式一起讨论，正反问式放在（八）中和其他疑问式一起讨论。这里先讨论肯定式。表示肯定时有甲、乙二式。甲式（及其否定式）使用较普遍，是一般式；乙式（及其否定式）多民族杂居地区使用，是特殊式。

甲（能+）V+着₁+趋。例如：

（20）你的车子房子里能推着进来吗？——（能）推着进来呢。你的车子房子里能推进来吗？——能推进来。（宁夏海原）

（21）我们的车子屋子里也推着进去呢。（兰州）

乙　V+着$_1$+趋+下。其中"下"音 [xa]，作用是表示"能、会"等可能义。例如：

（22）"一米五你跳着过去下啦？""我跳着过去下呢。"一米五你能跳过去吗？"我能跳过去。"

（23）"你的车子房子里推着进去下啦？""推着进去下呢。"

（七）有两种否定式：可能补语的否定式，判断句的否定式。

1. 可能补语的否定式。又有以下两种格式：

A. V+不+着$_1$+趋。此式是上述甲式的否定式。甘肃、青海的不少地区使用。例如：

（24）那他嫌饭不好，吃不着下去。（兰州）

（25）人多得很，娃娃挤不着进去。（西宁）

B. V+着$_1$+趋+不+下。此式是上述乙式的否定式。其肯定式和否定式在甘肃临夏州的和政、东乡民族杂居地区有时使用。例如：

（26）那个马哈圈里拉着进给助词不下。把那匹马拉不进圈里。

（27）苍蝇哈赶着出去不下。把苍蝇赶不出去。

2. 否定判断式。也有以下两种格式：

A. 否定词+V+着$_1$+趋。此式甘、青、宁普遍使用。例如：

（28）他把东西没送着来吗？——没送着来。（兰州）

（29）你把娃娃嫑带着来。（宁夏固原，青海乐都）

（30）你把娃娃咋不带着来？（宁夏同心）

（31）阿个谁作业不交着来，阿个就成绩没有。（甘肃临夏）

B. V+着$_1$+没+趋。此式甘肃临夏州的和政、东乡一带有时使用。例如：

（32）他前个还回着没来。他前天还没有回来。

（33）他东西哈送着没来吗？他没把东西送来吗？

（34）阿个的作业交着没来没交来，阿个就成绩没有。

（八）疑问式。有是非问、特指问、正反问三种疑问式。

1. 是非问和特指问是用上述（一）、（二）、（三）、（六）几种格式的肯定式后加语气词"吗、吵、啦"再加疑问语气的格式表示。例如：

（35）东西没有拿着来吗？（兰州）

（36）桌子抬着去了吗？（古浪）

（37）你把洋芋拉着来了多少？ 你拉来了多少洋芋呀？（宁夏固原）

（38）他打发着他的兄弟去了吗？（青海乐都，宁夏固原）

（39）你说的是叫我买着些肉来吗？（宁夏固原）

（40）一麻袋洋芋你背着起来下啦？ 一麻袋洋芋你能背起来吗？（甘肃临夏）

2. 正反问是用"V+着₁+趋""V+着₁+趋+下"的肯定式与否定式并列的方式表示。有以下四种格式，都是问能否的。四种格式大体呈现出某些地域性的差异。

A.〔V+着₁+趋〕+〔V+不+着₁+趋〕。此式在甘肃兰州、古浪、景泰、榆中、陇西、甘谷一带使用。例如：

（41）你不就菜吃着下去吃不着下去？

（42）这一麻袋粮食你背着起来背不着起来？

（43）钱借着来借不着来？

B.〔V+着₁+趋〕+〔V+不+趋〕。此式在宁夏海原、固原一带使用。例如：

（44）你到底拿着来拿不来？

（45）抬着出去抬不出去？

C.〔V+着₁+趋〕+不/没有（+趋）。此式在甘肃兰州、临夏、秦安和青海西宁一带使用。例如：

（46）作业交着来了没有？（兰州）

（47）车子推着进去不？（西宁）

（48）作业交着来了吗没来？（临夏）

D.〔V+着₁+趋+下〕+〔趋+不+下〕。此式在甘肃临夏州的和政、东乡一带有时使用。例如：

（49）一米五你跳着过去下过去不下？ 一米五你能跳过去不能跳过去？

（50）一米五你跳着过来了嗬下过来不下？

（51）兀个那个汽车院子里开着进来下进来不下？

二、"着₂"用作结构助词和动态助词。

（一）"着₂"用作结构助词和普通话的"的、地、得"相当。在甘、宁、青不少地方使用。

1. "着₂"用在补语前，和"得"相当。有的还可以省去补语。例如：

把你能着谋不得了看你能得不知道自己是谁了（古浪）｜这朵牡丹俊着尺码没这朵牡丹美丽极了（临夏）｜钱多着数儿没有（西宁）｜看把你能着（兰州）｜这娃心疼着呵！这孩子多可爱呵！（同心）

2. "着₂"用在状语后，大致和"地"相当。但比普通话中的"地"要用得宽泛得多。这种情况在甘肃临夏一带使用。例如：

旧社会，匠人的本事轻易着不传授的｜这几年我们家这么着没团圆过这几年我们家没有像这样地团圆过｜今个作业哈是无论阿门怎样着交上今天不管怎样都要把作业交上去｜一达钱要照一达着使呢。

3. "着₂"用在某些词语后，构成"着₂"字短语，和"的"字短语相当，在句中做主语。但是"着₂"不能用在定语后。例如：

价发语词那他吃着没有嘛，还是穿着没有他是没有吃的么，还是没有穿的（兰州）｜大着么像西瓜，轻着么如鸡毛，没有长翅膀，飞着远又高。（谜语：气球）（临夏）

（二）"着₂"用作动态助词，和普通话的"着"等同，表示动作在进行，状态在持续。在甘、宁、青普遍使用。例如：

鱼死着哩（同心）｜鸭子的爪爪——连着哩（临夏）｜你好着咏？（西宁）｜这个东西重着哩（西宁）｜你们瓜子磕着，我你们说的个事情你们嗑着瓜子，听我给你们说件事。（临夏）

如果句中有宾语，"着₂"有两个位置：A式，V+着₂+宾；B式，V+宾+着₂+语气词。

A式。例如：

街门上站着一群人（同心）｜他还开着一个馆子着哩（同心）｜阿哥骑着车子进城了（临夏）｜我们盼着过好日子呢（临夏）｜家们他们正说着话哩。（西宁）

在这种情况下，宾语往往是个短语，有时也可以是单个的词。这透露出向普通话靠拢的趋势。但是就总的情况来看，宾语是单个词时，则仍往往采用下面的B式。这种渐变的趋势具有普遍性。

B式。例如：

天下雨着呢 (临洮) ｜ 他正念信着哩 (同心) ｜ 家里来客着哩 (同心) ｜ 老鼠吃蚊子——白张嘴着哩 (兰州) ｜ 你做啥着呢 (兰州) ｜ 家们他们说话着俩。(西宁)

三、"着₃"用作介词，和普通话的"在、到"相当。用在"V（+不）+着₃+方位词（+趋/V）"格式中。甘、宁、青普遍使用。例如：

老鼠钻着风匣里了——两头受气 (西宁) ｜ 鸭子跌着锅里了——肉烂嘴不烂 (兰州) ｜ 你坐着凳子上 (古浪) ｜ 这些活计拿着院子里去做 (同心) ｜ 羊肺肺压不着锅底里 (西宁俗语，喻指人轻浮) ｜ 面条儿吃不着嘴里。(武威)

贰 "着"的变体

"着"的变体有"的、得、到、昂"，"的"读作 [ti, tə, tsʅ]，"得"读作 [tə, tiə, eiʔ]，"到"读作 [cʔ]，"昂"读作 [ɔ̃, xaŋ]。变体主要分布在青海西宁附近，甘肃兰州、临夏、镇原、景泰、民勤、古浪、张掖、酒泉、敦煌等地，甘肃平凉和宁夏固原交界一带。用法比较简单。

一、"的/到/昂"相当于"着₁"，用在"V+的/到/昂+趋"各种格式中。例如：

我把他请不的来 (甘肃景泰) ｜ 搬的去搬不的去 (兰州) ｜ 搬的/到进来了 (甘肃景泰) ｜ 桶子提昂来了。(青海西宁、甘肃酒泉)

二、"的/得"相当于"着₂"，用作动态助词"着"，表示动作的进行和状态的持续。例如：

在炕上趴得，不要起来 (敦煌) ｜ 老婆不叫喝酒，他偷的喝 (甘肃镇原，平凉和宁夏固原之间) ｜ 饭冷得哩，吃咧了拉稀屎哩 (敦煌) ｜ 小张，你好的吗？(甘肃民勤)

如果句中有宾语，"的/得"有两个位置：A 式，V+的/得+宾；B 式，V+宾+的/得+语气词。二式中宾语的结构也和"着₂"中宾语的结构相当。例如：

弟兄两个一般大，隔的毛山不喘话 (兰州谜语：耳朵) ｜ 麻屋子，红帐子，里头坐的个白胖子 (兰州、临夏、敦煌等地谜语：花生) ｜ 路上跑得个拖

拉机。(敦煌)

以上是 A 式，宾语多是短语。以下是 B 式，宾语是单个单词。例如：

碾子碾米得哩 (敦煌) ｜ 姐和妈打棉花顶得哩。(敦煌)

三、"的/得"相当于"着₃"，用作介词"在/到"。例如：

骆驼跌的井里咧了——难抬 (敦煌地名：南台) ｜ 小张坐得车上走咧 (敦煌) ｜ 你坐的炕上，炕上暖和。(平凉和固原之间)

叁　"着"的分布和演变

甘宁青方言"着"字用法的全部情况我们还不了解，现在只能就已知的材料作一粗略勾勒。

一、分布

（一）从地域看，就整体说，甘宁青三省区"着"的使用频率都很高，用法也很复杂，如兰州、西宁、银川等地各种词性的"着"都很常用；就局部而言，农村老人多用，城镇青年少用。

（二）从用法看，本体和变体用法大致相当，但分工有侧重，本体的用法特别是"着₁"的用法格式复杂，变体的用法都简单得多。具体情况如下：

1. "着"的变体的分布已如前所述。本体"着"相对集中在以下地带：宁夏银川及南部同心、海原、固原等地，甘肃天水至武威一带，青海西宁、湟源、湟中、平安、门源、互助、贵德、化隆、循化等地。

2. "着₁"在大多数地区是本体和变体多呈互补，只有少数地区本体和变体共存，如甘肃景泰、酒泉，青海西宁附近。甘肃景泰寺滩乡一带最为典型，"着₁"及其变体所使用的肯定式、否定式和三种肯定与否定并列式等各种格式在这里并存共用，例如："我把他请着来了"（肯定式），"我把他请不着来"（否定式），"拿着来拿不着来｜拿着来拿不来｜拿来拿不着来"（肯定与否定并列式），各式中的"着"可以是本体"着₁"，也可以是其变体"的/到"，其中肯定与否定并列式中的"着₁"及其变体的出现情况更是灵活多样：既可用本体，也可用变体；既可同用在肯定部分和否定部分，也可只用在肯定部分或否定部分。

3. 本体"着₁"涉及的格式复杂,其用法分布特点是:①肯定式"V+着₁+趋",一般多用。②有两个否定式:甲、"V+不+着₁+趋",乙、"V+不+趋"。有的点上一般只用甲式,如甘肃甘谷、榆中、兰州、景泰、古浪;有的点上只用乙式,如宁夏银川、同心、海源、固原,甘肃酒泉;也有的点上两个否定式都用,如甘肃清水、民乐。③肯定与否定并列的正反问式见"一、(八)2"所述,其中 A 式多见于甘肃清水、甘谷、陇西、榆中、兰州、景泰、古浪一带;B 式多见于宁夏海原、固原一带;C 式多见于青海西宁附近,甘肃临夏、兰州、民乐、宁夏海原等地;D 式只在甘肃临夏某些多民族地区使用。

4. "V+着₁+趋"中的"趋",不受音节限制,即单音节、双音节均可。这些情况和东部一些省份是不同的。值得注意。

二、演变

(一)"着"及其变体是近代汉语中"着、得、的、将"等词在甘宁青地区不同历史时期渐次演变积淀的结果。

据刘坚等(1995)、白维国(1992)、江蓝生(1994)的研究,"着"应是来源于近代汉语中"着、得、将"等几个不同的动词,这些动词当它们在虚化过程中出现在相同语法位置上时,便产生了等同的语法作用,这样它们便形成了几个同义词,也就是互相对待的几个变体。试比较下列例句。

近代汉语	甘宁青方言
(1)哥,你是个人,连我也瞒着起来,不告我说。(《金瓶梅词话》,第69回第18页)	(1)'把手举着起来。(兰州、银川、西宁) 这么好的瓜,你可弹嫌_{挑剔}着来,弹嫌着去。(宁夏同心)
(2)有几个颠翻了的,也有闪瘸了腿的,扒<u>的</u>起来奔命。(《水浒》,第42回)	(2)'把粮食背<u>的</u>进来。(景泰)
(3)抛<u>着</u>丛林之中。(《搜神记》,《敦煌变文集》,第871页)	(3)'猫跳<u>着</u>缸上了。(西宁、同心、兰州、古浪)
(4)跳东瓜,跳西瓜,跳<u>的</u>河里仰不搭。(《朴通事》,第249页)	(4)'娃娃跌<u>的</u>井里咧。(敦煌)
(5)你高丽地面里将甚么货物来?——我<u>将的</u>几匹马来。(《老乞大》,第131页)	(5)'戴<u>的</u>草帽子亲嘴哩——差<u>的</u>远着哩。(兰州、西宁) 哥哥骑<u>的</u>车子来了。(古浪)

　　上例(1)、(2)中的"着、的"就是前述的"着₁",例(5)中的"的"就是前述用作助词的"着₂",例(3)、(4)中的"着、的"就是前述用作介词的"着₃"。

　　(二)"着₁"及其变体的用法是近代汉语中相应用法的继承和发展。

　　本文"着₁"及其变体的用法,近代汉语中大都存在。曹广顺(1990)、陈刚(1987)、白维国(1992)的论文中已有详尽论述,请参见。但是,以下用法近代汉语中不见或少见,当是甘宁青方言的发展。

　　1. 肯定与否定并列的正反问式如〔V+着₁+趋〕+〔V+不+着₁+趋〕,近代汉语中尚未见到;而甘肃不少地方都用,见例(41)、(42)、(43)。

　　2. 表示可能的"(能)+V+着₁+趋"式,近代汉语中似乎没有;而甘肃兰州、民乐,宁夏海原等地都用,见例(20)、(21)。这种情况在甘肃临夏多民族杂居地区又演变成了"V+着₁+趋(+不)+下"式,见例(22)、(23)、(26)、(27)。

　　3. 从语气方面看,"V+着₁+趋"式在近代汉语里一般多出现在陈述句中,祈使句中少见;而在甘宁青方言中,陈述句、祈使句、疑问句、感叹句中都普遍使用,请参看前述该格式中的相关各例。

　　(三)"着₁"及其变体在句法中演变的几种趋势。

　　"着₁"及其变体在句法中已发生多种演变,揭示这些演变不仅是为了甘宁青方言本身,也有助于搞清其他方言的相关问题。大体有以下三种情况。

　　1. 和语速有关。如甘肃清水一带,语速慢时用的是"V(+不)+着₁+趋"式(把凳子搬不着来);语速快时"着₁"不出现,就成了"V(+不)+趋"式(把凳子搬不来)。

　　2. 几种格式并存。如青海西宁一带,既有"V+着₁+趋"式(碌碡滚着下来了);也有"V+昂+趋"式(从屋里跳昂出来了);还有"V+趋"式(跳起来咬了一口)(张成材等,1987)。甘肃酒泉方言里也有上述前两种格式:把书拿着/昂过来。

　　3. 由于轻声弱化,"着₁"或其变体语音含混,在一定条件下很容易和它前面的动词发生融合而成为一个音节。甘肃酒泉、兰州都能见到这种情形。例如："把桶子提来"这句话，酒泉方言要说成"把桶子提昂来"，兰州方言要说成"把桶子提着来"。但是由于轻声，又由于声短韵长的缘故，"昂/着"很容易丢失声母，变成 [aŋ/ ɛ]；而 [aŋ/ ɛ] 就会和它们前面的动词发生融合，成为前面动词的含混的拖音；语速加快时，拖音消失，就形成了前一动词的变韵。即：［提＋昂/着＋来］→［提＋aŋ/ ɛ＋来］→［tⁱaŋ/ tⁱiɛ＋来］。这种变韵现象只能存留在口语中，一旦成为书面语，就意味着"着₁"及其变体在原格式中的消失，即新格式"V＋趋"的产生。因为变韵的动词在汉字中无法表示，只能回复到原来的动词。陈刚(1987) 曾说，元代时的大都人口语里是有"动将趋"式的，到了清代，一般小说中"将"大多被"了"取代，但清代的一些官话课本里却没有"动了趋"式，所以不知"将"是由什么顶替过渡的。我们推测，恐怕就是"将"先在口语中形成动词的变韵，再在书面中回复为原来的动词，这样"将"便消失了。

参考文献

白维国：《近代汉语中表示动态的助词"得"（的）》，《近代汉语研究》，商务印书馆 1992 年版。

曹广顺：《魏晋南北朝到宋代的"动＋将"结构》，《中国语文》1990年第 2 期。

陈刚：《试论"动—了—趋"式和"动—将—趋"式》，《中国语文》1987 年第 4 期。

高葆泰、林涛：《银川方言志》，语文出版社 1993 年版。

江蓝生：《"动词＋X＋地点词"句型中介词"的"探源》，《古汉语研究》1994 年第 4 期。

刘坚等：《论诱发汉语词汇语法化的若干因素》，《中国语文》1995 年第 3 期。

刘伶：《敦煌方言志》，兰州大学出版社 1988 年版。

王森：《甘肃临夏话做补语的"下"》，《中国语文》1993 年第 5 期。

张成材等：《西宁方言志》，青海人民出版社 1987 年版。

张安生：《宁夏同心（回民）方言的语法特点》，《宁夏社会科学》1993 年第 6 期。

引用书目

《金瓶梅词话》，文学古籍刊行社 1955 年。

《敦煌变文集》，王重民等编，人民文学出版社 1957 年。

《朴通事谚解》，奎章阁丛书第八。

《老乞大谚解》，奎章阁丛书第九。

（原载《西北方言与民俗研究论丛》第 281—293 页，邢向东主编，中国社会科学出版社 2004 年 5 月第 1 版。发表时署名是王毅，王晓煜，王森）

东干话的语序[*]

东干话指 1876 年陕西、甘肃的部分回族西迁至今吉尔吉斯斯坦、哈萨克斯坦等国后所使用的汉语方言。主要分布在吉尔吉斯斯坦首都比什凯克以东 100 公里左右的公路沿线和与此毗邻的楚河以北哈萨克斯坦的江布尔州库尔达依县南部的公路沿线。使用人口已由原来的 万多人发展到近十万人。东干话使用拼音文字，有自己的书报，电台播音，小学、中学。它至今保留着西迁前陕、甘汉语的某些特点。它的语序很特殊，受事成分常常放在谓语前，状语常常放在主语前，状语内部的语序也大多和普通话相反，等等。本文拟就这些问题进行描写和探讨。引例均出自文末的"参考文献"，不再具体注明。为了截取有用部分，并使意思集中、显豁，对某些例句做了删改。

一 宾语常常放在谓语动词前面

西北方言的整体句子格局是，宾语（特别是短语充当的宾语）或者说受事成分，往往直接放在谓语动词前面，或被介词"把"或"给"或"把""给"共用，提到谓语动词前面①。因此，西北话中双宾语句很罕

* 本文写作过程中，哈萨克斯坦国立民族大学伊丽娜女士热情协助联系调查人选，哈萨克斯坦回族协会副主席玛丽娅女士及其丈夫尕喜先生提供了大量语料，美国休斯敦基督教会、阿拉木图福音教会邱繁治先生提供了田野调查的机会，一并致谢。

① 关于介词"把"和"给"的使用，我们对苏联作家肖洛霍夫的著名俄文短篇小说 Судъба человека 的两种汉语译文作过统计：草婴的普通话译文《一个人的遭遇》（《苏联文艺》1981 年第 5 期）中用"把"79 次，用"给"31 次；吉尔吉斯斯坦东干族作家哈瓦佐夫的东干话译文《人的命运》（比什凯克，《咱们的文学》，第 6 册，1993）中用"把"365 次，用"给"66 次。由此可知："把""给"的使用，东干话分别约是普通话的 4.6 倍和 2.1 倍。

见，无宾语句倒是可以常常见到。这是受西北诸如藏、蒙、东乡、保安、撒拉、土等众多少数民族语言"SOV"语序总格局的长期制约所致。作为西北方言次方言的东干话当然也是如此。例如：

（1）这个报回族人念的呢，广播他们听呢。

（2）给他们工钱出的呢。

（3）他把回答给给哩。

（4）他倒哩一盅子酒，给我给给哩。

（5）给我们把衣裳给给哩。

上述各例的宾语，有的直接前置（如例（1）、例（2）），有的频繁使用"把""给"前置（如例（3）、例（4）、例（5）），它们都是名词性的。此外，还有一种现象值得注意。就是，当宾语是个谓词性短语时，更要前置。前置的办法是，先在该短语后面加"的"，把它变成"的"字短语，再用"把"把它前置。例如：

（6）把我的心呢里咋难受的，她也不思量。

（7）大家把桌子站不稳的都看来哩。

（8）把连跟他几时遇面的，我盼砸哩盼望极了。

三例中被"把"前置的部分去掉"的"后都是谓词性短语：例（6）是形容词性短语，例（7）、（8）都是动词性短语。从结构上看，例（8）是偏正短语，例（6）、（7）都是主谓短语。这种情况在东干话中比较普遍，可能反映了东干族西迁前陕、甘话的有关语法现象。

二　状语的语序

1. 状语的语序东干话和普通话差异很大。主要表现在以下几个方面。东干话和普通话都有一些状语放在主语前面。二者的差别在于，东干话的状语非常活跃，放在主语前的情况要宽泛很多。很突出的一点是，各种介词短语充当的状语或一般词语充当的状语，都可作为正常语序放在主语前面。这种语序和普通话正好相反。例如：

（9）把这个事情你躲不过。

（10）打后头法西斯打我们的呢。

（11）连话我都说不出来哩。

（12）照住门法西斯放哩几枪。

（13）头低下他坐的呢。

（14）我想连跟她说几句话呢，高低无论如何嘴张不开。

除了例（13）中"头低下"是主谓短语、例（14）中"高低"是双音节副词以外，其余都是介词短语。有时候主语前面还可以出现好几个状语。例如：

（15）替人们 把一切活机器做的呢。

（16）这么家 永世我还没高兴过呢我一辈子还没这么高兴过呢。

（17）天天连我他睡的之前拉磨闲谈的呢。

（18）这 就 连住他跑哩三四回。

例（15）、（16）、（17）中主语前都出现了两个状语，例（18）中出现了"这""就""连住"三个状语。

2. 就多个状语之间的语序来看，肯定句中与否定句中又有所不同。

甲 在肯定句中，多个状语之间的语序总的倾向往往是：单音节词紧靠在谓语中心语前；介词短语或其他多音节词语在单音节词前；介词短语在其他多音节词语前；几个单音节词连用时，形容词在副词或能愿动词前。这都和普通话的语序正好相反。具体有以下四种情况。

A 介词短语或其他多音节词语充当状语通常放在能愿动词和副词"要、能、会、太、也、就、都、还、再"的前面。例如：

（19）给他要找奶子呢。

（20）光亮把地上也能照亮。

（21）叫我替你也高兴一下。

（22）他拿�头拳头也打呢，拿脚也踢呢。

（23）车太难走，我们打车上就跳下来，步行走脱哩。

（24）但如果想起来，难受的，心打嘴呢里都出来呢。

（25）人家的达达父亲在世上还活的呢。

（26）我但走掉，你一个人要过日子呢。

有时候单音节能愿动词和副词前面还可以出现不止一个介词短语。例如：

（27）家呢的一切活她做的呢，到学堂呢来，给教员的啥问题上 把回答还能给上。

（28）<u>把学下的知识</u> <u>往市面上</u>要干呢。

（29）<u>打他的诗文上</u>，<u>把早前的为难光阴</u>生活，<u>把这候儿的富足光阴</u>能看出来。

由以上各例可知，放在单音节能愿动词和副词前的状语大量的是各种介词短语，像例（26）中"一个人"那样的多音节词语要少得多。

B　介词短语充当的状语通常放在多音节词前。例如：

（30）长虫说的：我<u>把哈</u>坏人一定拘缠，勒死。

（31）仗口上战场上我们<u>往前</u>只是扑的呢只是向前冲。

（32）有一下有时，连鬼钻到心呢的一样，吼吼的恶声恶气的，<u>打活上</u>但是回来要是从干活儿地方回来，她给你一句哈话难听的话都不说。

C　几个单音节词连用时，单音节形容词充当的状语往往要放在单音节能愿动词或副词前面。例如：

（33）今年的稻子<u>旱</u>能熟能早熟十二三天。

（34）我们还<u>多</u>要盖要多盖工厂呢。

（35）娃们<u>乱</u>都喊都乱喊的呢。

（36）叶叶<u>快</u>就出来就快出来呢。

D　两个单音节副词连用时，语序也和普通话相反。例如：

（37）那么家的古今儿故事人们<u>肯</u>经常都说都经常说。

（38）从这个上从这方面来说，回族口传文学<u>太</u>就富足就太富足，俊美，巧妙。

乙　在否定句中，否定副词"不，没，甕别，不要"必须放在能愿动词前，这和普通话是相同的。个别情况下，"否定副词（＋能愿动词）"也有放在介词短语前的，这也和普通话相同，如"书本子呢里不能把老古今儿故事除掉"。但是一般情况下，当谓语中心语前没有能愿动词时，否定副词"不、没、甕"就总是紧靠在谓语中心语前面，而其他词语充当的状语总都在该否定副词前面。这和普通话的语序相反。这些放在否定副词前的状语大致有如下五种情况。

A　表示轻度否定时，程度副词"甚"和"很"的重叠式"很很的"要放在否定副词前。例如：

（39）我的窗子<u>甚</u>不高不太高。

（40）不少的娃们<u>甚</u>不知道不太了解自己的父母语言母语。

（41）水<u>很很的</u>不热_{不太热}。

（42）绳子<u>很很的</u>没扎好。

有时候"甚""很很的"后面、否定副词前面还可以出现别的状语"咋_{怎么}""也"等。例如：

（43）我的头这候儿<u>甚</u>咋呢不疼哩_{不怎么太疼了}。

（44）稻子<u>很很的</u>也没熟好_{也没太熟好}。

B　表示部分否定时，范围副词"光、都"或其他表示范围的词语要放在否定副词前。例如：

（45）<u>光</u>夔瞧_{不要只是看哩}，要干呢。

有时候"光""都"后面，否定副词前面还可以出现状语"也"。例如：

（46）城堡_{城镇}上<u>光</u>也不是_{也不只是}有哩回族学生哩，也有哩工人哩。

（47）谁把你夸奖，<u>都</u>也不是_{也不都是}好的；谁把你骂，<u>都</u>也不是哈坏的。

其他表示范围的词语如"全_{全部}"等状语也要放在否定副词前。例如：

（48）儿子<u>全</u>哩没步行的_{没有全部自己步行}，多一半子在我的背子_{肩膀}上骑的呢。

C　表示处所、方向、对象、协同、方式等多种介词短语都要放在否定副词前。例如：

（49）偷菜蔬的贼，<u>在园子</u>呢里不睡。

（50）你<u>往前</u>夔去。

（51）她<u>给男人</u>没给钱_{她没给她丈夫钱}。

（52）人<u>给</u>对<u>人</u>不报恩，他连跟牲口一般。

（53）<u>问家</u>呢不要钱_{不向家里要钱}。

（54）<u>把肉</u>没打上，就回哩家哩。

（55）你们<u>连他们</u>夔相好_{别跟他们友好}。

（56）好男人带<u>女人</u>跟女人不骂仗。

D　副词"白，可再_，又，才，胡"，形容词"多"，代词"这么家，那么家"，都要放在否定副词前。例如：

（57）白站_{住宿}下财帛的富汉，<u>白</u>不养一个穷汉_{能叫有钱人来家白住，也}

不白养活一个穷人。

（58）多么为难也罢，他把自己的事情总<u>不</u>丢手，这<u>才</u>不是这不才是好大夫吗？

（59）人老哩，一天家活<u>多</u>再嫑做。

（60）他那么家说呢，可<u>那么家</u>不干不那样干。

E　由单音节副词、多音节词语、介词短语等充当的依次递加的多个状语，也要放在否定副词前。例如：

（61）<u>把儿子</u>　<u>再</u>嫑吓下哩（我已屡次受到战争的惊吓了），别再把儿子也吓着了。

（62）为啥<u>把这个事情</u>　<u>给我</u>　<u>早些儿</u>不说嘞为什么不早点儿给我把这个事情提出来呀！

以上五种语序中，A、B 两种语序所表达意思都正好和普通话相反，即 A 表示"轻度否定"的语序正好是普通话中表示深度否定的语序；B 表示"部分否定"的语序正好是普通话中表示全部否定的语序①。C、D、E 三种语序虽也和普通话的语序相反，却不涉及基本意思的不同。

3. 在兼语句中，兼语前后的两个谓语动词（V_1、V_2）的状语的位置，和普通话正好相反。例如：

（63）<u>往星宿</u>星星上叫飞呢。

（64）大家劝说的着，<u>深山</u>呢没叫她哭大家劝说着没有叫她在深山里哭。

（65）他乏哩么，叫他<u>不</u>缓休息一下儿吗？

（66）他把对头敌人踢的跌倒哩，叫对头没起来，可又踢哩一脚。

例（63）的意思是"叫某人往某星球上飞"。"叫"后面的兼语即"飞"的施事者被省略了，"往星宿上"应是 V_2"飞"的表方向的状语，却被放到了 V_1"叫"的状语位置上。例（64）的"深山呢"即"在深山里"，也应是 V_2"哭"的处所状语，这里也被放到了 V_1"叫"的状语位置上。例（65）、（66）又和前两例恰恰相反。（65）的"不"应是 V_1"叫"的状语，却又被放到了 V_2"缓"的状语位置上。（66）的"没"也应是 V_1"叫"的状语，也被放到了 V_2"起来"的状语的位

---

①　这种情况有例外，如下面的例句就和普通话的意思是一样的："我的脑子全哩不做活哩完全不能思考了｜她全哩不像自己哩完全不像她本人了。"这种情况或许反映了这类句式的演变轨迹。

置上。

三　宾语和补语的语序

以下三种情况和普通话不同：

1. 趋向补语"开"有的放在宾语前，和普通话相同，如：吃开<u>高田</u>水果哩，把栽树的人要忘掉哩。但有的放在宾语后，和普通话正好相反。例如：

（67）猫娃子落<u>泪</u>开哩，老鼠的心疼呢。

（68）啥时候兴啥呢，兴<u>啥</u>开哩，啥快呢。

（69）我的心发<u>嘲</u>开哩。

从例句可知，其中的宾语"泪，啥，嘲"都是个单音节词。在今中国甘肃会宁也是这两种语序并存，如："天下开雨了｜天下雨开了。"

2. 趋向补语"起"放在宾语后，也和普通话正好相反。例如：

（70）连跟这个碎小娃呢上<u>路</u>起太难的很跟这个小孩儿走起路来实在太困难。

（71）开<u>铺子</u>起开起铺子来也难呢。

（72）仗里边战场上的情况给你说<u>啥</u>起呢给你说上些什么呢，你自己也见哩，知道呢。

（73）信上光写的我好的呢，那么再写<u>啥</u>起呢再写上些什么呢？

这种语序西北方言中似也不多见。

3. 程度补语"很"放在宾语后，普通话中没有这种语序。例如：

（74）碎娃们小孩子们太喜爱<u>普希金</u>的很。

（75）我太爱<u>开汽车</u>的很。

（76）我太想<u>你</u>的很。

（77）那个人有<u>钱</u>的很。

补语"很"放在宾语后面，东干话中常可见到，兰州话中也有这种用法。

四 在连动句中，充当谓语动词的"来，去"，通常出现在其他谓语动词后面

例如：

（78）四个亲人都送我<u>来</u>哩。

（79）你去，把你哥<u>找去</u>。

（80）我也<u>跟</u>上他们<u>耍去</u>呢。

（81）春花儿<u>走</u>赶赴哩城上给<u>买</u>风船飞机票<u>去</u>哩。明儿赶早明天早上<u>坐</u>上风船<u>走</u>莫斯科<u>去</u>呢。

例（78）、（79）中的"来""去"都在 V_1 "送""找"的后面。例（80）、（81）中的"去"前都有 V_1 "跟""走""坐"，V_2 "耍""买""走"三个动词，V_3 "去"可放在 V_1 前，也可放在 V_2 前，可是它也总是出现在最后。

这种语序在东干话中用得很宽泛，而在普通话中，有的动词如"到、走"等，就不适用这种说法。例如：

（82）家呢的活她做的呢，<u>到</u>学堂呢<u>来</u>还能把回答给上。

（83）连手朋友们<u>到</u>哩风船场子飞机场呢哩，达达父亲、阿妈也<u>到来</u>哩。

（84）我当兵去呢，<u>到</u>兵上部队里<u>去</u>呢。

（85）路还远的呢，你就要望想指望早早<u>到去</u>的。

（86）把你妈领上，在我们家呢去，你达也<u>走</u>我们家呢<u>去</u>呢。

例（83）中的"到来"和例（85）中的"到去"，都是由 V_1 "到"的后面省去处所宾语后形成的连动短语；普通话"到去"是不存在的。例（86）中的"走……去"，普通话中也不能构成连动关系。

五 表示能愿成分的语序特殊

例如：

（87）娃们要爱功苦劳动呢，<u>要会</u>啥都做呢要什么都会做呢。

（88）（那些毛贼光写的："仗上太难的很，防不住就打死哩。"咱

们的苦汉女人们把这么的信念哩，做活的心劲就没有哩。）朝这么写<u>不了</u>信。

例（87）中的"会"应是紧靠"做"的状语，这里它却向前跨越了"啥""都"两种成分。例（88）的意思是"不能照这么写信"，如果把"不能"移到"写"后，同时再用"不了"代换它，就成了东干话的语序。可见差异在于普通话用"不能 V"表示可能，东干话则用"V 不了"表示可能。

六　有的同位短语的语序和普通话相反

有的同位语的语序和普通话相同，如：害病的人<u>他自己</u>是大夫。但是有的语序和普通话正相反。例如：

（89）瓜熟哩，<u>自己它</u>它自己落把儿呢。

（90）你但如果想叫祖国富，<u>自己你</u>你自己要聪明呢。

参考文献

教科书，吉尔吉斯斯坦国家民人知识部审订：《咱们的文学》（第 7 册，第 8 册），伏龙芝，MEKTEП 出版社 1988 年版；《咱们的文学》（第 6 册），比什凯克，MEKTEП 出版社 1993 年版。

哈三诺夫娜·尤素洛娃编辑：《回族的口溜儿，口歌儿，猜句话带猜话》，伏龙芝，吉尔吉斯斯坦出版社 1984 年版。

哈三诺夫·M·A 编：《苏维埃回族民人的曲子》，伏龙芝，ИЛИМ 出版社 1965 年版。

雅四儿·十娃子：《挑拣下的作品》，伏龙芝，吉尔吉斯斯坦出版社 1988 年版。

胡赛·马凯：《运气》，伏龙芝，吉尔吉斯斯坦出版社 1980 年版。

报纸：《青苗》报、《回民报》散张，1996—1998 年。

田野收集。

（原载《中国语文》2001 年第 3 期，总第 282 期，第 225—229 页）

东干话词语概论*

内容提要 本文讨论了东干话词语的演变和使用情况。

东干话指 1876 年陕西、甘肃的一部分回族西迁至今哈萨克斯坦、吉尔吉斯斯坦等国后所使用的汉语方言。主要分布在吉尔吉斯首都比什凯克以东 100 公里左右的楚河两侧。使用人口已由原来的 1 万多人发展到近 10 万人。他们采用拼音文字，有自己的报纸、电台、小学、中学。

100 多年来，东干话处在俄罗斯、吉尔吉斯、哈萨克等众多异族语言包围中，割断了与国内汉语的联系，它的词语和国内汉语存在着较多的差异。探讨这些差异，可以看出一种语言在脱离它的群体处在被异族语言完全包围的封闭状态下，它自身如何发展，并有助于揭示某些词语现象的消长概貌。也就是说，可以为普通语言学和汉语词汇发展史提供材料。

我们拟从以下 6 个方面进行讨论。所用语料都出自后附的"参考文献"，不再注明。所论述的词语，在例句中用"～"表示。需要注释时，随文用小字写在右下侧。同音代用字在字下标"～～"表示。有音无字时用"□"表示。该用而缺用的字用"〇"表示。

---

* 本文写作过程中，哈萨克斯坦国立民族大学伊丽娜女士曾热情协助联系调查人选，哈萨克斯坦回族协会副主席玛丽娅及其丈夫尕喜先生提供了大量语料，美国休斯敦基督教会、阿拉木图福音教会邱繁治先生提供了田野调查的机会，在此一并致谢。

一　原有词词义的发展

就是发展原有词的词义。总的来看，东干话的词汇发展很慢，老词多，成员单一，量少，不够用。发展原有词的词义是东干话解决词汇不够用所采取的一种主要办法。有扩大、混用、转移3种情况。

1. 扩大。就是扩大词的使用范围，增加义项。这是东干话词义发展中的主要途径，涵盖面宽，情况多样。

（1）由专指到专指兼泛指。常见的，如：

拓［t'a］，原来专指把碑刻、铜器等上面的文字、图形印下来。现在还常指印刷、出版、发表、复印等：拿回族的言义字~书~报叫人念呢｜《十月的旗》报上~哩他的两个文章。

巷子　原来专指较窄的街道。现在还常指一般的街道，甚至有名的大街，如莫斯科大街也被称为"莫斯科~"。

相好　原来指个人之间彼此亲密，感情融洽。现在还常指社团、国家之间的相互友好：（两国的大使）在~条件上谈哩话哩。

做活　原来指工厂、农村等的体力劳动。现在还泛指教课、写作、医疗、行政工作等脑力劳动：诗家诗人费心做哩活哩。

调养　原来指调节饮食起居。现在常指教育、培养：他也在学堂呢~娃们的呢。

伺候　原来指在人身边照料饮食起居。现在常指为别人或为某种事业而工作、服务：我们的饭馆子~大家的呢。

（2）由泛指到泛指兼专指。常见的，如：

光阴　原来泛指时光、日子、生活：~催的自己老，~好像杀人刀｜晚睡早起的人，能过好~。现在还可指景象、景色：赶早早晨的~太好看。

耍　原来泛指玩耍。现在还指放映、演出、操作：今儿~的热闹电影｜唱家演员们至少~十个戏呢｜三姐在电厂~电的呢。

（3）由指甲事物到兼指乙事物。常见的，如：

香油　原来指食用植物油：他偷的吃~呢。现在还可指化妆品的香水：巴黎的~我也洒过。

吆　原来指赶畜力车：小时候我也~过老木车。现在还指驾驶拖拉机、收割机、汽车、飞机等：汽车就连箭一样，这是金花姑娘~的呢｜ТРАКТОР 拖拉机电~的呢，连人一样。

洑　原来指人或动物在水里行动：天鹅~的呢。现在还可指船舰在水里航行：涅瓦河里大火船军舰~的呢。

正端　原意是端正，多指具体物件安放的位置不偏不斜。现在多指路线、方针的正确：曲子里唱的是列宁的~领首领导。

拧　原来指两手握住物体向相反方向用力。现在还可指打电话：你但来，给我~电话。

写　原来指用笔写字。现在还可指录音：昨儿个~下的话听清听不清？

挤　原来指拥挤。现在还常指拥抱：日子多哩没见面，两个儿亲热的一个把一个搂住狠狠的~给哩下。也指压榨：~油｜~油的工厂榨油厂。

（4）原指甲事物，现借指乙事物。这种借指可能是永久的，也可能是暂时的，要看甲事物的具体状况和这种借指是否经常而定。

例如，东干人西迁前所熟悉的"白苕"白薯西迁后见不到了，而和"白苕"有某些相似处的"甜菜"却突然成了他们生活中常见的东西，但他们却压根儿不知道它是什么，于是便借用自己原先熟悉的"白苕"指称它。这样，早先的人们大约还知道是借指，几代人之后便谁也不知道了，以为"甜菜"原来就叫"白苕"。现在，还把黄色的叫"黄苕"，红色的叫"红苕"，都指甜菜，且已稳固下来。这就是永久的借指。又如，东干族作家哈瓦佐夫把苏联作家肖洛霍夫的小说《一个人的遭遇》中的"水泥"译为"石膏"，而把"船桨"译为"木锨"，这也是因为他们西迁时词汇中还没有"水泥、船桨"，现在便借用自己熟悉的相关词去指称。但这恐怕是为了翻译时的一时应急，临时借指而已，事过境迁，也许就不再说了。如果大家都经常这样使用，那就可能会变成"由指甲事物到兼指乙事物"的上述（3）类。

（5）功能扩大。主要指由于词性的发展、转移，出现了词的兼类现象，因而充当成分的能力扩大了。常见的，如：

能够　原来表示具备某种能力，做状语，如谚语："人有钱~出国，人无钱不出门。"现在表示可能性，常做主语中心语：大家都想在这搭儿做活，这个~也有呢。

争战 此词使用相当频繁。可用作名词，指战争：这个有名的~指二次世界大战大家也知哩，也见哩。也常用作动词，指斗争、奋斗：苦汉们，快~！它还可以带宾语：我们~新光阴呢为新生活而斗争。

素常 原来指平时，名词，可做状语、宾语：~我但打你门上过，心就跳｜他来的早，就像~。现在还可指常常、经常，副词，只能做状语：列宁大人点天灯，永总不灭~亮。

贵重 原来一般只修饰表物名词：这是~书信。现在还常修饰表人名词：~教员们，给你们恭大喜。

2. 混用。就是拿适用于甲类事物的词来表示乙类事物。有三种情况：

（1）量词的混用。汉语的量词在元代时已经非常发达，在《老乞大》（以下简称"老"）《朴通事》（以下简称"朴"）两书共 4 万多个字中，出现量词 161 个，现在常用的量词那时已大都出现。[①] 可是在东干话中量词却急剧萎缩。我们统计了 10 万字一般书报的语料，才出现 66 个。在《老》《朴》中已有的专用量词"所、顶、匹、颗、套/次、跌、巡、场、和［xuò］"都已消失，也可能原先就没有使用过；借用的量词也不多，借用动词的只见到和动词同形的 3 例，如"转一转"。这样，只得采取多种混用的办法。

A. 不能用"个"的地方也混用"个"。如：一个舀给两个汤一棵烟苗舀给两勺汤粪｜树底下一个光都过不来。

B. 物量词和动量词混用。如：头一遍应用"本"回族诗文书是 1931 年上拓印出来的｜1993 年第五个应用"次"出版。

C. 不该用敬称量词的地方也混用敬称。如：一位小孩儿爬的呢｜咱们二位的亲热，比没底子的海都深。

D. 下面的例句可能是不知道该混用何量词，于是干脆空缺"○"：每一个乡庄呢有几百○汽车呢｜把一千○灯点着呢｜每一个乡庄有 1—

---

① 详见王森《量词的数量、类别和功能的定量研究》，《〈老乞大〉与〈朴通事〉语言研究》，兰州大学出版社 1991 年版。

2〇中学呢。

（2）词的感情色彩的混用。如下面的词，在我们看来，都是贬义的。可是东干话中不是这样，它们有的是褒义的，有的是中性的，有的可褒、可贬，和我们的两个词相对应。如：

安给 授予，褒义词，很常用：给他把哈萨克斯坦民人知识的отличник模范名堂名誉~哩。

头子 首领，中性词，很常用：坏木做不了柱子，坏人当不了~｜~把队伍请的来叫打穷人。

望想/妄想 这是一对同音同义词。用作褒义时，应是"望想"。它是"想望"的逆序词，即希望、愿望，使用频率很高：我的~是到学堂呢调养教育娃们呢。用作贬义时，当和"妄想"相当，也很常用：人们把对头敌人们的歹毒~往开呢揭呢。

（3）某些词语的混用。我们推测，造成混用的原因，可能是东干话中当时还没有那些被混用的词。为了表达，只好张冠李戴。如：

因此是 此短语多和"因为"混同。它也用在因果复句中，但却大都放在表示原因的分句前边，表示原因。如：~口溜儿、口歌儿太难收，几十年里头把盛搁刊载，编纂书本子的材料没有存攒下｜报没拓印出来，~没有编辑，没有脚程交通运输工具。这种情况和国内汉语正好相反。放在表示结果的分句前边表示结果的用法也有，但很少见，如：你们的这个帮助时候上按时给拿来哩，~好少很多的人们再没有买冬天的棉衣裳。

因为 此词有两种用法。一种用法是表示原因，如：~调养娃们呢，我要贪心专心念书呢。但更常见的是另一种用法，即表示目的，和"为了"相混同，如：工人、苦汉都争战奋斗，~祖国把劲攒。

守寡 此词原义是妇女死了丈夫不再嫁或还没有再嫁，现在也混同为男性死了妻子不再娶或还没有再娶。如：乡庄呢有一个老闹娃，婆娘妻子完去世哩之后他~，二十年里头婆娘办不下娶不上。

我们认为，以上3种混用，基本上是误用，它们使表达含混模糊，是东干话词汇发展中的一种无奈现象。

3. 转移。这里主要指由于社会历史文化背景的变动而使一批表示时令、节令的词语和表示度量衡的词语所发生的一些变化。有以下两种情况。

（1）转指。即上述词语中的部分词语在它们被更换了载体后所形成的"旧瓶装新酒"的现象。比如回族原先也用夏历，及至西迁换用了阳历以后，仍沿用着夏历的一套说法。所以这类词语表面上仍在使用，而实指已转向阳历。如"五月初一节气"指的就是"五一国际劳动节"。又如"正月，腊月，大年，大年初一"等，也都是指阳历。同样，"斤"也是指公斤。

（2）徒有其词而不知所云的历史词语。即上述词语中的另一部分词语在它们失去载体以后徒留空壳的现象。如"清明，入伏，立秋｜闰月｜正月正，五端阳，九重阳，八月十五｜石，斗｜里，丈，尺，寸"等。这些词语主要留存在俗语、谚语、格言、谜语、故事、唱词等传统的民间文学中。由于历史文化背景的变迁，它们所指称的事物在现实生活中已不存在（如"清明"等），或有了新的概念去指称（如"斗，丈"等），这样，在原先的老一辈中大约还残存着的某些记忆，到后来就谁也什么都不知道了。所以这类词语虽说还出现，也只不过是人云亦云而已。比如，套用12个月的形式的传统唱词中常常见到"五月里来五端阳"之类的词语，可是1997年6月9日，即夏历"五端阳"那天，笔者正好在当地一个六七千人的大村庄考察，竟没有见到一点儿过节的迹象，问及"端阳节"，都感到莫名其妙。

二　造新词

这里所谓新词，是根据我们对西北方言的一般了解判定的，也可能会有出入。有三四十个常见的新词，大多是名词、动词。

1. 常见的名词。如：

风船　飞机。东干话把"船"也叫"水船"：修下的水船海呢转，盖下的高楼顶破天。在水里行进的叫"水船"，由此类推，在风中行进的就应叫"风船"：天上的~遮半天，飞的旋的撂炸弹。

气色　气息，空气：打你门上过，我~都闭住哩，热心光跳｜在列宁的花园呢我活了人，我喝的是列宁喝下的泉水，我吸的是列宁吸下的~。

功苦　劳动，功劳。此词使用极频繁。如：他是我们回族里头的~英雄｜我把敌人打散，也有你的～呢。此词还可做动词：为得胜下查_使劲～哩。

　　脚程　交通工具：哪塔儿呢都有走路的～呢，乡庄呢容易走城堡_{城市}上，城堡上的人也不作难走乡庄呢。

　　头心　首领：卡尔霍兹_{集体农庄}的～们都是有高等知识的呢。

　　影图　照片：我给你打下的信里头有～呢，收上哩没有？

　　书子　书信：心爱的，我把你的～念，高兴的心就上天，远路上想把你看，看不见。东干话把"书"叫"书本子"，把"信"叫"书子"，以和"书本子"相区别。也叫"信"。

　　洗牙药　牙膏。东干话把"刷牙"叫"洗牙"，所以牙膏就是"洗牙药"。

　　嚼牙（糖）　泡泡糖。因这种糖反复"嚼牙"，故名。

　　骑车子　自行车。

　　火骑车子　摩托车。因为它也是人"骑"的，但却是用"火"发动的，故名"火骑车子"。

　　跑车子　小轿车。

　　喧黄会　座谈会。喧黄，聊天。

　　金片儿　泛指奖章。诗：得下的～腔子_{胸脯}上挂满。

　　百年　世纪。当地回族著名诗人十娃子写给他孙子的诗《头一步》：大步往前走，你夔害怕。左脚在我跟前呢——二十～，右脚踏的新～，我不得见。

　　亲娘言　母语：十娃子拿～写哩诗文哩。也叫"亲娘的言"，"父母语言"，"父母话"。

　　影像　痕迹：就像雪花儿化掉哩，没有～。

　　上述大多都是复合式的新名词。此外，东干话还有用后缀"家，人"构成的一批指人的新名词。用后缀"家"的，如：写～_{作家}｜唱～_{演员}｜念～_{读者}｜诗～_{诗人}｜户儿～_{居民}｜调养～_{幼儿教师}｜卡尔霍兹～_{集体农庄庄员}｜列宁～_{列宁主义者}。用后缀"人"的，如：科学～_{科学家}｜翻译～_{翻译家}｜诗文～_{诗人}｜戏～_{演员}｜科学做工～_{科学工作者}。

　　2. 常见的动词。如：

　　破晓　分析，晓谕：他把法律给人往开呢～哩｜惊醒来他就给娘娘~睡梦。

　　设虑　设想，安排：教课前要细详的做~呢｜~干部的 кадр 人才问题是要紧的。

　　比论　例如：1930 年上他写哩很几个曲子。~：《月儿照花台》《列宁大人》《女人》。

　　安算　计划，安排：我们盼望，叫~下的事情成功。

　　试看　探索：如今的经济市场上多的人遇到为难上哩，可是人们往前~的呢。

　　价关　评价，成绩，分数：给他的作品给下的顶高的~｜她在学堂呢都拿的好~。

　　好在　客人向主人告别的话，即"再见"：阿妈，你~的，我走哩。

三　外来词

　　东干话中吸收了一些外来词，除了少数的阿拉伯语和维吾尔语以外，一般是吸收俄语。但值得注意的是，俄语也吸收得不多，我们查阅了 10 万字的语料，得到 50 多个词，都是名词且大多数是机械、农业方面的，其他还有文教、社会生活方面的，也不多。选主要的列举如下。

　　комбайн 收割机 ｜ трактор 拖拉机 ｜ га 公顷 ｜ область 省 ｜ район 县 ｜ завод 工厂 ｜ фабрика 制造厂 ｜ цех 车间 ｜ колхоз 集体农庄 ｜ совхоз 国营农场 ｜ клуб 俱乐部 ｜ кино 电影院 ｜ радио 广播 ｜ библиотека 图书馆 ｜ фирма 商店 ｜ план 计划 ｜ инженер 工程师 ｜ деректор 厂长 ｜ бригадир 工作队长 ｜ студент 大学生 ｜ курс 年级 ｜ ордин 勋章 ｜ медаль 奖章 ｜ партия 党 ｜ журнал 杂志。

　　外来词的结构，一般是照搬俄语原词，如以上各例。也有少数音译词，如：马申耐 машина, 汽车, 机器｜托克马 токмак, 地名｜比盖 бишкэк, 吉尔吉斯首都｜斯塔汉 стаханов, 人名。

四　词法常用句法表示

　　东干话词汇量少、词语之间结构松散也曲折反映在它的词法常用句法来表示中。

东干话词汇量少，新词更少，表达时往往缺乏相应的词汇，或不知道该怎么说，这就不得不采用句法的形式。例如，没有"住址"一词，就不得不说成"住的地方"，没有"毕业"一词，就不得不说成"念完"。把"世纪"说成"百年"，"兽医"说成"看牲灵的大夫"，"牙刷"说成"洗牙的刷刷子"，"住院"说成"要睡到病院呢哩"，等等，都是无奈而为之。

东干话词与词之间缺乏凝聚性，也是使它的词法采用句法表示的一个因素。我们从接触到的文字资料和口语中发现，东干话中不存在简称①和数词缩语，如封建社会时的三从四德、三纲五常之类数词缩语都见不到。成语、惯用语之类固定短语只见到两例，还都走了样，把"走投无路"讹作"有投无路"，"一心一意"讹作"一心一记"。这种情况表现在日常生活中，就是一些常见的专有名词，其内部完全可以凝练些，可是也总是习惯地用句法形式表示，显得非常松散，别扭。如：五月初一的节气五一节｜《青苗》报的报社《青苗》报报社（新年贺词末的署名）｜哈萨克斯坦列斯普布利卡的回民协会的报哈萨克斯坦共和国回民协会会报（《青苗》报报头下方的署名性文字）。

五 保留有较多的逆序词

所谓"逆序词"，就是其语序和现在常见的语序正好相反的双音词。这种词我们初步发现有以下一些：

避躲｜接迎｜坦慢慢｜菜蔬｜省俭｜害祸｜活受舒服｜细详｜先祖｜交结｜共总｜跷蹊奇怪｜争战｜路道｜忙慌｜造制｜望想｜习学｜失遗｜单孤｜久长｜扶帮｜村乡｜地土｜紧赶｜康健｜重贵｜求祈｜民人。

这些词的结构都是并列的，词义也和现在的正序词大体相当。其中"地土、紧赶、康健、重贵"4 个词的正、逆两种语序都存在，但也多以逆序为常见。其余 25 个词都只有逆序的。这就是说，东干话的这部

---

① 只在外来词中有个别借用的简称。如 CCCP 苏联，CCP 苏维埃社会主义共和国。

分词都还保留着古汉语的语序。

六　词语语体色彩单一

1. 文、白异读词尚未出现。词语的文读音就是书面语中的读音，白读音就是平常说话中的读音。有些词在现在国内西北汉语方言中，大多都有文、白两个读音，而在东干话中大多数只有一个白读音。如：鞋［xai］｜街［kai］｜巷［xaŋ］｜虹［kaŋ］｜杏［xəŋ］｜矛［miɔ］，~子｜咸［xan］，~菜｜尾［i］，~巴｜瞎［xa］，~子。另有3个词有两个白读音：下（1）［ɕia］（2）［xa］｜敲（1）［tɕʻiɔ］，（2）［kʻɔ］｜解（1）［tɕiɛ］，~放，（2）［kai］，~渴。

由上述可知，只有一个白读音的9个词，它们在西北方言中的文读音应是在19世纪末即东干人西迁以后才逐渐产生的，而有两个白读音的后3个词，它们的两个读音应是由其他原因产生的异读音，也不是文、白读之分。因为东干话直到现在还没有文、白读之分，只有甘肃音、陕西音之分。另4个词的实际使用情况也如此。如"下"字用作谓语动词（如"下雨"）时，东干甘肃音读为［ɕia］，东干陕西音读为［xa］。而当它用作补语（如"坐下"）时，陕、甘音又大多都读为［xa］。

2. 只有一套口语用词。应该说，不同的场合应选用不同语体色彩的词语来表达，可是东干话中往往没有相应的书面用词供选用，所以不管在什么场合，就只得都用清一色的口语用词来表达。例如：（吉尔吉斯斯坦共和国）国家西姆福尼亚交响乐响器队一起到正月十三显自己的作造本事呢｜（两个国家的大使）在相好友好条件上谈哩话哩｜（在会上）把吉尔吉斯斯坦的旗也搊举起来哩｜把它的部长拉到莫斯科的病院呢哩。到今儿的日子他还没缓恢复过来呢｜诗家诗人拿亲娘言母语做活写作的呢｜把他的傍近儿几乎三十本书拓出版出来哩｜二十几天里乡庄呢没有水，家户们，就连掐哩头的苍蝇一样，胡碰的呢，照住谁说呢？｜医生说的呢：这是照镜子的房爱克斯光室，那塔儿那边儿开膛作腹部手术｜（列宁在台上）讲话的呢……他的手孛手臂扬起的说的呢。

上述9例都是书面语料，前边4例出自报纸新闻，接下来的3例出自报刊评论，后2例出自一般书报。例中带着重号的词语，都是口语词语，显得不庄重，不协调。如把列宁打着手势讲话的神态描绘成了"他的手爹的说的呢"，形象倒是很形象，可是不庄重。把因无饮用水而着急的村民们比作"掐哩头的苍蝇"，语体色彩、感情色彩也都不妥。拿俄语"西姆福尼亚交响乐"修饰"响器队"，土洋混杂，更觉别扭，何况"响器"在东干话中一般只指唢呐之类的民间吹奏乐器①，内涵小于"交响乐"。

有时东干话中还能见到和某口语词 A 相应的另一词 B，表面上看 B 倒很像 A 的书面语词，就像"父亲"与"阿达"那样。而实际上并不是这样。A、B 两者都是口语词，它们词义相近，用法有别，不能代换。如"捅"和"举"，"捅"是"（把东西）往上托"，"举"是"（手臂）往上伸"。所以"捅"只用于"举物"，如："手呢～红旗，各街都游转"；"举"只用于选举，如："我～你哩，把你～成大官"。

参考文献

1. 吉尔吉斯斯坦国家民人知识部审订：《咱们的文学》（第 7 册，第 8 册），伏龙芝，мектеп 出版社 1988 年版；《咱们的文学》（第 6 册），比什凯克，мектеп 出版社 1993 年版。

2. 哈三诺夫娜·尤素洛娃 编辑：《回族的口溜儿，口歌儿，猜句话带猜话》，伏龙芝，吉尔吉斯斯坦出版社 1984 年版。

3. 哈三诺夫 编：《苏维埃回族民人的曲子》，伏龙芝，илим 出版社 1965 年版。

4. 雅四儿·十娃子：《挑拣下的作品》，伏龙芝，吉尔吉斯斯坦出版社 1988 年版。

5.《青苗》报、《回民报》散张，1996—1997 年。

（原载《宁夏社会科学》2000 年第 4 期，总第 101 期，第 85—90 页。发表时署名是王森，王蕊，王晓煜）

---

① 　如《五月初一节气》："响器吹的像雷吼。"《初一的五月》："又吹响器又打鼓。""响器"都只和"吹"搭配，只指唢呐。

东干话的若干语法现象

提　要　本文描写了东干话的若干特殊语法现象，有助于揭示西迁前东干话语法的概貌和进一步深入认识陕、甘方言。

关键词　东干话　特殊　语法现象

东干话指1876年陕、甘的部分回族西迁至今吉尔吉斯斯坦、哈萨克斯坦等国后所使用的汉语方言。主要分布在吉尔吉斯首都比什凯克以东100公里左右的楚河两侧。使用人口近十万人。他们大体按原籍聚居，因此，各自的方言得以保留至今。东干话实行以俄语字母为基础的拼音文字。东干族有本民族语言的报刊，图书，电台播音。每个村庄有东干语中学、小学。东干话保留着西迁前陕、甘汉语的某些特点。本文试就其和北京话差异较大的若干语法现象讨论如下。引文参见文末的"参考文献"，不再具体注明。

一　保留有较多的逆序词

所谓"逆序词"，就是其语序和现在常见的语序正好相反的那种同义双音词。这种词我们粗略检索到三十个。列举如下：

避躲｜接迎｜坦慢慢｜菜蔬｜省俭｜害祸｜活受舒服｜才将刚才｜细详｜先祖｜交结｜共总｜跷蹊奇怪｜争战｜路道｜找寻｜忙慌｜造制｜正端｜望想｜习学｜失遗｜单孤｜久长｜扶帮｜村乡｜地土｜紧赶｜康健｜重贵。

这些词的结构都是并列的，词义也和现在的正序词大体相当。其中"地土、紧赶、康健、重贵"四个词的正、逆两种语序都存在，但也多以逆序为常见，其余二十六个词都只有逆序的。

二 "下［xa］"常充当多种补语，或表示动态

"下"字作为主要动词出现在谓语中心语的位置上时，读［xa］或［çia］，和北京话用法相同；如果出现在谓语中心语之后的位置上时，则一律读［xa］，具有很强的取代作用，可充当多种补语或表示动态。

（一）充当各种补语

1. 取代一般动词或形容词，充当结果补语。这时，它的含义相当宽泛，和被它取代的很多词汇意义不同的具体动词和形容词相当。例如：

遇~到，着天大的事情，要不要慌｜你把门开~开了没有？｜这个车轴是榆木砍~成的｜这几个字一阵就学~会了｜贼白日呢看~好地方，黑呢晚上来偷｜饭做~熟了，叫吃去呢｜我害怕把儿子吓~坏哩。

"下"字的宽泛性还表现在它的使用范围方面。即在北京话里根本不能用补语的一些句子，东干话中也一定要带上补语"下"。这时，北京话里便没有恰当的词语和它对应。例如：

要~手就是干活的｜我是昨儿个来/去~的｜衣裳大~了，帽子小~了。

2. 取代趋向动词，充当趋向补语。例如：

照的天下都亮~起来哩｜机器犁的快，犁~出来的地还好｜老乳牛下~下来，出来哩个乳牛娃儿｜裤子上的补丁也是将就补~上去的｜花谁都想揪，可舍不得，手没下~下去｜这个姑娘是拾~来的。

3. 取代能愿动词，充当可能补语。表示可能或不可能时，北京话可以用"（不+）能愿+动（+补）"（如"（不）能写好"）的格式表达，也可以用可能补语的格式即"动+（不+）得"（如"吃（不）得"）的格式，或者在结果补语或趋向补语和它们的中心语之间加"得"或"不"（如"写得好"，"拿不出来"）的格式表达。可是东干话中不用上述第二种格式，第一、三两种格式用得也不平衡，而下面"谓词（+不）+下"这种格式倒是用得很普遍。"下"的意思和"能、会、可以"等词相当，"（不+）下"在其中充当可能补语，表示可能或不可能。例如：

他来不~，我去~呢他不能来，我可以去 ｜ 一锄头挖不~个井一锄头不能挖个井 ｜ 要的是好好儿把书念~，甯怕把书念不~要的是能好好儿念书，不要怕不能念书。

以上各例的"下"都可以用"能、会"等代换，代换后按北京话的语序排列，句子原意不变。

4. 取代量词，充当动量补语或时量补语。

①取代动量词，单独或和"一"一起构成数量短语充当动量补语，表示动作的短暂或尝试。因为东干话中动词不能重叠，所以只能用这种方式表示。例如：

我把院子看哩了~儿｜你把信念一~。

②"下"和"一"构成"一下"，放在"有"后，充当时量补语，意思是"有一回/有一次/有时候"。例如：

有一~我醉哩，他把我背回来哩 ｜ 稻子有一~熟的早，有一~熟的迟 ｜ 有一~，但如果疼起来，我的眼前就黑掉哩。

（二）表示动态

"下"能取代动态助词"着、了、过"，表示相应的动态。例如：

人们头低~着做活的呢 ｜ 他抻~着脖子红~着脸的，可又说哩一遍。

那搭儿那里这候儿成~了文明地方哩 ｜ 你看他瘦的成~了啥哩。

回族人们把作~过难的光阴还没忘掉呢 ｜ 我踏的是列宁踏~过的地面，我喝的是列宁喝~过的泉水。

三　动态助词"着、了、过"很不发达，往往由别的词取代

请看表1：

表1

北京话	着	了	过
东干话	的	哩	过
	下		

（一）表示动作的进行或持续时，大量的是用"的［ti］"表示"着"（"着"极为罕见）。例如：

窗台上摆~花儿 ｜ 骑~驴找驴呢 ｜ 药苦~呢 ｜ 娃们高兴的撵~跑~呢。

（二）表示动作的实现时，大量的是用"哩"表示"了"。东干话中"了"读［liau］，仍是动词"完结"意；还没有产生轻声的动态助词"了［lə］"。例如：

苦汉们得~解放哩 ｜ 书拓印出来~ ｜ 上年参~加的娃们一定要去。

（三）表示动作曾经发生时，一部分用法是用"过"自身表示。例如：

我莫斯科没去~ ｜ 小时候我也吃~老木车。

（四）上述少量的"着、了"的用法和另一部分"过"的用法用"下"表示。这种情况已如上面"二（二）"所述。但是，由于"下"的用法很宽，词义虚泛，由它表示"着、了、过"时，必须紧紧依赖谓词和全句的语境制约，或和它在句中的位置有关。例如：

他说的："谁开过汽车，往前恰跨一步。"从前开下汽车的我们圈儿呢里的七个人出来哩了。

由上例和二（二）、三（三）各节有关表示动作曾经发生的各例可知，当"过"字所在的动词短语做全句的谓词时，"过"字不能由"下"取代，如"我去过莫斯科"；当该动词短语出现在定语的位置上时，这时的"过"总是由"下"所取代，如"我把作下难的光阴还没忘掉呢"。（例中的动词短语"作下难"原来是"作过难"，因它在句中做"光阴"的定语，所以动词"作"后的"过"被"下"取代了）

四　几个分工合作的程度副词：太，很，甚，砸

副词"太、很、甚、砸"都表示程度深，但同中有异，对立互补，构成了一个表程度的系统。请看表2：

表 2

用法　　副词	适用的句子	充当的成分	中心语的词性
太	肯	状	形/动$_{感知性}$
很	肯/否	补	
太……很	肯/否	状/补	
甚	否$_{轻}$	状	
咂	肯	补	形/动$_{动作性}$

（一）"太"一般只在肯定句中做状语。例如：

我~高兴　｜　我把你们~爱。

（二）"很"只能用作补语。例如：

云厚的~　｜　把自己的活当事的~　｜　这事不值顾$_{不合算}$的~。

（三）表示最高程度时，"太"和"很"可以前状后补，同时出现。这时"太"不受肯定句、否定句的限制。这种情况在东干话中很突出。例如：

这个人心<u>太</u>狠的<u>很</u>　｜　那一晚夕，我<u>太</u>不安宁的<u>很</u>嘞　｜　材料<u>太</u>难收的<u>很</u>　｜　我<u>太</u>想你的<u>很</u>。

由以上各例句可知，"太"和"很"的中间可以是个谓词性的词（如"狠"）或它的偏正短语（如"不安宁""难收"），也可以是个动宾短语（如"想你"）。

（四）"甚"只用在表示轻度否定的否定句中做状语。例如：

他的个子~不高$_{不太高}$　｜　很些子人把自己的父母语言$_{母语}$~不知道$_{不太了解}$　｜　他也~记不明白哩$_{记不太清楚了}$。

这种语序和北京话的语序所表达的意思正好相反，例如"甚不高"就是"不甚高、不太高"的意思，而在北京话中却是"很不高"。

（五）"咂"多放在一般动词或形容词后做补语。例如：

把一群贼打~哩$_{打坏了}$　｜　学堂远的很，娃们跑~哩$_{跑得累坏了}$　｜　我达$_{父亲}$给我扎缚~哩$_{再三叮嘱}$，叫好好念书哩　｜　把连他几时遇面的，我盼~哩｜娃们都好，我高兴~哩。

五 "们"的特殊用法

东干话中的"们"用法很宽泛，有两个特点：

（一）北京话中"们"表示群体时，只限于放在指人的名词、代词后面，而东干话不限于此。例如：

穷汉~的婆姨妻子~做下的吃喝有味道，自己~长的也体面 ｜ 财东~把娃~的失笑可笑故事~看的着心宽下哩财东们看着孩子们的可笑事儿，心情好起来 ｜ 野牲~打树林呢乱都往出跑脱哩 ｜ 她把很些子写家作家的作品~都念哩个过儿都读完了 ｜ 给十娃子东干族著名作家也赏过奥尔坚勋章带和梅达利奖章~。

上面几例中，"穷汉、婆姨、财东"后面用"们"表示多数，这和北京话相同；反身代词"自己"、动物名词"野牲"、非生物名词"故事、作品、奖章"后面也用"们"表示多数，这在北京话里是见不到的。

（二）北京话中指人的名词、代词后面加"们"后，只表示"群体"，而东干话中也不限于此。据玛丽娅哈萨克回族协会副主席夫妇告知，东干话中的甘肃话表示"群体"时，谓语动词前必须同时带"都"，否则，仍表示"个体"。比如"你们都吃"中的"你们"表示群体，而"你们吃"中的"你们"仍是个体"你"。这涉及"们"的历史渊源，值得进一步研究。

六 罕见的双补语句

这种句子我们见到四例：

地呢里的雪消开哩，渠呢的水淌开哩，绿草草儿出来开哩 ｜ 老婆把图样相片拿上，细细详详的看开哩一阵子 ｜ 长虫喊的：他是哈坏人么好人，但是哈人，我把他拘缠死去 ｜ 你把他往死呢缠，拘死去。

例1的"来、开"都是趋向补语；例2的"开、一阵子"分别是趋向补语、数量补语；例3、4出自同一课文，"死、去"分别是结果补语、趋向补语。四例都出自吉尔吉斯斯坦国家"民人知识部"审订的"重新改变的"语文教科书《咱们的文学》（第 6 册，1993 年第 5 版）。按理说，例句的说法应该是规范可靠的。这或许反映了东干族西迁前陕甘话中的某些语法现象。

七　几个别具特色的介词短语

（一）由介词"往"构成的介词短语，在组合和用法上比较特殊。

1. 北京话中"往"常和"里、外、上、前、后、下"六个方位词组合，充当补语。而在东干话中"往"不能和其中的"里、外、上"三个方位词组合，这三个词要分别由"进、出、起"三个趋向动词取代。例如：

人往进走的呢｜水往进淌的呢｜烟洞往出吐黑烟的呢｜把贼寇往出赶｜木料的价钱也往起涨呢｜地面上的潮气就连烟一样，往起起哩。

2. 北京话中"往"不大和"过、回、起"三个趋向动词组合，充当状语。而在东干话中"往"经常和这三个词组合，充当状语。例如：

打深山往过飞呢｜打我们的门上往过过呢｜净都都儿的粮食往回拉｜将刚睡下就把我往起喊哩。

北京话中没有这种"介+趋"短语做状语的"状+动"短语，而是用"动+补双音趋"短语来表达的。即：东干话［（往+过/回/起）+动］=北京话［动+过来（去）/回来（去）/起来］。例如：

打深山往过飞=打深山飞过来/过去。

3. 北京话中"往"不大和"一般动词+里"组合，充当状语。而在东干话中"往"经常这样组合，充当状语。例如：

把少年往会呢里教｜把对头敌人往掉呢追｜把它们的妄想往开呢揭呢。

北京话中这种说法一般采用"动+补结果"短语表达。即：东干话［（往+动+呢）+动］=北京话［动+补结果］。例如：

把少年往会呢教=把少年教会。

4. 上述"2"条中的"往+过/回"是个省略的多义结构，值得注意。

①其中的"过/回"是"过来、过去/回来、回去"的省略。大约是由于和"往"组合的词一般多是个单音节吧，如"进、出、起、下、前、

后"，受到这种单音节系统的制约，所以这里也采用了单音节的"过、回"。那么，例如"过"，究竟是"过来"，还是"过去"呢？这要由说话人的向背而定：向着说话人的就是"过来"，背着说话人的就是"过去"。如"把那塔儿那里的东西往过拿｜把这塔儿的东西往过拿"，其中前者就是"过来"，后者就是"过去"。"回"也是如此。

②"往+过/回"是个多义等值结构。它一方面和北京话中的动补短语里的双音趋向补语"过来、过去/回来、回去"等值，已如上面"2"条所述。另一方面，它和"往+这/那塔儿"也等值。例如：

$$\left.\begin{matrix}甲\\乙\\丙\end{matrix}\right\}把这/那塔儿的东西往\left\{\begin{matrix}那/这塔儿\\过\\回\end{matrix}\right\}拿。$$

甲中的"那/这塔儿"和乙、丙中的"过""回"可以互换，句子意思不变。可见，"往+过/回"＝"往+那/这塔儿"。也可能正是因为"往+过/回"分担了"往+这/那塔儿"的一部分任务，东干话中的"往+这/那塔儿"用得比较少。

（二）用介词"到/从/打"加"……上"构成介词短语，表示对象、范围和原因。

1. "到+名词性词语+上"表示对象：对……来说。出现在谓词中心语前或主语前。例如：

这么家的活<u>到我们上</u>太难哩这样的工作对我们来说太难了 ｜ <u>到我们每一个回族人上</u>，《青苗》报成下调剂的呢。

2. "从+这个+上"表示范围：从这方面来说。出现在复句的后一分句前面，或句组的后一句前面。例如：

口传文学到调养培养娃们上有大情由作用呢，<u>从这个上</u>把它叫的是民人人民的调养学教育学 ｜ 若要懂得它们的意思，把口溜儿、口歌儿上的话要懂明白呢。<u>从这个上</u>不容易给这个书上挑拣使用的口溜儿、口歌儿。

3. "打+这个上"表示原因：由于这个原因。出现在句组的后一句前面。例如：

先前我们抱哩鸡娃子哩，可是这个事情没成……。<u>打这个上</u>，把我们的四十千四万鸡蛋哈坏掉哩。

八　结构特殊的"把"字句

东干话中"把"字句极为频繁，有资料显示，约是北京话的 4.6 倍。据我们统计，苏联作家肖洛霍夫的俄文短篇小说《一个人的遭遇》，草婴的北京话译文（北京，《苏联文艺》1981 年第 5 期）和东干族作家哈瓦佐夫的东干话译文（比什凯克，《咱们的文学》第 6 册，1993），两译文字数相当，前者用"把"字句 79 次，后者用"把"字句 365 次。"把"字句的结构除和北京话有相同的一面以外，也多有特殊之处。

（一）"把+名/代"放在主语前面的情况常常见到。例如：

<u>把这个税我们要给城呢</u>里缴呢　|　<u>把一朵花他给给年轻姑娘哩</u>。

（二）谓语动词常常是感知性动词，否定词、能愿动词常常紧靠在谓语动词前面。例如：

把这个得胜_{胜利}世界民人们也<u>知</u>哩，也<u>见</u>哩　|　他把朋友们太<u>爱</u>|　把我们的馆子很些子人<u>知道</u>的好的很_{很多人非常了解我们的饭馆}　|　我们把你们的好心肠<u>不能忘</u>　|　很些子人光跑买卖，把念书的事情<u>不管</u>哩。

（三）"把"的宾语常由谓词短语加"的"来充当。例如：

<u>把我的心呢咋难受的</u>，她也不思量|<u>把伊思海儿连春花儿一家给一家写信的</u>大家都知道呢。

（四）在表示斥责的时候，"把+名/代"都独立成句。但这时"把"后的"名/代"必须是个短语。例如：

<u>我把你个没良心的</u>，你把我就照这么捏呢吗？　|　你做啥的呢，<u>我把你个法希斯特</u>！

这种句式近代汉语白话作品中常见，例如《金瓶梅词话》："<u>我把你这贼奴才</u>！你……在外边坏我的事……"（第 35 回）这种句式现代北京话中都转用名词性非主谓句表达，如上引两例在草婴的相同译文中均如此处理：前者译为"你这个没心肝的"，后者译为"该死的法西斯分子"。

（五）"把"字的词义除了和北京话介词"把"相当以外，还表示协同、方向或对象。例如：

这候儿进来哩个姑娘<u>把</u>_跟、同我们□□〔vəŋtaŋ〕交谈哩　|　姊妹两

个一个把跟一个不见 ｜ 你的四侄节气上在节日里把向你们恭喜 ｜ 他把对朋友们太爱。

（六）有的"把"字没有词汇意义，只表示不以为然的语气。例如：

哼，把他可是个啥贵重的人！

（七）有的"把"字什么也不表示，把它去掉以后句子就是一般的主谓句。但作为一种句式，这种"把……叫……"格式中的"把"字是不能没有的。例如：

把她叫婆婆的话提醒哩 ｜ 把春花儿叫几个连手朋友拉上走掉哩。

九　强调任指的"是"字句

这种句子的结构特点是：句中都有表示强调任指的"是"字短语"是+疑问代词"：是谁，是啥，是咋，是哪塔儿，是多候儿。使用情况如下：

（一）大多出现在单句的否定句中，有五种情况。

1. "是谁"，强调所指范围内的任何人。例如：

没人等我，没~接迎迎接。

2. "是啥"，强调所指范围内的任何事物。例如：

人生养下，也没拿来~；人无常死哩，也没拿上~走 ｜ 回族口传文学的~材料没有存攒下。

3. "是咋"，强调所指范围内的任何情况。例如：

他~无论怎样要把石城子观一遍。

4. "是哪塔儿"，强调所指范围内的任何地方。例如：

我~也不去 ｜ 研究回族口传文学的事情，那候儿的世界上~都没有嘞。

5. "是多候儿"，强调所指范围内的任何时候。例如：

你们把早前给你们给哩知识的贵重教员们~都要忘掉。

（二）有时出现在复句的偏句中，表示无条件关系。

1. "是谁"，强调不管任何人。例如：

~无论谁照上列宁的光，他的心宽□□〔kʻəlaŋ〕胸膛大。

2. "是啥"，强调不管任何东西。例如：

~吃上些，快走咻不论什么东西吃上一些，就赶快走吧。

3. "是多候儿"，强调不管任何时候。例如：

你~不论什么时候来，我都接迎。

（三）这类"是"字短语当它们处在单句的主语、状语的位置上，或复句的前一分句时，后面的部分可以不用"都/也"作呼应。这和北京话是不同的。例如：

这种花是谁不看 ｜ 世界上只有人俊，是啥它们俊不过人 ｜ 是多候儿她没剩到单另学生们的后头 ｜ 你是咋观风景不上算不论怎样，你只为了看风景都不合算 ｜ 是啥衣裳拿上成呢不论什么衣裳拿上都可以 ｜ 是多候儿把麦子拉的去，把面成打上。

十　两种因果关系句

（一）前一分句末有"一面儿"作标志，表示原因，后一分句表示结果。例如：

打家呢里没有回信的一面儿，我急躁开哩因为没有从家里来的回信，我急躁开了 ｜ 把开汽车的活太爱的一面儿，工厂呢也没心去哩。

（二）用"因此（是）"引出原因分句的因果关系句。"因此（是）"的语义是"因为"。这和北京话"因此"引出结果正好相反。例如：

因此是古今儿故事、猜话谜语太难收，几十年里头把盛搁书本子的材料没有存攒下 ｜ 我妈说的她没有心劲做啥，因此是达达父亲没有在家呢里。

附记

本文写作过程中，哈萨克斯坦国立民族大学伊丽娜女士曾热情协助联系调查人选，哈萨克斯坦回族协会副主席玛丽娅及其丈夫尔喜先生提供了大量语料，美国休斯敦基督教会、阿拉木图福音教会邱繁治先生提供了田野调查的机会，一并致谢。

参考文献

教科书，吉尔吉斯斯坦国家民人知识部审订：《咱们的文学》（第7册，第8册），伏龙芝，MEKTEⅡ 出版社 1988 年版；《咱们的文学》（第6册），比什凯克，MEKTEⅡ 出版社 1993 年版。

哈三诺夫娜·尤素洛娃编辑：《回族的口溜儿，口歌儿，猜句话带猜话》，伏龙芝，吉尔吉斯斯坦出版社 1984 年版。

哈三诺夫编：《苏维埃回族民人的曲子》，伏龙芝，ИЛИМ 出版社 1965 年版。

雅四儿·十娃子：《挑拣下的作品》，伏龙芝，吉尔吉斯斯坦出版社 1988 年版。

胡赛·马凯：《运气》，伏龙芝，吉尔吉斯斯坦出版社 1980 年版。

伊斯海儿·十四儿：《青年》，伏龙芝，MEKTEⅡ 出版社 1978 年版。

报纸：《青苗》报、《回民报》散张，1996—1997 年。

田野收集。

（原载《语言研究》2000 年第 4 期，总第 41 期，第 66—73 页）

The Origin and Functions of a New Particle: the Mangghuer hearsay evidential *gelang*

ABSTRACT

In this paper we describe the historical development and the synchronic syntactic status and pragmatic functions of a newly-emerging particle, *gelang*. In elicitation this form is used as a hearsay evidential. However, in a study of 23 narrative texts, we find that the primary functions of *gelang* are related to the structure of the narratives, and do not seem to indicate hearsay at all. Specifically, we find that *gelang* often marks important events and turning points in a narrative, or the narrative climax, and that *gelang* often appears in multiple, neighboring clauses within a single narrative unit. We also find that different speakers use *gelang* quite differently. In our text corpus, female storytellers use *gelang* extensively, while male storytellers do not use it at all. The most prolific user of *gelang* sometimes employs the particle to create rhythmic effects thatseem almost poetic.

CONTENTS

1　INTRODUCTION

This paper discusses one emerging particle in Mangghuer, describing its morphosyntacticorigin and its current functional load.

Many authors list morphologically complex forms as "particles" (for some examples, see Slater, this volume.) These are words which have come to play some semantic/pragmatic function that is similar to what is done by words of an existing class of "particles;" then these forms also fall into the syntactic slot for particles. It is likely that they will eventually become phonologically reduced, lose their etymological complexity, and end up as monomorphemic forms. Then they will look like prototypical "particles."

Mangghuer, a Mongolic language spoken in China's northwestern Qinghai Province, is an SOV language which has borrowed a set of clause-final pragmatic particles. With the exception of the emerging particle that will be described in this paper, the entire set is from Northwestern Mandarin Chinese[1]. They represent what would be called "final particles" in Western analyses of Chinese, or 语气词 yǔqìcí "mood words" in Chinese linguistics. Some initial description of these particles, including their pragmatic functions and their syntactic behavior, can be found in Slater (2003: 151-8).

These particles belong to a syntactic category (or word class) which can

---

[1]　In Slater 2003, it is claimed that one of the particles, bai, is probably derived from a native Mongolic etymon. This is incorrect. Actually, it has been borrowed along with the rest of the Northwest Mandarin final particle set. In

Chinese linguistics, this particle is usually written 呗 bei.

be defined (more or less) as *words which can follow a finite verb*. Mangghuer is a fairly strict SOV language, and normally does not allow any other constituent to follow a finite verb.① Thus, the final particles have syntactically unique behavior.

Since this definition depends on finite verbs, a note is in order to explain finiteness in Mangghuer. For the purposes of this paper, it is sufficient to point out that most finite verbs are marked for subjective or objective perspective, so a finite verb ending will have either SUBJ or OBJ in its gloss. Imperatives, of which there are three morphological types, are also finite, but do not indicate subjective or objective categories. Otherwise, if you see a verb which does not have SUBJ or OBJ in the gloss for its suffix, that verb is non-finite. For a more complete discussion of finiteness in Mangghuer, see Slater (2003: 221-2).

To show how final particles are used, we can compare (1) and (2), which come from different parts of the same story, and show that the final particle a appears (optionally) after the subjective future finite verb *yaoni* 'we will go.'

(1) Three daughters 7-8 (Chen et al 2005: 130)
    "*Aba*,   *dasi*   *ang=ji*   *yao-ni*?"②
    father   1:PL   where=DIR   go-SUBJ:FUT
    "Father, where will we go?"

(2) Three daughters 43 (Chen et al 2005: 133)
    "*Da* *san-ge=la*   *ang=ji*   *yao-ni*   *a*?"
    1:PL three-CL=COLL where=DIR   go-SUBJ:FUT   PRT
    "Where will we three go?"

For the most part, the functions of these final particles are quite pragmatically-

---

① Actually, speech complements sometimes do follow a finite verb of saying. However, no other constituents regularly appear in this position.

② A list of abbreviations used in this paper is provided in the appendix.

oriented, and extremely difficult to pin down. Syntactically, however, they form a very clear word class.

2   DATA AND METHODS OF ANALYSIS

The data for this study is a corpus of 23 Mangghuer folktales and traditional stories (Chen et al 2005), ranging from about 60 lines in length to about 400 lines in length. Most of the stories were transcribed from oral recordings and edited slightly, but 5 were written down by a literate speaker.

The analysis of the data consisted primarily of looking at each occurrence of *gelang* in its natural discourse context within this corpus. Almost none of the discussion here is based on elicitation or native speaker intuitions

3   QUOTATIVE MARKERS

Mongolic languages normally have a 'quotative' word used to mark the ends of direct or indirect quotations. In most cases, these words are cognates of a Mongolic verb form *ge-* or *ke-*, meaning 'say.' In some constructions, these forms have begun to function as subordinating conjunctions, as is illustrated by (3):

(3) Elder sister and the Monkey 27 (Chen et al 2005:79)

bulai   "zha"   ge-ji   khaila-jiang.
child   EXCL   QUOTE-IMPERF   shout-OBJ:PERF
the child cried "zha," like that.

In this example, the subject is *bulai* 'child' and the verb is *khailajiang* 'shouted.' *Zha* is a direct quote, and the quotative marker *geji* indicates that the quote is over; syntactically, *geji* functions as a subordinating conjunction, embedding the quotation as a subordinate clause within the matrix clause.

Mangghuer has several words which perform this quotative function, appearing immediately after a quote, and all are morphological forms of the for-

mer main verb *ge* 'say.' ① These are *ge*, *geji*, *gesa*, *gejiang*, and *gelang*.②
All of them indicate that a direct or indirect quote has just been completed.
The first three are nonfinite, and therefore indicate that the current sentence
(matrix clause) is not yet finished. *Gejiang* and *gelang* are finite, and they
appear when the quotation is the final thing in the clause, with no following
matrix verb. This is illustrated as follows:

(4) Shuangyang Princess 129 (Chen et al 2005: 23)

Gan ˈchenli-ji   ajia   baoqi=ni   bari-ji   ri-sang

3:SG hear-IMPERF elder:sister treasure:flag=ACC take-IMPERF come-PERF

Songchao=ni   dajiang   ge=du   nao-gha-kunang

Song:Dynasty=GEN general   SG:INDEF=DAT see-CAUSE-OBJ:FUT

ge-lang.

QUOTE-OBJ:IMPERF

She heard that (her) elder sister wanted to show the treasure flag to a
captured Song Dynasty general.

In this example, *gelang* follows an underlined indirect quote, which contains
the content of the (verbally-expressed) wish which is reported.

All of the forms which we have presented usually refer to a specific event
of speaking (with a known speaker, time and place of speech, etc). But
this can be somewhat unclear, e. g. the speaker is known but the time and
place are not, etc.

In example (4), the morphological structure of *gelang* is parsed: it consists
of the quotative marker *ge*, historically a verb meaning 'say,' plus a finite

---

① Synchronically Mangghuer has *ge* as a main verb meaning 'do' or 'put,' but in its quotative
functions it has lost many behaviors typical of main verbs. See Slater (2003: 301-8) for discussion of
the entire family of etymologically related forms.

② There is one additional and etymologically unrelated form, *di*, which is borrowed from
Chinese and appears to have a restricted set of quotative functions. This form is described in Slater
(2003: 323-4).

verbal suffix–*lang* which indicates objective perspective and imperfective aspect.

4　HEARSAY EVIDENTIALS

In at least some of the Mongolic languages, one of the morphological forms of the quotative marker has developed a specialized usage, with different grammatical behavior, in which it can follow a finite verb, and refer to no specific speech act. These forms have become semantically bleached, such that they refer to speech as the medium through which information was acquired, without reference to any particular event of speaking or hearing.

In Mangghuer, this form is *gelang*. In elicitation, speakers report that this form indicates that the information being reported was obtained through hearsay. Thus, in elicitation it is often translated ' they say ' or ' it is said. '

There are 64 total instances of the morphological form *gelang* in our text database. Of these 27 are quotative uses, in which a direct or indirect quote is followed by *gelang*; the other 37 (or 58% of the total) are hearsay usages.

Unlike the normal Mongolic quotative markers, which follow direct or indirect quotation, *gelang* in its hearsay function follows a finite verb. As we have noted above, this position is normally reserved only for final particles, and this means that hearsay *gelang*, though morphologically complex, shares the syntactic behavior of the particles. Therefore, we consider it to belong to this lexical class.

There is one difference between hearsay *gelang* and other final particles, though: namely, that hearsay *gelang* can cooccur with the final particle *bai*. This can be seen in (5), below. None of the other final particles can be combined with each other in a single clause. But this difference seems insufficient for treating hearsay *gelang* as something different from the other final particles. In all other syntactic respects, it behaves like them.

We want to emphasize the fact that only *gelang*, among the Mangghuer quotative forms, appears with this hearsay function in our data. The other morphological forms, *ge*, *geji*, *gesa*, and *gejiang*, always indicate a specific speech event. Similarly, none of these other forms ever follows a finite verb.

In addition to the Mongolic languages, we might also note that other langua-
ges of the region, including Amdo Tibetan and the regional varieties of Mandarin
Chinese, also have hearsay evidential markers of this type, with similar syntactic
behavior. See Slater (2003: 157) for discussion and some examples.

5 PATTERNS OF *GELANG* IN NARRATIVE DISCOURSE

In this section we will illustrate the functions that *gelang* has in our narrative
text database, when it is not functioning to indicate a specific speech event.

5.1 *IMPORTANT EVENTS, TURNING POINTS*

Gelang often marks important events within a story, such as turning
points, the beginnings of episodes, and other critical junctures.

For instance, in (5), the antagonist of a story—a monster—makes its
appearance. This is in the second sentence of the first episode of the story.
Gelang appears at the end of this sentence:

(5) Peddler 15–16 (Chen et al 2005: 101)

Mer=du   yao yada-jiang   ma tashi yi-ge=du   ge hangbura-jiang bai.
road=DAT go be:tired-OBJ:PERF PRT stone one-CL=DAT once rest-OBJ:PERF EMPH
On the way, (she) got tired and rested for a while on a stone.

Tashi duoruo=sa mang'huzi ge   gher ri-jiang   gelang   bai.
stone under=ABL monster   SG:INDEF go:out come-OBJ:PERF HEARSAY EMPH
From under the stone a monster emerged.

Similarly, in the next example, we have the start of the first episode of
the story (beginning of the " complication " of the plot); here, *gelang*
appears on both of the first two finite clauses:

(6) Three daughters 13-14 (Chen et al 2005: 131)

Ting ge-ku   gan Laohan aruoghuo=nang   beila-jiang   gelang,
that do-IMPERF 3:SG old:man back:basket=REFLPOSS carry-OBJ:PERF HEARSAY
Then Old Man took his back basket, they say,

suguo = nang　　*bari-jiang*　　*gelang.*

axe = REFLPOSS take-OBJ:PERF HEARSAY

(and) took his axe, they say.

Notice that, in the published version of this text, Chen et al (2005) included the translation 'they say' for *gelang* in these two lines. In most places, as in example (5) above, these authors did not translate *gelang* at all. We will not comment on this any further, but it is an interesting issue to consider. When should a pragmatic device like this be translated and when should it be ignored?

In the next example, the first major turning point in a story occurs when a brother begins to suspect that his sister is a monster, and he goes off to observe her secretly:

(7) Monster girl 18 (Chen et al 2005:95)

　　Gan　ning　ge khuleghe-ji　　nao-la　　xi-jiang　　　gelang,

　　3:SG this do peep-IMPERF see-PURP go-OBJ:PERF HEARSAY

　　He thus went to look secretly (at his sister), they say,

5.2 NARRATIVE CLIMAX

Quite frequently, when *gelang* is used with its 'hearsay' meaning, it appears in the narrative climax of a story. Of the 37 total hearsay *gelang* occurrences, 14 (37%) are found in narrative climaxes.

In this example, *gelang* appears at the end of the first sentence in the narrative climax:

(8) Monster Girl 54 (Chen et al 2005:97)

　　Bulai zou　khuoran = ni　　beghe = di　gher　　xi-jiang　　　gelang　　bai.

　　child thus courtyard = GEN tree = LOC go:out go-OBJ:PERF HEARSAY EMPH

　　So the boy climbed up in a tree in the courtyard.

In (9), *gelang* marks a central or core event within the narrative climax.

（9）Peddler 213（Chen et al 2005：114）

Khuonuo gui-ser   Andige ma Luchu＝ni   penke-jiang   gelang.

later   run-PROG egg   and rolling：stone＝ACC meet-OBJ：PERF HEARSAY

Running along later，（he）met Egg and Threshing Stone.

Gelang often appears several times within the climax of a narrative. In an exceptionally abundant example，Two Wives 60-70，*gelang* appears 7 times within 11 consecutive lines.

（10）Two Wives 60-70（Chen et al 2005：141-2）

a　"*Nangda   muni   zhuerge＝ni di-ni   ge-lang*

1：SG：DAT 1：SG：GEN heart＝ACC eat-SUBJ：FUT QUOTE-OBJ：IMPERF

ma   bi   ger＝du＝nang   lai   xi-ang."

PRT 1：SG house＝DAT＝REFLPOSS NEG go-OBJ

"With regard to me，（she）says（she）will eat my heart，so I will not go home，"（the calf said）.

b　*Ni   bayang kong   ger＝du＝nang   tao   xi danang*

this rich   person house＝DAT＝REFLPOSS drive go after

khudang＝du＝nang   khuori ge-jiang   gelang.

shed＝DAT＝REFLPOSS pen   do-OBJ：PERF HEARSAY

This rich man drove（the calf）to his home and penned（it）in his shed，they say.

c　*Gan   huguer＝ni ger＝du   nughuai zhuerge   ge＝ni*

3：SG cow＝GEN house＝DAT dog   heart SG：INDEF＝ACC

he   xi-gha-jiang   gelang.

take go-CAUSE-OBJ：PERF HEARSAY

He had a dog heart taken to the cow's home，they say.

d　Ting-ku   gan＝ni   bieri＝ni   bieqin＝ni   ber-jiang   gelang.

that-IMPERF 3：SG＝GEN wife＝GEN illness＝POSS become-OBJ：PERF HEARSAY

Then his wife's illness got better，they say.

e　Ni   bayang kong   ger＝du＝nang   khari-ji   ri-sa，

> *this rich   person house=DAT=REFLPOSS return-IMPERF come-COND*
>
> *When this rich man returned to his home,*

f gan   huguer shu   mushi-lang   *gelang.*

3:SG cow   book read-OBJ:IMPERF HEARSAY

he, the cow, was reading, they say.

g Shu mushi-lang   ma gan khuleghe-ji nao-la   xi-ku,

book read-OBJ:IMPERF PRT 3:SG peep-IMPERF see-PURP go-IMPERF

(It) was reading, and when he [the rich man] went secretly to look,

h *burer arasi=nang   zhuo da-jiang   bai.*

calf   skin=REFLPOSS wear cannot-OBJ:PERF EMPH

(he saw that) the calf could not wear its skin (any longer).

i *Gan   kong ge   ber-jiang   gelang.*

3:SG person SG:INDEF become-OBJ:PERF HEARSAY

It had become a person, they say.

j *Khuonuo kuer-ku,*

later   arrive-IMPERF

In later days,

k kuergan=ni   gan=ni   bulai=nang   maidie-jiang   gelang.

husband=POSS 3:SG=GEN child=REFLPOSS know-OBJ:PERF HEARSAY

her husband learned about his son, they say.

The first instance of *gelang* (in line a) is a quotative usage, following indirect speech, and the following six are hearsay uses.

5. 3 *CLUSTERING*

We have already seen that we often find two or more clauses bearing *gelang* within a short stretch of text. This is true of all *gelang* occurrences, both hearsay and quotative. In total of the 64 occurrences of *gelang*, 38 (59%) appear in clusters of two or more *gelangs* within a particular episode or other unit of text.

When we consider only the hearsay instances of *gelang*, however, we find an even more overwhelming tendency for such clustering: of the 37 hearsay uses of *gelang*, 28 (76%) appear in clusters of two or more *gelangs*. In fact, then, hearsay *gelang* tends very strongly to appear in clusters, rather than to be used once in a while in isolation.

Some further examples of phenomenon, with some discussion of their possible significance, are provided here.

For example, in Two Wives 39−41, *gelang* appears with two successive clauses.

(11) Two Wives 39-41 (Chen et al 2005: 140)

a   *Ni   kong   ger = du   ri-sa,*
    this person house = DAT come-COND
    When this man came home,

b   *gan = ni   huayan-ku-ni   qijighe*
    3:SG = GEN garden-IMPERF-NOMLZR bloom
    saihang = ni   ting ge-lang   gelang.
    beautiful = GEN that do-OBJ:IMPERF HEARSAY
    the bloom in his garden was very beautiful, they say.

c   Kong   yao-ku   gan = ni   ti   suni   guida-lang   gelang.
    person go-IMPERF 3:SG = GEN that die:out disappear-OBJ:IMPERF HEARSAY
    After people left, that (bloom) withered, they say.

We have already noted that *gelang* often marks critical points in a story: turning points, episode boundaries, and narrative climaxes. In many cases, it seems that *gelang* functions to indicate heightened excitement. This is probably part of the reason that we find multiple occurrences of *gelang* at these transition points.

For instance, Peddler is a very long story which has two major parts. Lines 186-193 are the beginning of the second major part of the story, and we find four instances of *gelang* in this section. Here are those lines:

(12) Peddler 185-93 (Chen et al 2005: 113)

a   *Huler   ye   yao-sa,*
    peddler more walk-COND

The further the peddler walked,

b   *gan = ni   xiangxier ye   dameitu-lang   gelang.*
     3:SG = GEN box   more become:heavy-OBJ:IMPERF HEARSAY
     the heavier his box became.

c   *Jieke-ji   ge nao-sa,*
     lift-IMPERF do see-COND
     When (he) lifted (the lid) and looked (in),

d   *yi-bang   mang'huzi khuer ye   huoruo-lang,*
     one-group monster   foot   also wrap-OBJ:IMPERF
     (he saw) a group of monsters binding (their) feet,①

e   *terghai ye   sangmula-lang,*
     head   also comb-OBJ:IMPERF
     combing (the hair on their) heads,

f   *dier   ye   musi-lang   gelang.*
     clothes also wear-OBJ:IMPERF HEARSAY
     (and) putting on clothes.

g   *Huler   ayi   danang ghuer chaibai = du   xi,*
     peddler fear after   valley bank = DAT go
     The peddler was frightened and went to the side of a valley,

h   *yi-ge   khuer tike bao-gha   danang gui-jiang   gelang.*
     one-CL foot   kick go:down-CAUSE after   run-OBJ:PERF HEARSAY
     (and) after kicking (the box) down (into the valley), (he) ran away.

i   *Gan gui-ji   huguer hagher ge   qige-jiang   gelang.*
     3:SG run-IMPERF cow   dropping SG:INDEF see-OBJ:PERF HEARSAY
     He ran (until) he met a cow pie.

In some extreme cases, we find *gelang* used in what appears to be an artistic, stylistic way. In the next example, a skilled storyteller creates a poetic structure of parallel lines, with repeated grammatical patterns and with

---

① Minhe Mangghuer formerly practiced footbinding. Bound feet were wrapped in strips of cloth.

gelang marking the ends of rhythmic units. Let's look first at the text itself, and then we will give a schematization to help you see the rhythmic structure.

(13) Three Daughters 44-56 (Chen et al 2005: 133)

a Du niezhang luosi-jiang   ma, ghazher=ni wake-jiang   gelang.
   now wretched be:hungry-OBJ:PERF PRT ground=ACC dig-OBJ:PERF HEARSAY
   Now, wretched (and) hungry, (they) dug (in) the ground, they say.

b *Wake-ku,   gan yi-kuer pujieghe gher-jiang   gelang.*
   dig-IMPERF 3:SG one-CL pea   go:out-OBJ:PERF HEARSAY
   When (they) dug, it, a pea came out, they say.

c *San-ge=la   yi-ren   diger   ge   di-jiang.*
   three-CL=COLL one-person little:bit SG:INDEF eat-OBJ:PERF
   The three of them each ate a little bit.

d Pusa   ge wake-ku,   san-kuer gher-ji   ri-jiang   gelang.
   another once dig-IMPERF three-CL go:out-IMPERF come-OBJ:PERF HEARSAY
   When (they) dug once again, three (peas) came out, they say.

e Pusa   ge wake-ku,   yi-ge   mula tughuo gher-jiang   gelang.
   another once dig-IMPERF one-CL small pot   go:out-OBJ:PERF HEARSAY
   When (they) dug once again, a small pot (of peas) came out, they say.

f Ti=nang   di-ku   zou yao-jiang   gelang   bai.
   that=REFLPOSS eat-IMPERF thus go-OBJ:PERF HEARSAY EMPH
   After eating that thing of theirs (the peas), then (they) started walking, they say.

g Yao-da yi-ge khuosen ger=du   ruo-ji   xi-jiang   gelang.
   go-after one-CL empty   house=DAT enter-IMPERF go-OBJ:PERF HEARSAY
   (They) walked until (they) entered an empty house, they say.

h *Ni ger=du   laoshi ningger   ge   bang.*
   this house=DAT honest old:woman SG:INDEF OBJ:COP
   In this house there was an honest old lady.

i Ni ningger   gan tughuo=du=nang   nita-lang   gelang.
   this old:woman 3:SG pot=DAT=REFLPOSS sleep-OBJ:IMPERF HEARSAY
   This old woman, she slept in her pot, they say.

The structure of this example is quite amazing, actually. We can schematize it thus:

Finite clause *ma*, finite clause *gelang*.   (line a)

Nonfinite clause-*ku*, finite clause *gelang*.   (line b)

Finite clause.   (line c)

Nonfinite clause-*ku*, finite clause *gelang*.   (line d)

Nonfinite clause-*ku*, finite clause *gelang*.   (line e)

Nonfinite clause-*ku*, finite clause *gelang bai*.   (line f)

Nonfinite clause *da*, finite clause *gelang*.   (line g)

Finite clause.   (line h)

Finite clause *gelang*.   (line i)

Here, *gelang* functions as a stylistic device, contributing to an impressive overall rhythmic pattern. The repeated pattern involves a short nonfinite clause followed by a finite clause bearing *gelang*. In one case (lines d and e) the nonfinite clauses are verbatim repetitions, so that the entire effect is one of rhythm and rhyme.

Clearly, here, *gelang* has little or nothing to do with the source of the information, and everything to do with the skill of the storyteller in creating an artistic effect.

At this point we would like to make a typological and methodological note: Aikhenvald (2004: 310-24) says that some languages use hearsay evidentials in folktales in two places: 1. in the beginning, where stage-setting and character introductions occur (this is part of the task of establishing that the story is one that's been passed on orally—it's a marker of a particular discourse genre); 2. at the narrative peak.

Before beginning this study, one of us (Slater) had interlinearized all these texts and looked a bit at *gelang*, so he had some impressions of how this form was used. When Slater first read Aikhenvald's discussion, it sounded familiar, and he thought that her description was right for Mangghuer. But we have seen here that it is only partly right: *gelang* appears in narrative peaks, and also at other critical and exciting points in stories, but it does not seem to appear in the stage-setting parts of the narratives. Rather, it often appears just *after* the stage-setting, when an event occurs which indicates the first complication of the plot.

So Slater's impressionistic feeling was wrong, even though it seemed so likely and agreed with what a typological expert predicted. This is a lesson we all need to remember: we must check our hypotheses against the actual data!

6 VARIATION IN USAGE

The usage of hearsay *gelang* with its discourse/pragmatic functions actually varies considerably from speaker to speaker and from text to text. This is not surprising for a pragmatic device. In this section we will look at two ways of breaking down the appearances of *gelang*, which help us to see underlying variation in its usage: usage by different speakers and usage within different texts.

6. 1 *VARIATION IN USAGE BY SPEAKER*

Remember that *gelang* can be used as a hearsay evidential marker, with primarily discourse/pragmatic functions, but it can also be used as a quotative marker, directly following a direct or indirect quote. Table 1 shows that *gelang* exemplifies these two functions differently, in its usage by different storytellers.

Table 1   *Functions and occurrences of* **gelang** *by speaker*

Name	# quotation *gelang*	# hearsay *gelang*	%hearsay	# lines of text	lines/ hearsay
Lü Jinliang	6	22	79%	954	43. 4
Zhu Wenhui	1	0	—	69	—
Wang Xianzhen	15	0	—	980	—
Chen Zhaojun, Zhu Meilan①	5	15	75%	240	16. 0

① These two speakers, a mother and daughter, told a single story together. There is no record of who told which parts of the story, so we cannot be sure how each of them used *gelang*.

continued

Name	# quotation *gelang*	# hearsay *gelang*	%hearsay	# lines of text	lines/ hearsay
3 others	0	0	—	467	--
Overall summary	27	37	58%	2710	73. 2

Here are a few notes and observations about the information in this table:

1. Wang Xianzhen's stories were all written; all other story-tellers gave their stories orally.

2. The bottom right number (73. 2) is probably meaningless. Once you break this down by other factors, you find much more interesting facts.

3. Four storytellers used *gelang* for a quotative function, while three did not use it for this function.

4. Two (or three, see note 5) storytellers used *gelang* for a hearsay evidential function, while five did not use it for this function.

5. The hearsay function is the most common way in which this form is used, with 37 of its 64 total occurrences—58%—having this function. However, as the table shows, it is more interesting to profile this form according to its use by individual speakers. Lü Jinliang used *gelang* for a hearsay function 79% of the times that she used this form, while Chen and Zhu used *gelang* with hearsay function 75% of the time. For these speakers, it seems that the hearsay or discourse/pragmatic function is the primary function of *gelang*. However, the quotative function also remains quite robust.

6. Even more interestingly, the storytellers who used *gelang* in its hearsay function are all women (Lü Jinliang, Chen Zhaojun and Zhu Meilan). In contrast, the two storytellerswho used *gelang* only for its quotative function are both men (Zhu Wenhui and Wang Xianzhen).

Finding apparent gender differences is not that surprising, actually. For example, Dwyer (2000: 57) tells us that in Salar (a Turkic language spoken in the same Sprachbund area), women make much more use of the indirect evidential (which in Salar is a verbal suffix) than do men, who tend to use the direct evidential more frequently.

6. 2 *VARIATION IN USAGE BY STORY*

Only one of the speakers who uses *gelang* as a discourse marker told more than one of the stories in our corpus. Lü Jinliang, who is clearly a talented storyteller, told 12 of the stories we have examined. She used *gelang* with a hearsay evidential function in 5 of the stories, and did not use it with this function in the other 7 stories. Table 2 breaks down the stories told by this individual.

Table 2   *Lü Jinliang's use of* **gelang** *by story*

Story name	# lines	# uses of hearsay *gelang*	lines/hearsay
Three daughters	85	9	9. 4
Two wives	79	8	9. 9
Monster girl	70	3	23. 3
A hired farmhand	94	1	94
The stupid boy	91	1	91
7 other stories	535	0	—
Totals	954	22	43. 4

Ms. Lü's use of *gelang* is different in different stories. In some stories, she uses it a lot, and in others she does not use it much; in more than half (7 of 12) stories, she does not use it at all.

7 QUESTIONS FOR FUTURE RESEARCH

The evidence that we have given in this paper suggests a number of questions for future research, both for Mangghuer and for other languages which use similar devices. These questions are particularly important for related languages and for other languages which are spoken within the Qinghai-Gansu Sprachbund, a region of intense language contact of which Mangghuer is one participating language. We would like to discuss a few of these questions here.

- Are some of these people better storytellers than others? If so, what role does *gelang* play in a good story? We have suggested that Lü Jin-liang is a very good storyteller—that is why the researchers who collected these stories got 12 of them from her. Her use of *gelang* is sometimes quite artistic. Perhaps she would be a good model for how to use *gelang* effectively.

- Can *gelang* also appear, with its discourse functions, in factual narratives? How would we test? One approach might be to ask Lü Jinliang to tell us some stories about her youth and about other events in her life and the community. Perhaps we would like to have her tell some historical events too, to determine if perhaps *gelang* can appear in historical accounts, but not in personal experiences.

- Actually, we have something like this in some of the narratives by Wang Xianzhen, which are pseudohistorical accounts of historical persons and events (perhaps they should be considered historical fiction?). We don't know if these stories are believed to be true or not. In any case, Mr. Wang never uses *gelang* this way. Are his stories a different genre, and if so, is the absence of *gelang* related to that genre?

- Also, we can note that Mr. Wang's stories were produced in writing, not transcribed from tapes. They do not represent a written standard, because Mr. Wang was the very first person to write the language at all. But his writing is still quite probably influenced by his Chinese literacy, and written Chinese has no device like hearsay *gelang*. Do these storiessuggest that written Mangghuer, as it becomes standardized, should not generally use *gelang* with its discourse functions?

- What about gender? Is it really the case that only women use *gelang* in these ways in narrative discourse? Perhaps that would be important in creating written material if we wanted to attribute it to a male author.

These are a few of the research questions which come to mind for us, and we hope that other researchers will join us in addressing these questions for Mangghuer and for other languages of the Qinghai-Gansu Sprachbund.

APPENDIX: ABBREVIATIONS

1	1st person
3	3rd person
ABL	ablative
CAUSE	causative
CL	classifier
COLL	collective
COND	conditional
DAT	dative
DIR	directive case
EMPH	emphatic
EXCL	exclamation
FUT	future
GEN	genitive
HEARSAY	hearsay evidential
IMPERF	imperfective
INDEF	indefinite
LOC	locative
NEG	negative
NOMLZR	nominalizer
OBJ	objective perspective
PL	plural
POSS	possessive (non-reflexive)
PROG	progressive
PRT	particle
PURP	purpose
QUOTE	quotation
REFLPOSS	reflexive possessive
SG	singular

SUBJ   subjective perspective

REFERENCES

Aikhenvald, Alexandra Y. 2004. *Evidentiality*. Oxford: Oxford University Press.

Chen Zhaojun, Li Xingzhong, Lü Jinliang, Keith Slater, Kevin Stuart, Wang Xianzhen, Wang Yongwei, Wang Zhenlin, Xin Huaizhi, Zhu Mei-lan, Zhu Shanzhong, Zhu Wenhui, and Zhu Yongzhong. 2005. *Folktales of China's Minhe Mangghuer*. München: Lincom Europa.

Dwyer, Arienne. 2000. Direct and Indirect Experience in Salar. In Lars Johanson, and Bo Utas, eds. *Evidentials: Turkic, Iranian and neighbouring languages*, pp. 45–60. Berlin: Mouton De Gruyter.

Slater, Keith W. 2003. A Grammar of Mangghuer: a Mongolic language of China's Qinghai-Gansu Sprachbund. London: RoutledgeCurzon.

Slater, Keith W. This Volume. What is a particle? On the use and abuse of the term "particle" in East and Southeast Asian languages.

（原载 http：//ic. payap. ac. th/graduate/linguistics/wp－vol6－2. php 网，2010 年。王森编制提纲，史继威执笔成文。史继威，世界少数民族语文研究院东亚部美籍学者。发表时署名是 keith SLATER and WANG Sen）

《金瓶梅词话》里动词的态

　　《金瓶梅词话》（以下简称《金》）里的动词有六个"态"：进行态（说着话），实现态（喝了一杯茶），经验态（去过北京），短时态（你说说），尝试态（你试听），可能态（听得清）。这些"态"一头连着古代，一头伸进现代，有的内部结构很复杂，有的很简单。这都涉及到动词组合能力的演变。本文不拘泥于这些"态"的概念本身，主旨正在于借助这些大的类型对当时上述动词短语的框架及其演变做个初步探讨。

一　进行态

　　1. 《金》中的进行态用"着、的"表示。"的"和"着"语义相同。用"着"表示的主要是"V+着（+宾）"式。例如：（1）那金莲摇着头儿说道：……（第51回第21页b）／（2）那李瓶儿在酒席上，只是把眉头忸忕着。（第30回第7页a）但是"V+宾+着"式仍然存在着。例如：（3）西门庆……连忙出来迎接。见都穿衣巾着进来。（第58回第4页b）／（4）冯妈妈悉把半夜三更妇人被狐狸缠着，染病着，看看至死，……说了一遍。（第18回第5页）用"的"表示的只有"V+的（+宾）"式。例如：（5）（西门庆）教阴阳徐先生看了，从新立了一座坟门，砌的明堂神路，门首栽的柳，周围种松柏，两边叠的坡峰。（第48回第4页b）／（6）西门庆正在前厅坐的，忽见冯妈妈来回话。（第37回第2页a）

　　2. 上述"着、的"出现的格式和频率与元末《老乞大》《朴通事》

的情况①大体相同。这就是说，虽然自元末至明万历二百多年间"着"的使用一直处于优势，但"的"仍然长期和它并存着。

二　实现态

1. 实现态"了"在《金》中的主要用法和现代汉语相同，即一般用在叙述句中，表示动作、行为已经实现。例如：（1）各都与了赏钱，打发出门，看着收拾了家伙，灭熄了灯烛，归后边去了。（第46回第13页b）但仍有某些差异。以下几种用法现代普通话中就都是不存在的。

A. 有时用在表示未然的祈使句中。例如：（2）西门庆道："我的儿，你若一心在我身上，等他家来，我爽利替他另娶一个，你只长远等着我便了。"妇人道："我达达，等他来家，好歹替他娶了一个罢……"（第79回第7页）／（3）你把头子上圈去了一个，我和你要一遭试试。（第52回第1页）／（4）你把心放开……人生在世，且风流了一日是一日。（第85回第6页b）

B. 有时用在表示未然的假设复句的后一分句。例如：（5）我……若上梁山，决替这个妇人报了仇。（第84回第10页）／（6）我不去了，你就留下我，到家也寻了无常。（第99回第12页a）／（7）我若输了，不肯吃（酒），不是人了。（第54回第7页b）

C. 有时用在表示未然的陈述句中。例如：（8）因见韩先生旁边小童拿着屏插，袖中取出抹笔颜色来，花子由道："姐夫如今要留个神子？"西门庆道："我心里疼他，少不的留了个影像儿，早晚看着，题念他题儿。"（第63回第2页b）／（9）你我如今这等计较：每人各出一钱银子，七人共凑上七钱。使一钱六分，连花儿买上一张桌面。五碗汤饭，五碟果子；使了一钱，一付三牲；使了一钱五分，三瓶酒；使了五分，一盘冥纸香烛；使了二钱，买一钱轴子。再求水先生作一篇祭文使一钱；二分银子雇人抬了去。（第80回第1页b）

D. 有时用在表示可能的句子中。例如：（10）（他）就住在臭水

---

① 王森：《〈老乞大〉〈朴通事〉里的动态助词》，《古汉语研究》1991年第2期。

巷，又会弹了一手好月琴。（第 7 回第 2 页 a）／（11）只这妇人因怀着旧时仇恨，寻了不着这个由头儿。（第 72 回第 2 页 a）

E. 有时还采用"V+宾+了"的语序，"了"的词性似乎还更多地保留着动词"完毕"的意思。例如：（12）那平安磕头了起来，提着裤子往外去了。（第 35 回第 8 页 b）

2. 由上述可知，"了"虽早已完成了它由动词向动态助词的变化，但在口语文献中却仍存在着不少差异。这种情况《老乞大》《朴通事》中就存在着，但似乎只限于上述 A 条①，而二百多年以后在《金》中，却反而扩大了，也许是因为篇幅的浩繁，原有的差异表现得更为明显充分了吧。

三　经验态

1.《金》中的经验态主要用"过"表示。"过"有两个："过$_1$""表示过去曾有这样的事情"，"过$_2$""表示动作完毕。"② 例如：（1）何况你又在他家做过买卖，他那里把你这几两银子放在心上。（第 31 回第 2 页 a）／（2）这汗巾儿是你爹成日眼里见过，不好与你的。（第 28 回第 6 页 b）以上两例是"过$_1$"。"过$_2$"的，例如：（3）月娘道："二娘你吃过此杯，略歇歇儿罢。"（第 14 回第 10 页 b）／（4）翟谦道："请用过早饭，学生先进府去，和主翁说过，然后亲家搬礼物进来。"（第 55 回第 4 页 a）以上"过$_1$""过$_2$"一般用的都是"V+过（+宾）"式。但有时也用"V+宾+过"式。例如：（5）哥，你也不曾见佛经过来。（第 57 回第 8 页 b）

2. 和表示动作完毕的"过$_2$"相当的，还有"毕、罢、讫"几个词。"毕"最为典型：一是它的使用频率不低，恐怕和"过$_2$"相当；二是它的位置远没有"过$_2$"固定，即"V+毕（+宾）"式和"V+宾+毕"式都很常见。"V+毕（+宾）"式的，如：（6）月娘恰烧毕了香，不防是他大雪里走来，倒唬一跳。（第 21 回第 2 页 a）／（7）说毕，三

---

① 王森：《〈老乞大〉〈朴通事〉里的动态助词》，《古汉语研究》1991 年第 2 期。

② 吕叔湘主编：《现代汉语八百词》，商务印务馆 1980 年版，第 216 页。

人摆下棋子，下了三盘。（第 23 回第 1 页 b）／（8）吴大舅……灵前行毕礼，与西门庆作揖。（第 63 回第 1 页 a）"V+宾+毕"式的，如：（9）月娘……与他哥哥行礼毕，坐下。（第 20 回第 11 页 a）／（10）竹山就床诊视脉息毕，因见妇人生有姿色，便开言说道：……（第 17 回第 8 页 a）三是"毕"的口语化程度要比"过₂"高，试比较下面例（11）"用过"早斋和例（12）"吃毕酒饭"可知。（11）西门庆笑道："仙长远来。已定未用早斋，待用过，看命未迟。"（第 29 回第 5 页 a）／（12）当下吃毕酒饭，翟谦道……（第 30 回第 5 页 b）"罢"用得不多，也有"V+罢（+宾）"和"V+宾+罢"两种格式。如：（13）烧罢纸，满眼泪堕。（第 89 回第 5 页 a）／（14）刚才吃罢，忽门上人来报……（第 32 回第 2 页 b）／（15）两个媒人收了命状岁罢，问先生：……（第 91 回第 7 页 b）"讫"也少见，它一般用于作品的叙述语言，有些书面语意味，如口语"说毕""吃罢"在下面用例中都用"言讫""饮讫"。（16）言讫，都不久坐，告辞起身。（第 65 回第 4 页 a）／（17）伯爵刚才饮讫，那玳安在旁连忙又斟上一杯酒。（第 60 回第 4 页 a）

3.《老乞大》《朴通事》中，只见到两例"过₁"，"过₂"还没有出现，遇到"过₂"就用"罢"代替①，"毕"也只偶有用例。到了《金》中，"过₁""过₂""毕"都已成为常用词了。再往后，"罢、毕"渐渐转入方言，"过"就成为现代汉语普通话经验态的唯一用词了。

四 短时态

1. 我们所说的"短时态"是广义的，包括 A 式："VV"、B 式："V 一 V"、C 式："V 了 V"、D 式："V 了一 V"四种基本重叠格式。《金》中的短时态非常发达，以上四种基本格式齐全，另外还有一种基本格式的省略式 E 式。

A 式。有三个小类。A1：VV。例如：（1）请你二位陪他坐坐。（第 35 回第 13 页 a）／（2）把这座亭子修理修理。（第 77 回第 3 页 b）

---

① 王森：《〈老乞大〉〈朴通事〉里的动态助词》，《古汉语研究》1991 年第 2 期。

A2：V 宾 V。例如：（3）二娘狠心，就不说来看俺们看儿。（第 14 回第 9 页 b）／（4）同僚之间，凡事教导他教导。（第 70 回第 7 页 b）A3：VV 宾。如：（5）妈使我来瞧瞧你。（第 45 回第 8 页 b）／（6）临出门，妇人还要他拜辞拜辞月娘、众人。（第 85 回第 10 页 b）

B 式。有三个小类。B1：V 一 V。例如：（7）二爹叫他等一等。（第 46 回第 1 页 b）B2：V 宾一 V。例如：（8）西门庆道："等我送你每一送。"（第 27 回第 7 页 a）／（9）你来家该摆席酒儿，请过人来知谢人一知谢儿。（第 14 回第 7 页 a）B3：V 一 V 宾。例如：（10）你且揩一揩身上，吃夜饭去。（第 53 回第 15 页 b）

C 式。有三个小类。C1：V 了 V。例如：（11）那玉箫……前面走了走儿，又回来了。 （第 40 回第 6 页 b）C2：V 了宾 V。例如：（12）于是用手引了他引儿，那孩子就扑到怀里。（第 43 回第 8 页 b）C3：V 了 V 宾。例如：（13）这个僧人……向西门庆点了点头儿。（第 49 回第 13 页 a）

D 式。有两个小类。D1：V 了一 V。例如：（14）先生……把算子摇了一摇。（第 91 回第 7 页 a）D2：V 了宾一 V。例如：（15）梦见李瓶儿下炕来，推了迎春一推。（第 62 回第 18 页 a）

E 式。这是以上 A、B、C、D 式的省略式，或称部分重叠式。这种格式中的动词 V 都是双音节 AB 词，但重叠时只重叠其中一个语素 A 或 B，而省去另一个语素 B 或 A。V 有偏正式的，联合式的，也有动补式的。偏正式的，例如：（16）蒙他昨日具帖与我，我岂可不回拜他拜去。（第 75 回第 7 页 b）／（17）那胡秀起来，推揉了揉眼，瞭睁睁，跟道国往铺子里去了。（第 61 回第 7 页 a）／（18）那李瓶儿听了，微笑了一笑儿。（第 62 回第 7 页 a）／（19）大姐道："有桩事儿，我也不是舌头，敢来告你说 学说：……"（第 51 回第 2 页 b）动补式的，例如：（20）伯爵道："你央及我央儿，我不说便了。"（第 16 回第 10 页 b）联合式的，例如：（21）西门庆道："北边他杨姑娘没了……都去吊问吊儿。"（第 75 回第 15 页 b）／（22）西门庆道："我心里疼他，少不的留了个影像儿，早晚看着，题念他题儿。"（第 63 回第 2 页 b）／（23）你还使人寻这吴神仙去，教替他打算 算，这禄马数上看如何。（第 61 回第 25 页 a）／（24）等我吃了梅汤，等我捆混他一混去。（第

29 回第 11 页 b）下面是同一个词的完全重叠式和省略重叠式同时使用的用例：（25）a. 你哥老了，看顾 顾吧。（第 78 回第 6 页 b）b. 大人凡事看顾 看顾……（第 70 回第 8 页 a）

　　以上省略重叠式有以下几点值得注意：①就动词的结构看，主要是偏正式的（如例（16）—（19））、联合式的（如例（21）—（25）a），动补式的（如例（20））少见。重叠时，重叠的都是 AB 中的主要语素，即偏正式中的后一语素 B（如例（16）—（19）），动补式中的前一语素 A（如例（20））①，如果是联合式的，则可能依习惯而定，或重叠前一语素 A（如例（21）—（22）），或重叠后一语素 B（如例（23）—（25）a）。②就分布来看，全面而集中。A、B、C、D 四式都有省略式，但大都集中在 A 式，如上述十例中有七例都是 A 式，而且其中偏正式、动补式、联合式齐全。③就重叠出现的位置来看，一般是原型动词在前，重叠的在后，以上各例大都如此；但也有重叠的在前，原型动词在后的，如例（19）"说学说"，"学说"在后，即"复述"义，偏正式，现在河南荥阳方言仍如此说，"说"是重叠部分，在前。这种位置少见，现代上海方言中有类似用法，如"揩揩干""说说清楚"等。④这种省略重叠式其他近代文献中也同样存在着②。由此可知，它不是个别的由于疏忽造成的文字脱漏，而应是近代汉语中和完全重叠式并行的一种自成系统的有机整体。因此，整理古籍遇到这种情况时，似不宜予以添补③，虽然添补后更适合于现代的说法，但不添补或许更符合原意。

　　2. 《金》中有时还可见到下面几种格式。它们可看作以上四种基本格式的变式，在现代普通话中都已不复存在。

　　A. VV（+宾）趋。例如：（26）你趁闲寻寻儿出来罢，等一回你又

---

　　① 动补式有例外，有的重叠的是非主要语素 B，如"吃他两服药，解散散气，安安胎，就好了"。（第 75 回第 29 页 a）

　　② 见范方莲《试论所谓"动词重叠"》，《中国语文》1964 年第 4 期。

　　③ 如戴鸿森校点本《金瓶梅词话》（人民文学出版社 1985 年版）就有这种添补的情况。如第 75 回第 1112 页"解散散气"中在"解散"后径增"解"字，第 78 回第 1172 页"看顾顾"中在"看顾"后从崇本增"看"字。

不得闲了。(第 74 回第 2 页) /（27）（来保）又说："嫂子，我明日东京去，你没甚鞋脚东西稍进府里与你大姐去?"王六儿道："没甚么，只有他爹替他打的两对簪儿并他两双鞋，起动保叔，<u>捎捎进去</u>与他。"（第 51 回第 9 页）/（28）月娘……即叫大姐："你和那二娘<u>送送三位师父出去</u>，看狗。"（第 75 回第 24—25 页）这种"VV（+宾）趋"格式用于祈使句，是一种混合结构。现代普通话"VV"不能带"趋"，该式已演化为"VV 宾"（送送师父）或"V（十宾）趋"（捎进去/送师父出去）。

B. V 宾₁V 宾₂。宾₁是宾₂的修饰成分。例如：（29）若是<u>沾他沾身子儿</u>，一个毛孔里，生一个天疱疮!（第 51 回第 7 页 b）

C. VV 了宾。例如：（30）这妇人向床头拉过他袖子来，<u>掏掏了几个</u>，放在嘴里才罢。（第 72 回第 11 页 a）

3. 以上重叠式中重叠的 V（单音节 A，或双音节 AB）后常常带"儿"，也有个别带"子"的。带"儿"的，A 式如例（3），B 式如例（9），C 式如例（11）、（12），D 式如例（18）。带"子"的，例如"把这小奴才拿下去，也拶他一拶<u>子</u>"（第 35 回第 8 页 a）、"连画童小奴才也拶了一拶<u>子</u>"（第 35 回第 8 页 b）。带"儿、子"的 V 一般都位于重叠结构的末尾。只有"VV（+宾）趋"式中有时"V 儿"出现在"趋"前，如例（26）"寻寻<u>儿</u>出来"。

4. 由上述可知，《金》中的动词重叠式样样俱全，带有集大成的特点。鉴此，我们正可以就便探讨一下其中"VV"式的产生问题[①]。

A. 弄清"VV"式产生的问题，实际上就是要回答下面两个问题：一般动词重叠式的产生和作用；重叠式 A 式和 B 式的先后问题。

一般动词重叠式是怎样产生的，又有什么作用呢？看一下动量词的发展就会明白。动量词的发展在宋元时代呈现出两种趋势：一是专用化，二是简便化。现在的专用动量词那时大体都已出现。例如《老乞大》（以下简称《老》）、《朴通事》（以下简称《朴》）中出现专用动

---

① 刘坚先生说："汉语动词的 AA 型重叠形式始于何时，是一个还没有研究清楚的问题。""太田辰夫（1958）认为，这种重叠式是从重叠的动词中间加'一'变来的。"见《〈训世评话〉中所见明代前期汉语的一些特点》，《中国语文》1992 年第 4 期。

量词 14 个，其中现代常用的"次、回、下、遍、遭、顿、场"那时都已出现①。所谓简便化，就是临时借用被计量的动词来充当动量词，如"看一看"。当专用动量词不够用或不愿用它时，就可以简便地重复一下前面的动词来表示动量。也就是说，这种方法简便、灵活，而无专用动量词那样的数量限制，有较强的适应性。因此，自宋元到明代中后期渐渐形成上述 A、B、C、D 四种基本格式，使用也渐渐多起来。仍以《老》《朴》为例，二书中出现动量词共 35 个，其中叠用动词表示动量就有 22 个，占 3/5 强②。专用化、简便化二者的功能是相同的，即都表示计量，和数词一起充当补语。但二者的使用地域是有差别的，大致情况可能是这样：长江、黄河下游的南北地区专用化、简便化二者都用，有下面谈到的宋元明清著作可证。而西北和西南的不少地区是只用专用的，不用简便的，有下述当地现代方言可证。这有待于大范围地普查。但就我们现在已知的情况看，例如甘肃的兰州、临夏、酒泉、敦煌，陕西的西安、澄城、神木等陕北十几个县市③，青海的西宁等地区，贵州的贵阳、大方，湖北的长阳等地区④，那些地方农村老人的口语里至今只说 V（给）（一）下：说（给）（一）下、商量（一）下，不说 V（一）V：说（一）说、商量商量。这说明动量词在该地区发展到专用化便就此止步了。

　　A 式和 B 式谁先谁后呢？据有关研究资料⑤可知，宋元时代 A 式的 AA 型只在《戏文三种》《清平山堂话本》《元曲选》中偶有所见，而《景德传灯录》《朱子语类》《老乞大》《朴通事》等则不见

---

　　① 王森：《量词的数量、类别和功能的定量研究》，见《〈老乞大〉〈朴通事〉语言研究》，兰州大学出版社 1991 年版。

　　② 同上。

　　③ 见刘育林《陕北方言略说》，《方言》1988 年第 4 期。又见邢向东《神木话的"尝试补语"和"短时补语"》，《中国语文》1993 年第 2 期。

　　④ 见《西南官话名词和动词的重叠式》（三），《方言》1987 年第 3 期。

　　⑤ 参见 a. 范方莲《试论所谓"动词重叠"》，《中国语文》1964 年第 4 期；b. 祝敏彻《〈朱子语类〉句法研究》，长江文艺出版社 1981 年版；c. 刘坚《〈训世评话〉中所见明代前期汉语的一些特点》，《中国语文》1992 年第 4 期；d. 王森《量词的数量、类别和功能的定量研究》，《〈老乞大〉〈朴通事〉语言研究》，兰州大学出版社 1991 年版。

出现；到明代前期，《训世评话》中仍不见出现，稍后的《水浒全传》中又是偶尔出现。而 B 式的 A 一 A 型，以上诸书都已普遍使用。但自明代中期以后，情况有了变化，AA 型渐渐多起来，超过了 A 一 A 型。如《西游记》《金瓶梅词话》《红楼梦》都是如此。以上是 A 式 AA 型和 B 式 A 一 A 型的演化情况。A 式 ABAB 型和 B 式 AB 一 AB 型的情况也大同小异。此二式都出现得更晚。宋元时代上述诸书中未出现 ABAB 型。后来在元末偶有 "AB 一 AB" 的用例，如："那里有卖的好马……你打听一打听。"（《朴通事》，第113 页）再往后，到明代前期《训世评话》中才偶有 "ABAB" 的用例，如："我这丈夫，他的亲兄弟十分艰难……我常常勤（劝?）说：'怜见照顾照顾'。"① 但也是自明代中期以后，情况发生变化，二式渐渐多起来，而且其中 "ABAB" 型超过了 "AB 一 AB" 型。如《西游记》《金瓶梅词话》《红楼梦》都是如此。不过就总的看，ABAB、AB 一 AB 要比 AA、A 一 A 用得少得多。这就是 A 式、B 式出现的基本情况。

　　B. 由上述可知，就产生和功能来看，简便式应是专用动量词在我国东部运用过程中的产物，或特殊形式，即它是与被计量动词同形的动量词。就内部演变的先后来看，B 式在时间上和数量上都早于、多于 A 式，只是自明代中期以后 A 式才多起来。因此，我们的初步结论是：动词重叠式是宋元年间我国东部地区专用动量词在一定发展阶段上的伴生物，其中 VV 型是 V 一 V 型自明代中期以后由渐渐省去 "一" 而形成的一种简略式。

五　尝试态

　　1. 现代普通话的短时态和尝试态在不少语法书里是模棱两可的。《金》中的尝试态则有自己专用的结构形式。

　　A. 动词或动词的重叠式后面加 "看"。例如：（1）你穿上这黄狗

---

　　① 见刘坚《〈训世评话〉中所见明代前期汉语的一些特点》，《中国语文》1992 年第4 期。

皮，娘与你<u>试试看</u>好不好。（第 46 回第 12 页 b）／（2）常二道："只怕有一日，叫我一万声亲哥……我也只不饶你哩。<u>试试</u>手段<u>看</u>！"（第 56 回第 7 页 a）

　　B. "试"后面加动词或动词的重叠式。例如：（3）叫了声"六姐，你<u>试听知</u>：可惜你一段儿聪明，今日埋在土里"。（第 89 回第 12 页 a）／（4）不知你心怎么生着，我<u>试看一看</u>。（第 87 回第 9 页 b）／（5）因问："哥，你使了多少银子寻的？"西门庆道："你每<u>试估估</u>价值。"（第 31 回第 2 页 b）／（6）净扮秀才，笑云：王勃殿试乃唐朝人物，今时那里有？<u>试哄他一哄</u>！（第 31 回第 13 页 b）

　　2. 由上例可知，后加"看"、前加"试"，便是这种尝试态的形态标志。即便动词本身是"尝"或"试"时，也常加上标志。A 式的，如下例，又见例（12）。（7）咱晚夕拿与他<u>试试看</u>，好不好？（第 72 回第 18 页 b）B 式的，例如：（8）吴老爹你老人家<u>试尝</u>此酒，其味如何。（第 84 回第 5 页 a）／（9）娘每<u>试尝</u>这猪头，今日小的烧的好不好。（第 23 回第 2 页 b）这种尝试态元末已经出现。A 式的，例如：（10）这个柳青纻丝有多少尺头？我<u>托看</u>。（《老乞大》，第 179 页）／（11）咱们<u>点看</u>这果子菜蔬，整齐么不整齐？（《老乞大》，第 95 页）／（12）"酒好么""好酒，你<u>尝看</u>，酒不好时，不要还钱。"（《老乞大》，第 113 页）B 式的，例如：（13）将洒子来，我<u>试学</u>打（水）。（《老乞大》，第 63 页）／（14）你将这一张黄桦弓上弦着，我<u>试扯</u>。（《老乞大》，第 182 页）／（15）怕你不信时，别个店里<u>试商量</u>去。（《老乞大》，第 33 页）

　　到明代前期，仍然沿用。例如：（16）且合药<u>试一试看</u>。① 到了现代汉语，"看"这个标志有时还能见到，"试"则已消失了。

六　可能态

　　1.《金》中的可能态有五种格式。简述如下：

　　A 式：（不+）助动+V。例如：（1）一撺撺到我明间。……再<u>不得</u>

---

　　①　见刘坚《〈训世评话〉中所见明代前期汉语的一些特点》，《中国语文》1992 年第 4 期。

尝着俺爹那件东西儿甚么滋味儿。（第 91 回第 12 页 b）／（2）等他家来，与了我休书，我去就是了。你赶人<u>不得赶上</u>。（第 75 回第 23—24 页）／（3）当下……莺声燕语，曲尽绸缪，<u>不能悉记</u>。（第 98 回第 9 页 a）／（4）爱姐……曾扶持过老太太，也学会些弹唱，又<u>能识字会写</u>。（第 98 回第 9 页 a）

由上例可知，V 前表可能的助动词"能、会"已开始使用，如例（3）、（4），但同时"得"也在使用，如例（1）、（2）。有趣的是，"能"可用在肯定式，如例（4），也可用在否定式，如例（3），而"得"一般多用在否定式，如例（1）、（2）（也有肯定式，如："伯爵只待奔开暂避，西门庆和两个妓女拥住了，那里<u>得去</u>。"（第 54 回第 7 页 b））。现在陕西西安、兴平、宝鸡、户县等地方言中大致保存了上述用法。如问："那里得不得过去？"答："能过去"，或"不得过去/不能过去"，即用肯定、否定并列式提问时可用"得"或"不得"，一般陈述肯定句也少用"得"而多用"能"。

B 式：V+得/不+结果。其中又有三个小类。B1：不十 V+结果（+宾）。例如：（5）金莲道："怪短命，催的人手脚儿<u>不停住</u>，慌的是些甚么？"（第 24 回第 6 页 a）／（6）其喘息之声……<u>无处不听见</u>。（第 42 回第 12 页 a）／（7）我举保他一场，他得了买卖，扒自饭碗儿，就<u>不用着</u>我了。（第 35 回第 22 页 a）B2：V+得+宾+结果，V+宾+不+结果。例如：（8）不知道爹不好……<u>看的爹迟</u>了，休怪。（第 79 回第 17 页 a）／（9）（来旺儿）<u>吃的酒饭饱</u>了，磕头出门。（第 90 回第 6 页 b）／（10）不然，越发<u>淘渌的身子空虚</u>了。（第 79 回第 17 页 b）／（11）有几句双关，<u>说得这老鼠好</u>。（第 86 回第 12 页 a）以上四例是 B2 的肯定式。它的否定式，例如：（12）月娘众人哭了一回，在旁<u>劝他不住</u>。（第 59 回第 15 页 a）／（13）张胜提刀……<u>寻春梅不见</u>，大拔步径望后厅走。（第 99 回第 8 页 b）／（14）一顿骂的来安儿<u>摸门不着</u>……（第 80 回第 3 页 b）这种格式的肯定式很常见，而否定式用得少。肯定式中结果补语一般是形容词，如例（8）—（11）中的"迟、饱、空虚、好"，否定式中的结果补语一般是动词，如例（12）—（14）中的"住、见、着"。V 是及物动词，都带宾语，但位置也不同：在肯定式中位于"得"后，在否定式中位于"不"前，以上各例都如此。由于补语词性的不同和宾语位置造成的结构的不同，所以这种格式不可能出现肯定和否定并列的形式。B3：V+得/不+结果。例如：（15）月娘……见封袋封得紧，用纤纤细指缓缓轻挑……（第53回第4页a）/（16）因前夜吃了火酒，吃得多了，嗓子儿怪疼的要不得。（第54回第2页a）以上二例是肯定式。否定式的，例如：（17）金莲……推他推不醒，就知他在那里吃了酒来。（第82回第8页a）肯定和否定并列的形式也已出现。例如：（18）我猜老虔婆和淫妇铺谋定计叫了去……不知涎缠到多咱时候，有个来的成来不成，姐姐还只顾等着他。（第21回第14页b）

这种格式和现代汉语已经完全相同。它是由B2把宾语移到V前、并把V由及物扩展到不及物发展而来的。把宾语移到V前的办法，可以是直接移动，如例（15）"封袋"直接由"紧"前移到"封"前；也可由重复动词而前移，如例（17）"他"即由重复"推"而前移；还可由借用前分句相同宾语而隐去本句的宾语，如例（16）就是借用前分句宾语"火酒"而隐去了本句"多"前的相同宾语。V由及物扩展到不及物的，如例（18）"来的成来不成"中的动词"来"即是。这样，V后的结构得到调整和简化，肯定和否定并列的形式便从而产生了。

C式：V+得/不+趋向。其中也有三个小类。C1：V+的+趋，不+V+趋（+宾+趋）。例如：（19）西门庆拿起粥来，只扒了半盏儿，就不吃下去。（第79回第15页a）/（20）在深宫大院……甚么事儿不干出来？（第40回第4页b）/（21）老汉……走了十数条街巷，白不讨出块腊肉儿来，甚可嗟叹人子！（第58回第21页a）以上三例是否定式。下面是肯定、否定共现的用例。（22）田鸡儿跳跳过去了，螃蟹方欲跳，撞遇两个女子来汲水，用草绳儿把他拴住了……田鸡见他不来，过来问他，说道："你怎的就不过去了？"蟹云："我过的去，倒不吃两个小淫妇捵的恁样了。"（第21回第13页a）C2：V+宾+不+趋。例如：（23）你那里味醉了，来老娘这里撒野火儿，老娘手里饶你不过！（第38回第3页a）/（24）到次日早辰，元宵起来，推里间门不开。（第92回第12页a）C3：V+不/没+趋（+宾+趋）。例如：（25）他只害心口内拦着，吃不下去。（第79回第17页a）/（26）从他死了，好菜也

<u>拿没出一碟子来</u>。（第 73 回第 8 页 b）这种格式和现代汉语已经完全相同。它是由 C1 的"不 V"换位或 C2 的"宾"移"趋"后发展而来的。其中宾语插在双音趋向动词之间即"补—宾—补"的语序也已经出现，如例（21）。

D 式：V+得/不（+宾）。其中也有三个小类。D1：不十 V+的+宾。例如：（27）这西门庆也<u>不顾的甚么</u>身底下血渍，两只手抱着他香腮亲着。（第 62 回第 19 页 a）／（28）听见他在屋里哭着，就<u>不听的</u>动静儿，乞我慌了……（第 26 回第 13 页 a）D2：V+宾+不+的。例如：（29）妇人家也是难做，受了辛苦埋怨人，也<u>怪他不的</u>。（第 56 回第 6 页 a）D3：V+得/不得（+宾）。例如：（30）递了酒罢，我<u>等不的</u>了。（第 32 回第 6 页 b）／（31）母亲正磨豆腐，<u>舍不的</u>那猪……（第 21 回第 13 页 b）以上两例是否定式。下面是肯定、否定共现的用例。（32）常言俗语说得好：借米<u>下得锅</u>，讨米<u>下不得锅</u>。（第 31 回第 2 页 a）这种格式已和现代汉语完全相同。它是由 D1 的"不 V"换位或 D2 的"宾"移"的"后或隐去发展来的。

E 式：V+不+了（+宾）。和现代汉语相同。例如：（33）那伯爵……道："不打紧处，等我吃我吃，<u>死不了人</u>！"（第 60 回第 6 页 b）／（34）西门庆两碗还<u>吃不了</u>。（第 52 回第 6 页 b）

2.《金》中还有一种模棱两可的格式。即既可以理解为可能态的否定式，也可以理解为一般否定判断句。这和"不""没"二者的混用以及"不"的 V 前位置有关。

A.《金》中存在着一些"不""没"混用的现象：该用"不"时却用"没"，该用"没"时又用"不"。该用"不"时用"没"的，如例（26），又如：（35）只剩下<u>没多</u>，我吃了。（第 68 回第 12 页 a）／（36）短命的，且<u>没要动旦</u>，我有些不耐烦在这里。（第 53 回第 6 页 b）该用"没"时用"不"的，例如：（37）那李瓶儿双手搂抱着西门庆脖子……说道："趁奴<u>不闭眼</u>，我和你说几句话儿……"（第 62 回第 16 页 b）／（38）你即实实说了，我就不打你。不然，取马鞭子来，我这一旋剥，就打个<u>不数</u>。（第 73 回第 18 页 a）

这种混用的情况，浙江绍兴、甘肃渭源、临夏等方言中仍可见到。

B. 以上"不""没"或在 V 前或在名、形前，一般不构成可能态，没有歧义。如果出现在下面可能态 V 前的格式中时，就可能有两种理解。例如：（39）他一个钱儿<u>不</u>拿出来，止与了这根簪儿。（第 94 回第 3 页 a）上例有后续句"止与了……"制约，因此似仍应是可能态的否定式，即：不拿出来＝拿不出来。像下面的用例无论放在什么语境中就都是模棱两可的了。（40）（陈经济）走来樨花下摇花枝为号，<u>不</u>听见里面动静。（第 82 回第 8 页 b）"不听见"可能是可能态 B1 的否定式"听不见"的意思，也可能是否定判断"没有听见"的意思。又如下面两例，也同理。（41）不知五娘几时走来在明间内坐着，也<u>不</u>听见他脚步响。（第 75 回第 25 页 b）／（42）说罢，金莲、玉楼、李瓶儿同来到前边大门首，瞧西门庆，<u>不</u>见到。玉楼问道："今日他爹大雪里不在家，那里去了？"（第 21 回第 14 页 b）

3. 由上述可知，现代汉语中五种表可能的格式在《金》中已经全部出现了。它们是由 A 式以及各自内部的并列小类演化来的。先是 A 式发生变化：①V 前的"得"开始由表可能的"能、会"等助动词取代，但可能因为这类助动词还不发达，所以用例很少。②V 前的"不""得"移向 V 后，由此引起了下面将谈到的种种演化。这是主要方面。以上是第一步。但"不""得"向 V 后的转移不是同步的，是"得"先"不"后，因此产生了 BI、CI、D1 这些"不 V"式和上述"2"中谈到的歧义现象。这是第二步。当"不""得"完成了向 V 后转移的初期，它们和 V 之间关系松散，即常有宾语插在其间，如 B2、C2、D2。这是第三步。接着，由于 V 由及物向不及物扩展和宾语渐渐前置、后移或省略，V 和"不""得"便紧靠在一起，成为现代的格式，如 B3、C3、D3。当"得"由 V 前转向 V 后时，它的写法一分为二，可写作"得"，也可写作"的"，很不固定，同时词性也复杂起来，不是单一的动词了。

七 结语

通过以上分析列举可知，《金》中上述诸"态"具有以下特点：

1. 格式多而全。所谓多，就是说，每个态大都有几组表达格式，构成大的格局，每组内又有若干同类格式，显出局部差异。所谓全，就是说，一方面，现代汉语中上述六态的所有格式《金》中都已全部出现；另一方面，《金》中还有更多的其他类型的格式。

2. 处于广泛试验阶段。《金》中每个态不同层次的众多格式演化产生后，正处在相对稳定阶段，它们并存共用，目的是在寻找最有效的组合，但就书中对各类格式的运用来看，似乎还没有决定取舍，只是处在广泛的试验阶段。

3. 下一步的工作应该是在广泛试验的基础上，对上述诸格式的筛选、淘汰，而不应是新格式的增生。

参考文献

兰陵笑笑生：《金瓶梅词话》，文学古籍刊行社影印 1955 年版。

《老乞大谚解》，奎章阁丛书第九。

《朴通事谚解》，奎章阁丛书第八。

（原载《古汉语研究》1994 年第 3 期，总第 24 期，第 20—27、33 页）

《金瓶梅词话》中字序对换的双音词

提　要　本文对《金》中字序对换的双音词做了穷尽性的列举，并参考相关论著，对它们的今昔运用概况和某些词义的演变作了梳理，同时指出，这类词在《金》的时代的口语中，正在蓬勃发展。

关键词　《金瓶梅词话》字序对换　双音词

字序对换的双音词是指字序不同、词义相同或相近的双音词。合于今天普通话字序的我们称为 A 式，其他的称为 B 式。这类词，郑奠列举了 64 对①，张永绵列举了 85 对②，何金松列举了 34 对③，韩陈其列举了 62 对④。郑、张、何三文从纵的方面进行列举，揭示了汉语双音词字序演变的总趋势。韩文则是从横的方面就《史记》中该类词的运用进行列举，揭示了汉代词汇中这方面的概况。我们试从口语的角度对《金瓶梅词话》（以下简称"金"）中该类词的运用再做探讨。引文用书大多引自该书明代万历本⑤，有小部分例句引自戴鸿森对万历本的校点本⑥，在页数前加"人本"二字，以示区别。这些词在郑、张、何、韩四文中已出现的，都在相应的词的右上角用"☆"标出。

---

①　郑奠：《汉语中字序对换的双音词》，《中国语文》1964 年第 3 期。

②　张永绵：《近代汉语中字序对换的双音词》，《中国语文》1980 年第 3 期。

③　何金松：《字序可以互换的双音虚词》，《华中师范学院学报》（哲学社会科学版）1980 年第 3 期。

④　韩陈其：《〈史记〉中字序对换的双音词》，《中国语文》1983 年第 3 期。

⑤　兰陵笑笑生：《金瓶梅词话》，文学古籍刊行社 1955 年版。

⑥　兰陵笑笑生：《金瓶梅词话》，人民文学出版社 1985 年版。

一 并列式的字序对换的双音词

（一）名词

（1）晚夕 夕晚

A 晚夕：我白日不得个闲，收拾屋里，只好~来这屋里睡罢了。（第58 回第 8 页 a）

B 夕晚：我为你病恹恹减了饮食，瘦伶仃消了玉体，挨清晨怕~。（第 73 回第 16 页 b）

（2）衣胞 包衣

A 衣胞：(潘金莲) 悄悄央薛姑子……寻头男~。（第 68 回第 2 页 a）

B 包衣：不管脐带~，着忙用手撕坏。（第 30 回第 8 页 a）

（3）甘苦 苦甘

A 甘苦：还是武二哥晓礼，知人~。（第 87 回第 7 页 a）

B 苦甘：行记中人只护行记中人，又知这当差的~。（第 46 回第 1—2 页）

（4）皇帝 帝皇

A 皇帝：破着一命剐，便把~打。（第 25 回第 7 页 a）

B 帝皇：这~果生得尧眉舜目，禹背汤肩。（第 71 回第 14 页 b）

（5）音信☆ 信音☆

A 音信：有个哥儿从军边上，~不通，不知生死。（第 57 回人本第 745 页）

B 信音：静悄房栊独自猜，鸳鸯失伴~乖。（第 81 回第 1 页 a）

（6）父子 子父

A 父子：便宜了他，救了他~二人性命。（第 68 回第 2—3 页）

B 子父：老爹若不可怜见，小的丈人~两个就多是死数了。（第 67 回第 7—8 页）

（7）桌椅 椅桌

A 桌椅：王六儿……客座内打扫收拾~干净，单等西门庆来到。（第 61 回第 2 页 a）

B 椅桌：堂中~光鲜。（第 39 回第 5—6 页）

（8）左右　右左

A 左右：夏提刑即令~选大夹棍上来……（第 26 回第 5 页 b）

B 右左：夏提刑大喝了一声，令~打嘴巴。（第 26 回第 5 页 b）

（9）酱油　油酱

A 酱油：伯爵就催琴童、玳安拿上八个靠山小碟儿盛着十香瓜，五方豆豉，~浸的花椒，酽醋滴的苔菜……摆放停当。（第 54 回人本第 706 页）

B 油酱：把那猪首、蹄子剃刷干净……用一大碗~，并茴香大料拌着停当，上下锡古子扣定。（第 23 回人本第 271 页）

（10）灵魂☆　魂灵☆

A 灵魂：今奉道伏为亡过室人李氏~，一世尘缘，久沦长夜。（第 66 回人本第 910 页）

B 魂灵：（应伯爵）一走出去，东西南北，都看得眼花了，那得董娇儿的~……（第 54 回第 7 页 b）

（11）妇女　女妇

A 妇女：~人家，又不知个回转，劝着他又不依你，教我无法可处！（第 61 回人本第 830 页）

B 女妇：看官听说，水性下流，最是~人。（第 69 回第 4 页 a）

　　　　林氏道："我~人家，如何寻人情去救得？"（第 18 回第 7 页 b）

（12）蔬菜☆　菜蔬☆

A 蔬菜：小玉拿茶来吃了，安放桌儿，拿~、案酒上来。（第 18 回第 7 页 b）

B 菜蔬：不一时，摆下案碟~，筛上酒来。（第 37 回第 8 页 b）

（13）客人☆　人客☆

A 客人：爱月儿笑道："今日轮不着你做~，还有~来！"（第 68 回第 6 页 b）

B 人客：但有~来望，只回"不在家"。（第 78 回人本第 1178 页）

　　　　但凡~到，必请他席侧相陪。（第 20 回第 13 页 a）

（14）气力☆　力气☆

A 气力：原来虎伤人，只是一扑、一掀、一剪，三般捉不着时，~

已没了一半。(第 1 回人本第 5 页)

B 力气：亏了他两个，收拾了许多事，替了二爹许多~。(第 54 回第 5 页 b)

(15) 喷涕　啼喷

A 喷涕：(潘金莲) 不觉睡魔缠身，打了几个~。(第 57 回第 9 页 a)

B 啼喷：梦是心头想，~鼻子痒。(第 67 回第 18 页 a)

(16) 远近　近远

A 远近：爹这时节也差不上二十里~了。(第 55 回第 9 页 a)

B 近远：平白爹交我领了这贼秃囚来! 好~儿，从门外寺里直走到家……走的我上气儿接不着下气儿。(第 49 回人本第 633 页)

(17) 纸钱　钱纸

A 纸钱：且说王婆拿银子来买棺材冥器，又买些香烛、~之类……(第 6 回第 1 页 a)

B 钱纸：灵床子前点一盏琉璃灯，里面贴些金幡、~、金银锭之类。(第 6 回第 3 页 b)

(18) 愿醮　醮愿

A 愿醮：你许了多少~，就教他打了罢。(第 39 回第 2 页 a)

B 醮愿：我有些~，要烦你师父替我还还儿。(第 39 回第 3 页 a)

(19) 言语☆　语言☆

A 言语：正经家里老婆好~说着，你肯听?(第 14 回第 1 页 b)

B 语言：当时妇人见了那人，生的风流浮浪，~甜净。(第 2 回第 6 页 a)

以上名词共 19 对，其中已见于其他著作的有六对。例(1) 至(9)，《金》中多用 A 式，少用 B 式；今只用 A 式，不用 B 式。例(10) 至(12)，《金》中少用 A 式，多用 B 式；今只用 A 式，B 式罕见。例(13) 至(19)，《金》中 A、B 两式都常用；今多用 A 式，有的 A、B 都用，如(14) 和(19)，有的 A、B 都不用，已换用单音词了，如例(18)。

(二) 动词

(20) 报答☆　答报☆

A 报答：念金刚经，~父母。(第 74 回第 13 页 a)

B 答报：西门庆道："……我那里得工夫干此事，遇闲时在吴先生那

里一年打上个醮，～～天地就是了。"（第 35 回第 7 页 a）

（21）计较　较计

A 计较：此是小人分内之事，理当措置，何必～。（第 17 回第 8 页 b）

姐姐你还～两日儿，在屋里不可出去，小产比大产还难调理。（第 33 回第 9 页 b）

咱家倒还没往他那里去……如今上房的请你～去。（第 41 回人本第 520 页）

B 较计：当日林氏被文嫂这篇话说的心中迷留没乱，情窦已开，便向文嫂～道："人生面不熟，怎生好邃然相见的?"（第 69 回第 4 页 a）

（22）率领　领率

A 率领：西门庆～众小厮，在大厅上收卷书画。（第 62 回人本第 857 页）

B 领率：薛嫂儿见他二人攘，打闹里～西门庆家小厮伴当……将妇人床帐、妆奁……一阵风都搬走了。（第 7 回第 12 页 a）

（23）居住　住居

A 居住：买了一所门面两间、倒底四层房屋～。（第 39 回第 1 页）

B 住居：止有～小宅，值银五百四十两。（第 14 回第 6 页 a）

（24）看见　见看

A 看见：～妇人领着两个丫鬟。（第 13 回第 3 页 b）

B 见看：前过地名陕湾，苗员外～天晚，命舟人泊住船只。（第 47 回第 2 页 b）

（25）顽耍　耍顽

A 顽耍：把官哥儿放在小枕头上俏（躺?）着，交他～。（第 52 回第 12 页 a）

B 耍顽：潘金莲……自知他偷去淫器包儿，和他～……（第 50 回第 11 页 a）

（26）置（治）买　买值

A 治买：我待与你一套衣服，恐贲四知道不好意思，不如与你些银子，你自家～罢。（第 78 回第 4 页 b）

B 买值：使俺每买东西，只拈块儿。俺每但说："娘拿等子，你称称……"他便笑道："拿去罢，称甚么。……只要替我～着。"（第 64 回人

本第 878 页）

（27）招贴　贴招

A 招贴：名旌~，大书九尺红罗。（第 65 回第 5 页 b）

B 贴招：只见四个唱的一齐进来，向西门庆花枝~，绣带飘飘，都插烛也似磕下头去。（第 58 回第 5 页 b）

（28）告诉☆　诉告☆

A 告诉：何千户……因问："贵恙觉好些?" 西门庆~："上边火退下了。"（第 79 回第 16 页 a）

　　　　去伴安童，持状~，幸垂察。（第 48 回第 2 页 a）

B 诉告：武松道："小的本为哥哥报仇，因寻西门庆，误打死此人。" 把前情~了一遍。（第 10 回第 3 页 b）

（29）啼哭　哭啼

A 啼哭：老娘儿……时常在家~。（第 57 回人本第 745 页）

B 哭啼：吴月娘亦揾泪~不止。（第 62 回人本第 855 页）

（30）劳动　动劳

A 劳动：前日山头多~大娘受饿，又多谢重礼。（第 14 回第 8 页 b）

　　　　快请你娘回房里，只怕~着，倒值了多的。（第 20 回第 11 页 a）

B 动劳：慌的王三官向前拦住："呀，尊伯尊便，……岂敢~。"（第 69 回人本第 973 页）

（31）减少　少减

A 减少：初时……还自己下炕来坐净桶，次后渐渐饮食~，形容消瘦。（第 69 回人本第 83 页）

B 少减：老夫人此疾……服毕经水~，胸口稍开，就好用药。（第 61 回人本第 834 页）

（32）做作　作做

A 做作：……那得见来，便道："我们先坐了罢，等不得这样乔~的。"（第 53 回人本第 720 页）

　　　　你便与他有瑕玷，如何~着把我的小厮弄出去了。（第 12 回第 11 页 a）

　　　　来兴儿……挟下这仇恨儿，平空~出来，拿这血口喷他。

（第 25 回第 11 页 a）

B 作做：（西门庆）被玉楼瞅了一眼，说道："……，却这等胡～。"（第 75 回第 19 页 a）

我见他且是谦恭礼体儿的，见了人把头低着，可怜见儿的，你这等～他。（第 19 回第 5 页 b）

这个都是人气不愤俺娘儿们，～出这样事来。（第 12 回第 10 页 a）

（33）携带　带携

A 携带：等我到几时再去着，也～你走走。（第 61 回人本第 824 页）

B 带携：学生此来……但拜太师门下做个干生子……不知可以启口～的学生么？（第 55 回人本第 720 页）

（34）喜欢☆　欢喜☆

A 喜欢：一径显你那乖觉，教汉子～你。（第 58 回第 17 页 a）

B 欢喜：西门庆……心下十分～。（第 57 回第 5 页 b）

（35）歇宿☆　宿歇☆

A 歇宿：吃了茶，两个上床～不题。（第 44 回人本第 557 页）

B 宿歇：不觉坐到三更天气，方才～。（第 44 回人本第 558 页）

（36）埋葬☆　葬埋☆

A 埋葬：王婆尸首，便有他儿子王潮领的～。（第 88 回第 5 页 a）

B 葬埋：差人买了口棺材，领了他尸首～了。（第 88 回第 11 页 a）

（37）结交☆　交结☆

A 结交：我父亲专～势耀，生下我吃酒行凶。（第 93 回第 3 页 b）

B 交结：我虽是个武官，恁的一个门面，京城内外也～的许多官员。（第 56 回第 7 页 b）

（38）挣扎（阄阄）☆　扎挣（阄阄）☆

A 挣扎（阄阄）：那妇人～，把鬓髻簪环都滚落了。（第 87 回第 9 页 a）

等我消一会儿，慢慢～着起来，与大妗子做的饭吃。（第 75 回第 28 页 a）

B 扎挣（阄阄）：冻得我体僵麻，心胆战，实难～。（第 93 回第 2 页 b）

前两遭娘还～，俺每搀扶着下来，这两日是通只在炕上。（第 62 回第 7 页 a）

（39）嫉妒　妒忌

A 嫉妒：富遭～贫遭辱　勤又贪图俭又悭。（第 73 回第 1 页 a）

B 妒忌：落后做文字，一样同做，再没些～。（第 56 回第 9 页 a）

（40）挂牵　牵挂

A 挂牵：他还～着你，留了件东西儿与你做一念儿。（第 63 回人本第 868 页）

B 牵挂：酉时下，不由人心～，谁说几句知心话。（第 46 回人本第 578 页）

（41）调唆　唆调

A 调唆：他在屋里背地～汉子，俺每这几个谁没吃他排说过。（第 51 回第 2 页 a）

B 唆调：三姐，你看小淫妇，今日在背地白～汉子，打了我怎一顿。（第 12 回第 12 页 b）

（42）言语☆　语言☆

A 言语：几句把西门庆说的一声不～，丢下马鞭子。（第 12 回第 10 页 a）

B 语言：西门庆笑道："那里是怕他的，我～不的了！"（第 12 回第 16 页 a）

（43）应承　承应

A 应承：我嫌他没娘母子，也是房里生的，所以没曾～他。（第 41 回第 6 页 b）

B 承应：蔡攸……就差管家高安同去见李老爷，如此这般替他说。那高安～下了，同来保出了府门。（第 18 回第 3 页 a）

西门庆知了此消息……叫海盐戏并杂耍～。（第 49 回第 3 页 a）

（44）生死　死生

A 生死：有个哥儿从军边上，音信不通，不知～。（第 57 回人本第 745 页）

B 死生：信儿也不捎一个来家，不知他～存亡。（第 57 回人本第

745 页）

　　（45）主张☆　　张主☆

　　A 主张：何太监道："我乃托大人，随大人～就是了。"（第 71 回第 7 页 b）

　　　　　　　乱了怎五更……出来吃些甚么，还有个～。（第 62 回第 23 页 b）

　　　　　　　你有这般好的，与我～一个，便来说也不妨。（第 2 回第 8 页 b）

　　B 张主：月娘道："孩儿是你的孩儿，随你灸，我不敢～。"（第 59 回第 11 页 b）

　　　　　　　你是个男子汉，若是个有～的，一拳拄定，那里有这些闲言怅语！（第 76 回第 12 页 b）

　　　　　　　他虽故不言语，各人心上不安，不如那咱哥做会首时，还有个～。（第 35 回第 7 页 a）

　　以上动词共 26 对，其中已见于其他著作的有 9 对。例（20）至（32），《金》中多用 A 式，少用 B 式。今 B 式已不用，A 式虽仍常用，但有一部分词词义变窄了。如"计较"当时有 a."计算"（比较），b."小心"（留神），c."计议"（商量）等义。"告诉"当时有 a."说与"（使知道），b."告状/申诉"等义。"劳动"当时有 a."烦劳"，b."劳累"等义。"做作"当时有 a."装腔作势"，b."捉弄"，c."捏造"等义。而今天它们都只保留了 a 义，其他义都消失了。例（33）至（45），《金》中 A、B 两式都常用。今 B 式已大多不用，A 式虽仍常用，但有的词词义也变窄了。如"主张"的"主持""支持""筹划"义今天都消失了。

　　（三）形容词

　　（46）热闹☆　　闹热☆

　　A 热闹：正吃得～，只见书童抢进来。（第 54 回第 10 页 b）

　　B 闹热：刚说在～处，忽见一人慌慌张张走向前，说道：……（第 33 回第 12 页 b）

　　（47）稀罕　　罕稀

　　A 稀罕：甚么～货，慌的你怎个腔儿！（第 12 回第 15 页 b）

　　B 罕稀：甚么～之物，胡乱与娘们赏人便了。（第 14 回第 14 页 a）

（48）整齐☆ 齐整☆

A 整齐：琴书几席清幽，翠帘低挂，铺陈~。（第 71 回第 9 页 a）

B 齐整：薛内相拣了四折《韩湘子升仙记》，又陈舞数回，十分~。（第 32 回第 2 页 b）

（49）要紧☆ 紧要☆

A 要紧：今后也少要往那里去吃酒，早些来家，你家事~。（第 62 回第 17 页 a）

B 紧要：那日壬子日又是个~的日子，所以清早闭了房门，烧香点烛。（第 53 回第 7 页 a）

以上形容词共 4 对，其中已见于其他著作的有 3 对。例（46）、（47）两例，《金》中多用 A 式，少用 B 式；今只用 A 式，不用 B 式。例（48）、（49）两例，《金》中 A、B 两式都常用，今 A、B 两式也常用。

（四）副词

（50）方才☆ 才方☆

A 方才：八众僧尼直乱到一更多时分，~道场圆满，焚烧箱库散了。（第 68 回第 3 页 a）

B 才方：西门庆道："我~梦见他来。"（第 67 回第 18 页 a）

（51）权且 且权

A 权且：虽然是半霎欢娱，~将闷减愁消。（第 61 回第 4 页 b）

B 且权：他如今~在衙门里住几日罢了。（第 71 回第 11 页 b）

（52）时常 常时

A 时常：他便~走来，与妇人吃酒。（第 33 回第 1 页 b）

B 常时：我~劝他院中休过夜，早早来家。（第 13 回第 4 页 b）

（53）生死 死生

A 生死：我那等说，还未到一周的孩子，且休带他出城门去。独渔货，他~不依。（第 48 回人本第 614 页）

B 死生：小人蒙老爹超拔之恩，粉身碎骨，~难报。（第 47 回第 8 页 a）

以上副词共 4 对，其中已见于其他著作的有 1 对。例（50）、（51）两例，《金》中多用 A 式，少用 B 式；今只用 A 式，不用 B 式。例（52），《金》中少用 A 式，多用 B 式；今只用 A 式，不用 B 式。例

(53),《金》中 A、B 两式都常用；今则都已不用，而被"死活"一词所取代。

（五）连词

（54）因为　为因

A 因为：大郎~在王婆茶房内捉奸，被大官踢中了死了。（第 15 回第 4 页 b）

B 为因：蒋文惠……~妻丧，无钱发送……（第 19 回第 9 页 a）

以上连词 1 对，《金》中多用 A 式，少用 B 式；今只用 A 式，不用 B 式。

二　非并列式的字序对换的双音词

（55）泪珠　珠泪

A 泪珠：~儿到今滴尽了。（第 38 回第 12 页 a）

B 珠泪：说道（着?），我（顺?）着香腮抛下~来。（第 38 回第 12 页 a）

（56）昨日　日昨

A 昨日：宅里大老爹~到那边房子里，如此这般对我说。（第 37 回第 7 页 a）

B 日昨：学生~所言之事，老先生到彼处……（第 49 回第 11 页 a—b）

（57）事故☆　故事☆

A 事故：你且投到你叔叔山东夜叉李贵那里住上几个月，再来看~何如?（第 100 回第 2 页 b）

西门庆因见忙冲冲，推~辞别了蔡太师。（第 55 回第 6 页 b）

B 故事：王婆道："便是这般~。自古骏马却驮痴汉走，美妻常伴拙夫眠。"（第 2 回第 7 页 b）

那王六儿见他两个说得入港，看见关目，推个~也下楼去了。（第 98 回第 7 页 a）

（58）扯淡　淡扯

A 扯淡：那西门庆也不接他文约，说："没的~，朋友家甚么符儿?"

（第 67 回第 20 页 a）

B 淡扯：你恁骗口张舌的好～，到明日死了时，不使了绳子杠子。（第 7 回第 12 页 a）

（59）如何☆　何如☆

A 如何：毕竟未知后来～，且听下回分解。（第 12 回第 18 页 b）

B 何如：毕竟未知后来～，且听下回分解。（第 13 回第 12 页 b）

（60）厚爱　爱厚

A 厚爱：明日学生送分子过来，烦盛使一办，足见～矣。（第 72 回第 12 页 a）

B 爱厚：（蔡御史）说道："四泉，你如何这等～？恐使不得。"（第 49 回第 8 页 a）

（61）逐日　日逐

A 逐日：他～睡生梦死，奴那耐烦和他干营生。（第 17 回第 2 页 b）

B 日逐：那厮跟了个客人在外边，不见个音信回来，老身～耽心不下。（第 3 回第 4 页 b）

（62）虽故　故虽

A 虽故：～地下笼着一盆炭火儿，还冷的打竞。（第 23 回第 7 页 a）

B 故虽：你不知他这行人～是当院出身，小工儿比乐工不同。（第 46 回第 1 页 b）

以上非并列式字序对换的双音词共 8 对，其中已见于其他著作的有 2 对。例（55）至（57）是名词，其中例（55）《金》中 A、B 两式都常用，今只用 A 式。例（56）《金》中多用 A 式，少用 B 式；今只用 A 式，不用 B 式。例（57）《金》中多用 A 式，少用 B 式；今 A、B 两式已发展分化为另外两个词，原来的词义由"情况、事情""理由、借口"所取代。例（58）至（60）是动词，其中例（58）《金》中多用 A 式，少用 B 式；今只用 A 式，不用 B 式。例（59）《金》中 A、B 两式都常用，今也常用，但词义不尽相同（见《现代汉语词典》①）。例（60）《金》中少用 A 式，多用 B 式；今只用 A 式，不用 B 式。例（61）是副词，《金》中 A、

①　中国社会科学院语言研究所词典编辑室：《现代汉语词典》（修订本），商务印书馆 1996 年版。

B 两式都常用；今只用 A 式，不用 B 式。例（62）是连词，《金》中多用 A 式，少用 B 式；今 A、B 两式都已被"虽然"一词所取代。

三 尚无 A 式，只有 B 式的字序对换的双音词

（63）头势：那婆子见~不好，便去奔前门走。（第 87 回第 8 页 b）

（64）欠呵：大妗子歪在月娘里间床上睡着了，杨姑娘也打起~来。（第 39 回第 19 页 a）

（65）历日：拿过~来看，二十九日是壬子日。（第 73 回第 2 页 a）

（66）地土☆：向五被人告争~，告在屯田兵备道打官司。（第 35 回第 16 页 b）

（67）利名：富贵自是福来投，~还有~忧。（第 14 回第 4 页 a）

（68）病疾：~临身，旅店无依倚。（第 66 回人本第 912 页）

（69）令节：话休饶舌，又早到重阳~。（第 61 回第 10 页 b）

（70）情性：想多娇，~儿标；想多娇，意思儿好。（第 77 回第 8 页 b）

（71）牙爪：这西门庆抬头，见正面五间皆厂厅……乃是官家耳目~所家缉访密之所。（第 70 回第 14 页 a—b）

（72）名姓☆：到当日果然查访出各人~来。（第 69 回人本第 969 页）

（73）跷蹊：西门庆口中不言，心内暗道："此必有~。"（第 21 回第 1 页 a）

（74）余剩：吾师休嫌少，除完佛像，~可作斋供。（第 47 回人本第 593 页）

（75）意旨：那钱痰火吃了茶，先讨个~。西门庆叫书童写与他。（第 53 回人本第 698 页）

（76）威权☆：论来，男人煞重掌~，女子煞重必刑夫。（第 12 回第 17 页 b）

（77）问讯☆：薛姑子合掌~道：……（第 52 回人本第 668 页）

（78）导引☆：文嫂~西门庆到后堂。（第 69 回人本第 965 页）

（79）训教：你这个没~的子孙，你一个亲娘母，见你这等订他。

（第 58 回第 17 页 b）

（80）念思：原来潘金莲见唱此词，尽知西门庆～李瓶儿之意。（第73 回第 4 页 a）

（81）惜怜：粉头、小优儿如同鲜花，你～他，越发有精神。（第 46回人本第 573 页）

（82）盖覆：钦差殿前六黄太尉来迎取卿云万态奇峰，长二丈，阔数尺，都用黄毡～，张打黄旗，费数号船只，由山东河道而来。（第 65回第 2 页 b）

（83）点金☆：闲中～平生事，静里思量日所为。（第 62 回人本第838 页）

（84）养赡：我的老爹六十岁，没人～。（第 9 回第 6 页 b）

（85）灭息☆：～了灯烛，归后边去了。（第 46 回第 13 页 b）

（86）告禀：旁边一个人走来跪下，说道："～：若缺刑房，待小的补了罢。"（第 35 回第 18 页 b）

（87）笑耻☆：奴自幼初学一两句，不十分好，官人休要～。（第 6回第 6 页 b）

（88）算计☆：你早仔细好来，囤头儿上不～，圈底儿上却～！（第14 回第 6 页 b）

（89）照依：你看这两座架……红彩漆，都～官司里的样范。（第 45回第 4 页 b）

（90）告报☆：来兴儿打听得知，就来～金莲知道。（第 25 回第 12 页a）

（91）诲教：生以不幸，闺人不禄，特蒙亲家远致赙仪，兼领～，足见为我之深且厚也。（第 67 回第 4—5 页）

（92）失迷：你家的～了家乡，还不知是谁家的种儿哩！（第 41 回人本第 517 页）

（93）习学☆：每日邀结师友，～弓马。（第 48 回第 4 页 b）

（94）派委：都～已定，写了告示，贴在影壁上，各遵守去讫。（第63 回第 4 页 b）

（95）承继：若吴氏明日壬子日，服了薛姑子药，便得种子，～西门香火。（第 53 回第 4 页 a）

（96）爱敬：奴不求别的，只愿得小人离退，夫主~便了。(第 12 回第 17 页 b)

（97）受忍：生前委因经济踢打伤重，~不过，自缢身死。(第 92 回第 15 页 a)

（98）试尝☆：吴老爹你老人家~此酒，其味如何。(第 84 回第 5 页 a)

（99）康健：令堂老夫人起居~么?(第 49 回人本第 624 页)

（100）良善☆：自古~被人欺。(第 38 回第 3 页 a)

（101）躁(燥)暴：不知原来家中小大姐这等~性子，就是打狗也看主人面。(第 79 回第 5 页 a)

（102）且暂：父亲慌了，教儿子同大姐和些家活箱笼，就~在爹家中寄放。(第 17 回第 3 页 a)

（103）又且☆：且是街上做买卖，大大小小不曾恶了一个，又会撰钱，~好性格，真个难得。(第 3 回第 8 页 b)

（104）尽皆☆：那满县人民听得说，一个壮士打死了景阳冈上大虫，迎贺将来，~出来观看。(第 1 回第 8 页 a)

以上只有 B 式的字序对换的双音词共 42 个，其中名词 14 个(例(63)至(76))，动词 22 个(例(77)至(98))，形容词 3 个(例(99)至(101))，副词 3 个(例(102)至(104))。就结构来看，除 3 例(例(63)至(65))非并列式以外，其余 39 例(例(66)至(104))都是并列式的。这些词中，已见于其他著作的有 15 个，其中"地土、名姓、威权、问讯、笑耻、算计、告报、试尝、又且、尽皆"10 例，它们出现的著作都早于《金》，且都已有 A、B 两式(见郑、张、何、韩四文引例)，而《金》中却只见 B 式。"点金、习学"2 例，也已有 A、B 两式，它们的 A 式见于比《金》晚的《红楼梦》(见张文引例)；"导引、灭息、良善"3 例，《史记》中已出现，也是只有 B 式(见韩文引例)。其余 27 个只有 B 式的字序对换的双音词，以上郑、张、何、韩四文中未见出现。这就是说，这 27 个词连同上述"点金、习学"、"导引、灭息、良善"5 个词共 32 个词，它们的 A 式很可能是在《金》以后渐渐产生，经过一段时间与 B 式并存后，才渐渐取代 B 式进入现代汉语的。

四　小结

第一，据上述语料，《金》中字序对换的双音词出现情况概括如下表。（表中分数的分母是《金》中该类词出现的总数，分子是已见于郑、张、何、韩四文中的词数）

结构 词数 词类		名词	动词	形容词	副词	连词	合计	
A、B 式	并列	6/19	9/26	3/4	1/4	1	19/54	21/62
	非并列	1/3	1/3		1	1	2/8	
B 式	并列	3/11	9/22	1/3	2/3		15/39	15/42
	非并列	3					3	

第二,《金》的时代，字序对换的双音词正蓬勃发展。表现在以下两方面。

（1）数量增长快。62 对 A、B 两式同时共用的词中，仅有 21 对是已见于郑、张、何、韩四文中的旧词。另外 41 对词则未见有人指出过，如果没有大的出入的话，这大抵应该算作新词。另外，尚无 A 式、只有 B 式的 42 个词中，除去已见于郑、张、何、韩四文中的 15 个旧词以外，其余 27 个词也应算作新词。这样，成对出现的 A、B 两式共用的词和仅有 B 式的词，大约都增长了 2/3。

（2）A 式正将取代 B 式。这由本文逐项分析统计可以看出。在 62 对 A、B 两式同时共用的词中，有一多半词在使用中往往多用 A 式，少用 B 式。

第三,《金》中字序对换的双音词，富于口语色彩。

这从总体运用中可以看出。郑、张、何、韩四文中的 A、B 两式同时共用的和只有 B 式的词，在《金》中都仅占 1/3。这是为什么？应该归于语体色彩的对立这种原因：郑、张、何、韩四文中的该类词多是书面语色彩，而《金》表达的多是口语色彩，当然不会多采用。

这种情况也表现在对局部 B 式的该类词的运用上。如文中所述，尽管"地土"等 10 个词在郑、张、何、韩四文中都是在《金》以前就有了 A、B 两式，但应该说，也是因为不合于《金》的口语色彩要求，所以《金》也宁可舍去 A 式而采用 B 式。

（原载《兰州大学学报》（社会科学版）2000 年第 6 期，总第 106 期，第 125—135 页。发表时署名是王森，王毅）

《金瓶梅词话》中所见兰州方言词语

　　本文所释词语及例句取自文学古籍刊行社 1955 年影印明刊本兰陵笑笑生《金瓶梅词话》,简称《金》。行文中用"～"表示所释词语。

牙揸骨

　　下颚骨。如:"等他的长俊了,我每不知在那里晒～去了。"(第 37 回第 7 页 a)《醒世姻缘传》第五十七回写作"牙叉骨":"俺自己几口子还把～吊得高高的打梆子哩! 招呼他家去,可也算计与他甚么吃?"今兰州话把爱说风凉话、爱调弄是非叫"好嚼～/～大的很",把牙龈肿胀叫"～肿了"。《金瓶梅词典》① 把该词释为"锁骨",误。

山子

　　假山。如:"这春梅又押他在花园～底下各雪洞儿,花池边,松墙下寻了一遍。"(第 28 回第 3 页 b) 兰州话把公园里、盆景里的假山也都叫"～"。

势要

　　权势。如:"见你大爹做了官,又掌着刑名,一者惧怕他～,二者恐进去稀了。假着认干女儿往来,断绝不了这门儿亲。"(第 32 回第 7 页 a) 兰州话说某人有权势,也说他"～大的了得!"

连手

　　瓜葛,关系。如:"你又和他老婆有～,买了他房子,收着他寄放的许多东西。"(第 16 回第 7 页 b) 又:"我还说人生面不熟他不肯来,怎知和他有～。"(第 79 回第 12 页 a) 兰州话中该词已引申为指与自己关系好的人,如自己的同伴、朋友甚至妻子,都可说"这是我的～"。

---

　　① 白维国:《金瓶梅词典》,中华书局 1991 年版。

驹驴

山羊。如："常言'机儿不快梭儿快，打着羊~战'。"（第17回第6页b）又写作"驹骈"。如："此是哥打着绵羊~战，使李桂儿家中害怕，知道哥的手段。"（第69回第18页b）兰州谚语："~瘦着哩，尾巴多翘着哩"，比喻人穷志不穷。又："冰楂~草芽鸡"，意思是初冬刚结冰时山羊最肥，初春草发芽时鸡最肥。"~"一词兰州民间一般写作"羬羭"。又《集韵》："羖羭，山羊。""羖"，音古；"羭"，音历。兰州话"山羊"从不叫"山羊"，而叫"羬羭"，也叫"羖鹿"。"鹿"当是"羭"的音转，"羖鹿"就是"羖羭"。甘肃广大地区以叫"羬羭"的为多，如甘南州、临夏州、灵台县、河西走廊一带都如此。山西忻州话又叫"骨鹿子"[1]。青海西宁话除叫"居驴""骨录"以外，还叫"加拉"[2]。另据笔者所知，河南柳河（在开封东）、济源（在洛阳北）两地，对山羊也分别呼为"羬羭""羖羭"。"羬羭/居驴/驹驴/驹骈""羖羭/羖鹿/骨录""羖羭""加拉"所指相同。甘肃话大致是：单指绵羊时称"羊"，混指山羊、绵羊时也称"羊"。但是单指山羊时绝不称"羊"，而称"羬羭"或"羖鹿"。《金》中上述两例"~"无疑指山羊。前例中的"羊"指绵羊，后一例"绵"字出现，更不待言。"打着羊驹驴战"义为"打着绵羊让山羊发抖"，就是杀鸡骇猴的意思。该词在几本《金》的辞书中都释义为"驴驹子，幼驴"[3]，显然是望文生训。

照

看，瞧。如："张胜道：'我就是保人。'因向袖中取出文书与他~了~，把竹山气的脸蜡查也似黄了。"（第19回第7页b）此词兰州话使用频繁，如："把门~好/你~一下，人来了没有/个家自己要~着个家的长处，也要~着个家的短处。"陕北话亦同，如："'你常去天安门?''常

---

① 温端政：《忻州方言志》，语文出版社1985年版。

② 张成材、朱世奎：《西宁方言志》，青海人民出版社1987年版。

③ 例如：白维国：《金瓶梅词典》；王利器主编：《金瓶梅词典》，吉林文史出版社1988年版；黄霖主编：《金瓶梅大辞典》，巴蜀书社1991年版；李申：《金瓶梅方言俗语汇释》，北京师范学院出版社1992年版。

去。''常能～着毛主席?''哪的来，我从来没见过。'"①，有的辞书释义为"拿东西在人面前一提"或"亮给对方看"。这种解释似是而非。

拣

用筷子夹（菜等），撩。如："怎的肉果儿也不～一箸儿?"（第1回第14页b）此词兰州话使用频繁，如招待客人吃饭时常说："～菜，～菜!"

咂

吮吸。如："一面把奶头教西门庆～。"（第73回第20页b）兰州话不用"吸"，惯用"～"，给婴儿喂奶常说成"叫娃娃～奶"，把什么"吸一下"也说成"～给下"："管子不通气了，～给下。"

着气

生气。如："我的姐姐，你～就是恼了，胡乱且吃你妈妈这盅酒儿罢。"（第75回第13页a）兰州话不用"生气"，惯用"～"："我一见他就～的很!"

合气

斗气，怄气。如："耶哧，嫂子，将就些儿罢了，如何和我～!"（第24回第2页a）兰州话读如"海气"："那们他们两个人～着呢，一个不理一个。"

看答

看。如："好个刁钻的强盗，从几时新兴出来的例儿，怪剌剌教丫头～着，甚么张致!"（第18回第10页a）兰州话："老婆子家，穿这种衣服，叫人家～着，怪不好意思的。"

声唤

呻吟，呼唤。如："原来与那边卧房隔着一层板壁儿，忽听妇人房里～起来。"（第61回第6页a）又："淫妇们闲的～，平白跳甚么百索儿!"（第18回第5页b）兰州话不用"呻吟""呼唤"，惯用"～"："他头疼着哩，～了一晚夕"，小孩儿嬉闹、恶作剧时，大人斥骂："你们真是闲的～!"

---

① 傅朝阳：《方言小词典》，山东教育出版社1987年版。

央及

央求，恳求。如："（西门庆）只跌脚跪在地下，笑嘻嘻~说道：'怪小油嘴，禁声些！'"（第13回第10页a）兰州话："一个妇女家，大小事情都要~人哩。"

擦

挖苦。如："金莲道：'你明日夹着那老屄走，怕他家拿长锅煮吃了我？'潘姥姥听见女儿这等~他，走到里边屋里呜呜咽咽哭去了。"（第58回）又写作"搽"，如："妇人道：'……你来家该摆席酒儿，请过人来知谢人一知谢儿；还一扫帚扫的人光光的，问人找起后账儿来了。'几句连~带骂，骂的子虚闭口无言。"（第14回第7页a）此词在兰州话中已演变为双音词"挖擦"，遇到"挖苦"意时，一律用"挖擦"，如："我的字写的不好，再不要~人啦。"

放水

捣乱。如："第二的不知高低，气不愤，走来这里~，被他撞见了，拿到衙门里，打了个臭死。"（第38回第6页b）兰州话指事情办不成叫"放掉水了"。

飘风

嫖妓。如："~宿娼，无所不为，将来必然招事惹非，败坏家门。"（第35回第1页a）兰州话："新中国成立前兰州城里乱的很，~的，吸大烟的，干啥的都有。"

撇

扔，抛。如："那婆子……舀了一桶汤，把抹布~在里面，掇上楼来。"（第5回第8页b）兰州话惯用此词而不用"扔"，如："把手里的脏东西~掉。"

合婚

订婚时男女双方交换庚帖，推算生辰是否妨克。如："薛嫂道：'咱拿了这婚帖儿，交个路过的先生，算看年命妨碍不妨碍……'……先生道：'此是~的意思。说八字！'"（第91回第6页b）此词兰州乡间使用较多。

过阴

指活人的灵魂暂离人体到阴间去（为阎罗王临时办事），是一种迷信说法。此指人的昏迷糊涂状态。如："你家汉子，成日摽着人在院里顽，酒快肉吃，大把家挞了银子钱家去，你~去来?"（第52回第5页b）河南荥阳也有这种说法，兰州也有这种说法。有的辞书释为"到阴间去了，也即'死'了"，不确。

业障

可怜。如："前月他嫁了外京人去了，丢下这个~丫头子，教我替他养活。"（第9回第5页a）兰州话此词很常用，如："我们那口子~的很呐，一个月才八十几块钱。"

壮

粗大。如："他平昔好吃蒸酥，你买一钱银子果馅蒸酥、一盒好大~瓜子送进去。"（第78回第5页b）壮，即奘。《尔雅·释言》："奘，驵也。"郭璞注："江东呼大为驵，驵犹粗也。"兰州话中现在仍多用"~"，少用"粗"，如："那棵树~的很，两个人抱不住。"

乖觉

伶俐懂事。如："又见他两个唱的好，口儿甜，~，奶奶长奶奶短侍奉，心中欢喜。"（第96回第6页b）兰州话："娃娃天天服侍奶奶睡下，自己才睡，~的很。"

隔二偏三

分散，偏远不便。如："何大人便来看你，我扶你往后边去罢。这边~，不是个待人的。"（第79回第16页a）兰州话："儿子在山上住着哩，我们在这答住着哩，~的，麻达麻烦的很。"

哈帐

随便，不在乎。如："刚才若不是我在旁边说着，李大姐恁~行货，就要把银子交姑子拿了印经去。"（第58回第16页b）兰州话常用此词，但词义已演变为"任性、暴躁"，如"脾气~的很，谁也不敢说"。

一答

一同，一起，副词。如："在下敢不铭心刻骨，同哥~里来家?"（第13回第2页b）兰州话："把弟弟领上，~去，~来。"

一个

语气词，用在句末或句中停顿处。如："快把酒来，各请三碗~!"（第54回第7页a）又："如今日中过了，要吃还我们三碗~。"（第54回第 7 页 b）又："西门庆道：'便罢，这两碗～你且欠着，免征了罢。'"（第 54 回第 8 页 b）此词兰州话用得极其频繁，它读轻声，语流快，多用在句末，如："这酒不好～/今个的炸酱面，那他咥给了三碗～/谁～？我～"；它的前后也可以出现别的语气词，如："今个就把人热死了～！/你叫谁～呢？"它也可以用在句中停顿处，如："不管谁～，违法都不成"；有时用在呼语的后边还可以省去"一"，只出现"个"，如"尕的小孩个，快来唦！"有的辞书认为"～"是"量酒单位。小酒提一提（一两）的量叫一个酒"①，又例释说，罚"三碗～，即罚酒三碗，每碗一个酒的量"。此说不知是依文意推测，还是另有所据。细读上引《金》例原文，是描写西门庆等众人局骗应伯爵喝酒的。但字里行间见到的只是这个"满满捧一碗酒"，那个"又接手斟一大碗酒来了"，这显然不是"每碗一个酒的量"，而是以碗为量的。碗的大小是否一致则不可知。总之，在描写过程中，我们看不出"～"和酒的"量"的联系。这样，"～"到底是不是"量酒单位"也就使人怀疑。从它在句中出现的位置和作用看，它和兰州话却是完全一致的。

附记

本文有的例词和例句是瞿增业先生提供的，谨致谢忱。

（原载《语言研究》1994 年第 2 期，总第 27 期，第 90—93 页）

---

① 白维国：《金瓶梅词典》，中华书局 1991 年版。

《老乞大》《朴通事》的融合式
"把"字句

　　《老乞大》《朴通事》是中国元代末期朝鲜的两部颇有影响的汉语教科书，用的是元代北方的"汉儿言语"，因此，又是两部珍贵的元末汉语口语文献。这里所说的"把"字句就是"把"或"将"作为介词进入"把+名+动词短语"格式中的单句。二书中出现的"把"字句既不是该句式的始用，也不是它的完成，而是处在蓬勃演变时期，其特点是该句式及其相关句式的各种结构格式并存共用，互相渗透。本文正是想借助这种结构特点，从一个横断面动态地初步观察一下"把"字句产生的一种方法——融合式"把"字句。为了说明问题，论述时，在时代上将向前后两端稍作延伸，并引入相关旁证。本文引书用的是《老乞大谚解》(奎章阁丛书第九)、《朴通事谚解》(奎章阁丛书第八)。文中例句后括号内是引书简称、作者、方言和页码。

　　一、所谓融合式"把"字句就是一个"把+宾"句〔(S+) 把/将+n〕和另一个动词谓语句〔(S+) V(+O) 〕这样两个语义相关、结构并列的分句在有关要素的作用下融合成的一个单句——"把"字句。

　　二、融合的一般格式。这与参与融合的两个动句的句序的先后有关。有三种基本格式：甲式：〔(S+) 把/将+n〕+〔(S₁+) V(+O)〕→"把"字句；乙式：〔(S+) V〕+〔将+n+趋向动词〕→"将"字句；丙式：〔(S+) 把+n〕+〔V+将+趋向动词〕→甲乙混用句。甲式内部结构复杂。乙丙二式具有过渡性。下面分别说明。

　　1. 甲式：〔(S+) 把/将+n〕+〔(S₁+) V(+O) 〕。例如：
　　(1) 那厮告官，把我小的监了。(《朴》，291)
　　(2) 伙伴，你将料捞出来。(《老》，42)

（3）把我的银鼠皮背子、貂鼠皮丢袖虫蛀的无一根儿风毛。(《朴》，261)

（4）你依着我，把这礼儿你还拿回去。(《金瓶梅词话》，下称"金"，第 72 回)

（5）我把你这起光棍，我倒将就了，如何指称我这衙门。(《金》，第 69 回第 16 页 1 面)

（6）把那屄籽籽子，我一看就够了!(兰州话)

（7）我把你贼，你学了虎刺宾了。(《金》，第 33 回第 6 页第 1 面)

（8）我把你这贼奴才! 你说你在大门首，想说要人家钱儿，在外边坏我的事……(《金》，第 35 回第 8 页第 1 面)

（9）我把他生红子_{人名屄}——他小心者! (兰州话)

（10）我前番乞你弄重了些，把奴的小肚子疼起来，这两日才好些儿。(《金》，第 27 回第 5 页第 1 面)

（11）老婆笑声说："西门庆，冷铺中捨冰，把你贼受罪不渴的老花子，就没本事找个地方……"(《金》，第 23 回第 7 页第 2 面)

（12）西门庆……把手中拿着黄烘烘四锭金镯儿，心中甚是可爱。(《金》，第 43 回第 2 页第 2 面)

（13）把你是个啥东西吵! (兰州话)

（14）把这伙浑账东西，竟然欺负到我的头上来了! (王雪樵，1986)

（15）我把你个贼羔! (同上)

（16）唉，我把你个迷窍鬼_{糊涂虫}! (兰州话)

从以上各例句可知：A. 就结构简繁来看，甲式又有甲$_1$、甲$_2$两种情况。甲$_1$式：［(S+) 把/将+n］+［(S$_1$+) V(+O)］(例(1)—(14))，此式最复杂，其中后一动句中的动词 V 是必不可少的成分，主语 S$_1$、宾语 O 一般不出现，如例(1)、(2)，这就是现在的"把"字句；有时前一动句的主语 S 和后一动句的主语 S$_1$二者是同一个词，都出现，如例(4)、(5)，或只出现 S$_1$，如例(3)、(6)；有时前一动句的宾语 n 和 S$_1$二者指同一对象，如例(7)—(9)；有时 n 和 S$_1$二者重合，即为施事①，或判断对象，如例(10)—(14)。甲$_2$式：［(S+) 把+n］(例(15)

---

① 陕西渭南话中"把"字句的宾语跟动词的关系也存在这种"可以是施事和动作的关系"的现象（杜永道，1989)。

(16)）独立成句,这可看作甲₁的省略式。B. 甲₁、甲₂二式在元明作品中和现代方言中都可见到,它们的存在生动地反映了融合初期各种结构格式都在参与尝试、致使甲式内部结构复杂而且松散的概貌。C. 甲式演变的结果是,其中一部分(如例(1)、(2)）进入现代普通话成为"把"字句,而其他部分(如例(3)—(16)）有的被方言所继承,有的则被彻底淘汰了。

2. 乙式:[(S+) V] + [将+n+趋向动词]。例如:

(17) 当直的,点将灯来。(《朴》,154)

(18) 这银子都看了,我数将布去。(《老》,243)

(19) 这个马元来有病……我怎么敢买将去?(《老》,161)

(20)"勘合有了不曾?""讨将来了。"(《朴》,9)

(21) 我奶奶使的我说将来:大娘身子好么? 这海菜、干鱼、脯肉,馈婆婆口到些个。(《朴》,171)

(22) 月娘道:"……是我偏生好斗,寻趁他来? 他来寻趁将我来,你问众人不是。……"(《金》,第75回第27页第1面)

(23) 你牵回这马去,再牵将别个来饮。(《老》,66)

(24) 这薛内相便拍手笑将起来道:……《金》,第64回第6页第2面)

(25) 着那丫头菜市里买将些山菜来,买些拳头菜、贯众菜、摇头菜、苍术菜来。(《朴》,206)

从以上各例可知:A. 作为"将"字句,它有如下特点:①"将"的宾语n不能少,但位置灵活,可在"将"后(如例(17)、(18)),也可承前省(如例(19)、(20))、蒙后省(如例(21));②动词V是及物动词,一般是单音节,双音节的(如例(22)"寻趁"）少见;③趋向动词"来、去"等一般紧跟n后或"将"后。B. 主要由于"将"的连续虚化,这种句式是不稳定的。融合初期"V+将+n"是个结构松散的连动式,"将"是动词,"携带、挟持"义。这种结构中"有一部分动词与'将'词义相同"(如例(23)中"牵将"的"牵"),"这种情况动摇了'将'在连动式'动+将'结构中作为一个并列动词的地位,从而为'将'字和整个'动+将'结构以后的变化提供了条件"(曹广顺,1990)。正由于此,

"将"首先虚化为和"把"等同的介词，于是，产生了"将"字句。接着深一步虚化，即演化为放在不及物动词后，这样，就像黎锦熙先生说的"无宾而自在，便也成为'动词尾的虚词'"（陈刚，1987）。这时，句子已变成一般动词句，而不是和"把"字句功能相当的"将"字句了，如例（24）。或者如例（25）那样，前后两句话两个动词"买"，但前者后面带"将"，后者后面却不带"将"，"将"字可有可无，而对意义却并不产生什么明显的影响了。

3. 丙式：〔（S+）把+n〕+〔V+将+趋向动词〕。例如：

（26）行者……变做大黑狗，把先生的头拖将去。(《朴》，308)

（27）那厮先告官，把我家小厮拿将去，监了贰日。(《朴》，290)

在这种混用式中，前用"把"，后用"将"，二者不能互换，"将"和"把"共用着同一个宾语 n，位置都在"把"后。

三、上述融合的一般格式告诉我们：A. 甲、乙、丙三式，从结构上看，可以互相转换；从表义上看，也没有差别。例如：〔乙式〕疾快取将咱们的拄杖来(《老》，59) ⇄〔甲式〕疾快将咱们的拄杖取来⇄〔丙式〕疾快把咱们的拄杖取将来。三式互相转换，意思没有差别。这种情况在某些方言中也可得以证明。例如山西话中有乙式（如"面拉将来了"）、丙式（如"把这瓶瓶醋提将去"）而无甲式（如"把这瓶瓶醋提去"不能成立）①。甘肃临夏话中是只有乙式，如"饭啊酸酸的做者来"（即"把酸溜溜的面条做些来"，其中"做者"的"者"就是"将"，兰州话同），而无甲式、丙式。兰州话中却是甲、乙、丙三式齐全，例如"把车子推出来""车子推者出来""把车子推者出来"同时并存，任人选用。这都说明三式是可以互相取代的。B. 由于"将"的连续虚化，致使乙式远不及甲式稳定明确，所以乙式便向丙式靠拢，结果是元代时丙式"得到较大发展"，明代时乙式再度"明显减少"②，后来的发展结果是乙、丙二式全被甲式所取代。C. 甲式在自身演化中大部分结构格式被淘汰，仅有甲₁式中的一小部分成为现代普通话的"把"字句。因此，搞清了这一部分甲₁式的融合过程，也就是搞清了现代"把"字句的某种来源。

---

① 乔全生，1992，该文及其附注②。

② 武振玉，1991。

四、进入现代普通话"把"字句的甲₁式在融合过程中有以下三个方面的变化。

（一）语义重心后移。

语义重心后移就是语义重心由前后均衡而移向后分句。这是由前分句语义重心支撑点起变化而引起的。具体涉及以下四方面因素。

1. "把、将"大多不带"着、了"，这有可能带来句义的两可理解。例如：

（28）捕盗官将着弓兵，往前赶到约二十里地，赶上那贼。（《老》，52—53）

（29）来昭的儿子小铁棍儿……赶着春梅……要果子吃。春梅……把了几个李子、桃子与他。（《金》，第27回第13页第1面）

（30）小的，你将碗、碟、罐儿家去。（《老》，82）

（31）"你京里有甚么勾当去?""我将这几个马卖去。"（《老》，14）

（32）夺脑疼的，一宿不得半点睡。与我把脉息看一看。（《朴》，167）

（33）每日学长，将那顽学生师傅上禀了。（《老》，7）

（34）我从年时正月里，将马和布子，到京都卖了。（《老》，26）

从以上各例可知：A. "把、将"带"着、了"时，那无疑它们仍是动词，如例（28）的"将"、例（29）的"把"。B. 客观上"把、将"多不带"着、了"，这时，便有两种可能：①仍是动词，如例（30）是说"你拿着碗、碟、罐儿回家去吧"，"将"仍是动词；②用作动词、介词两可，如例（31）—（34）都属这种情况。C. 当"把、将"介于动词、介词两可时，整个句子便会出现两可理解。如例（31）：a. "将"若视为动词，和例（30）那样，句义就是"我牵着这几匹马，卖了去"，这时，是两个并列动词谓语句或连动句；b. "将"若视为介词，和现在的介词"把"那样，句义就是"我把这几匹马卖了去"，这时，全句就已融合成"把"字句了。a、b两解都是可通的。又如例（32）的"把"，视为动词，即为a解(指两个并列动词谓语句或连动句，下同)："给我号号脉，看一看"；视为介词，即为b解(指已融合成的"把"字句，下同)："给我把脉看一看。"同理，例（33）、（34）也如此。D. 综合上述可知，"着、了"是"把、将"词义虚实的语法形式标志，当它们不带"着、了"时便出现了虚化的可能性，再进一步，当能动词、介词两解时，便使句子实施融合成为可能。

2. 参与融合的前后两个分句之间，有时有个"来"字①，此字的轻读、重读，带来了句义的两可理解。例如：

（35）把那艾来揉的细着。(《朴》，74)

（36）把那煤炉来掠饬的好着。(《朴》，347)

（37）将一根草儿来，比着只一把长短铰了。(《朴》，73)

（38）教当直的学生，将签筒来摇动。(《老》，4)

（39）西门庆……也把胡僧膏子药来用了些。(《金》，第 53 回第 10 页第 1 面)

（40）王八……连忙把灯来一口吹灭了。(《金》，第 50 回第 6 页第 2 面)

以上几例中的"来"字，有两点值得注意：A."来"的轻读重读、归前归后有三种情况：①当"来"重读时，它一般归前一分句，这时，"把、将"是动词，"来"是趋向动词，句义作 a 式解，即全句是两个并列动词谓语句或连动句；②当"来"重读时，它有时也可归后一分句，如例（38）的"签筒"后可有个停顿，"来"归后分句，这时，"把、将"仍是动词，"来"是一般动词，句义、结构仍为 a 式；③当"来"轻读时，它也归前一分句，但这时，"把、将"是介词，"来"是附在"把、将"的宾语后的语气词，相当于"呀、呢"等词②，句义作 b 式解，全句已融合成为"把"字句了。如例（35）：a 式，即"拿些艾来，揉得细细的"；b 式，即"把那些艾呀揉得细细的"。同理，其他几例也如此。B. 由 A 可知，由于"来"的轻重两读，影响到它的词性，引出了"把、将"动、介两可理解，这样，也使句子实施融合成为可能。

3. 参与融合的后一分句动词 V 前可另有隐含主语，带来了句义的两可理解。例如：

（41）将几个磨果钉子来钉在这壁子上。(《朴》，226)

---

① 这种情况的"来"，在《老》《朴》的"把"字句中约占 15%。(班兴彩，1991)《金瓶梅词话》中也有不少这样的"来"。

② 参见王森，1991。用在"把"字句中的这个语气词"来"，元明时期似较常见，它的存在，使句子结构显得松散，所以，以后渐渐脱落了。

（42）疾快将草料来拌上着。(《老》，67)

（43）把纸来糊窗子。

例（41）可理解为：a.“（你）拿几个磨果钉子来，（我）钉在这壁子上”，这时，是两个并列动词谓词句；b.“（你）把几个磨果钉子钉在这壁子上”，这时，已融合成为“把”字句了。例（42）也同理。再如例（43）：a.“（你）拿纸来，（我）糊窗子”；b.“用纸糊窗子”（工具式）。以上 a、b 两解都是可通的。这样，也使句子实施融合成为可能。

4.“把、将”词汇义的虚泛性和易取代性导致它们在对立因素淡化的情况下步步虚化，使语义重心完成后移。分述如下。

A. 所谓“把、将”词汇义的虚泛性，是指当它们用作动词时，使用范围宽泛，可以指称或代替许多具体动词，但词义模糊，或此或彼，需依赖语境才能明确，或始终只能表示个大概。例如：①拿，携带：“你将甚么货物来？”“我将着几匹马来。”(《老》，136) ｜ 将着弓箭器械(《老》，53)。②牵，赶：(这些马) 你既要卖时，也不须你将往市上去(《老》，124)。③抬，搬：木匠家里旋做一个柜子来……把来做的不成(《朴》，142) ｜ 将桌儿来，教客人们只这棚底下坐的吃饭(《老》，72)。④摸，按，诊：与我把脉息，看一看 (《朴》，167)。⑤带领：见例（28）。⑥提，拿：有一个看着马的，不曾来吃饭。兴儿，你另盛一碗饭，罐儿里将些汤……与那个火伴(《老》，77) ｜ 我那里……只是妇人打水，着个头盔，头上顶水，各自将着个打水的瓢儿(《老》，65)。⑦端：把上马杯儿(《朴》，18) ｜ 过卖，先将一碗温水来，我洗面(《老》，109)。⑧拉，推：你这车子先将到门外(《朴》，161) ｜ 又，见例（33）。

从上述义项⑤可知，“将”的“带领”义是依据它的发出者是“捕盗官”而它的涉及者是“捕盗官”手下的人“弓兵”来确定的。又如义项⑧就只能知道个大概，即“将”所指代的是“拉”或者“推”，但“拉”和“推”是两个不同的动作，在此究竟是“拉”还是“推”呢，则难以确说。

B. 所谓“把、将”词汇义的易取代性，是指在融合过程中，由于“把、将”词汇义的虚泛性，导致甲式中的“把、将”也和乙式中的“将”产生类似的情况，即甲式中有一部分 V 与“把、将”词义相同，这种情况也动摇了“把、将”的动词地位，为“把、将”和整个甲式结构的变化提供了条件。当上述“着、了”、“来”、隐含主语诸制约因素不存在时，"把、将"和词义具体、确定的一般动词 V 相比较，它们的词汇义更加模糊游移，这样，V 便完全取而代之，"把、将"便完全虚化了。例如：

（44）将官人的马牵着，好生绘着。(《老》，208)(比较：我打水去，你将马来。(《老》，62)) ｜ 你牵回这马去。(《老》，66)

（45）将洒子提起来。(《老》，63)(比较：罐儿里将些汤……与那个火伴。(《老》，77) ｜ 一个塑的小童子……手拿结线鞭，头戴耳掩或提在手里……(《朴》，352))

（46）将老李打了一百七。(《朴》，195)

（47）把那蒲叶儿做席子。(《朴》，254)

（48）把这文字做一件大事理会。(朱子语类辑略，卷6)①

（49）有人问着一句话，也说不得时，别人将咱们做甚么人看？(《老》，6)

（50）初喂时，只将料水拌与他，到五更一发都与料吃。(《老》，43)

从以上各例可知：①甲式的"把、将"、乙式的"将"一律虚化。乙式的虚化已如上所述，如例(23)。甲式的虚化如例(44)中的动词"将"(《老》，62)和动词"牵"(《老》，66)，二者分别用时，词义、词性和功能完全相同，但当二者共用于甲式(《老》，208)中时，"将"便立刻虚化，其词义"牵"被它后边的动词"牵"完全取代。例(45)也如此。同理，例(46)中的"将"也因此完全虚化了。②就虚化的程度来看，有三种情况：首先，轻度虚化为介词"用、拿"，引出工具语，如例(47)；再进一步虚化，成为现代介词"把"，即所谓表处置的"把"；最后深度虚化，成为"动词尾的虚词"，或可有可无，终于消亡了(见乙式例(24)、(25))。③"把、将"用于处置式还是用于工具语，二者关系密切，有时是两可的。如例(48)的"把/将+n"可理解为"把这文字"，也可理解为"把这文字做一件大事"；如果是前者，就是用于工具语，如果是后者，就可能是用于处置式②。例(49)也同理。例(50)的"将料水拌与他"若理解为用于工具语，就是"用料水给它拌(草)"；若理

---

① 此例转引自祝敏彻，1991，第107页。

② 同上。

解为用于处置式，就是"把料水给它拌一下"。

C. 由上述 A、B 可知，"把、将"虚化的根本原因在于自身的虚泛性。由于它们词汇义的模糊虚泛，所以对 V 产生依附性。在甲$_1$式中，当上述"着、了"、"来"、隐含主语诸制约因素存在时，"把、将"的词义或实或虚，相应地，句义便出现 a 式、b 式两解。就是说，已出现了融合的可能，如上述例(28)—(43)那样。而当"着、了"、"来"、隐含主语诸制约因素一旦消失，"把、将"的词义便完全虚化，V 便完全取而代之。这样，参与融合的两个分句语义重心便转移到 V 上来，如上述例(44)—(50)那样。

（二）结构重心前移。

结构重心前移就是结构重心由前后均衡而移向前分句。这是当动词 V 的宾语 O 和"把、将"的宾语 n 相同时，动词 V 的宾语在语言经济性原则作用下由现而隐的省略过程。例如：

(51) 我一个小帽儿怎陪得他坐，不知把我当甚么人儿看我，惹他不笑话?(《金》，第 72 回第 8 页第 1 面)

(52) 西门庆……到次日把女婿陈经济安他在花园中，同贲四管工记账。(《金》，第 18 回第 7 页第 1 面)

(53) 我要把这个人放了他。(张健康，1988)

(54) 小王，把桌子掀了它。(同上)

(55) 这种书吗，只好把它烧了它。(同上)

(56) 紫苏这厮好吃，把那叶儿摘了，着针线串上……(《朴》，205)

(57) 有人问着一句话，也说不得时，别人将咱们做甚么人看?(《老》，6)

从以上各例可知：A. 整个由现而隐的演变过程大体有三个阶段：①"把、将"的宾语 n 和 V 的宾语 O 同时出现，这是起始阶段，如例(51)；②V 的宾语转而用代词代替，这是过渡阶段，如例(52)—(55)；③V 的宾语承接"把、将"的宾语而省略，这是完成阶段，如例(56)、(57)。B. 这种演变现象既存在于元明口语作品中，如例(51)、(52)；也存在于现代方言中，如例(53)—(55)；类似的用例也可见到，如"妇人把秋菊教他顶着大块柱石，跪在院子里"(《金》，第 41 回第 9 页第1—2 面)。因此，它应是语言发展的长河中的历史积淀，而不是某种孤立的偶然的语言残片，不宜用现代眼光视为病句①；相反，恰恰是演变的明证。C. 由此看来，"把、将"的宾语 n 不是前置了的 V 的宾语 O，相反，而是 O 的承前省略所致。多年来有个流行的看法：n 是前置了的 O。前置的理由是：为了强调受事宾语 O。假定真的如此，那么，原来的"把、将"的宾语 n 哪里去了呢？回答可能有二：一是蒙后 V 的宾语 O 而省略了。这有悖于事实，汉语史上有省略介词的，恐怕还没有省略介词的宾语的吧，如"紫气从东来"，可说成"紫气东来"，恐怕不能说成"紫气从来"吧。二是介词"把、将"原来不带宾语。这就等于默认了介词有两个小类：带宾语的介词，不带宾语的介词。这于常理也是不通的。因此，两种回答都是站不住脚的。现在 O 的由现而隐的演变过程为我们作出了顺理成章的回答。

（三）动词结构复杂化。

动词结构复杂化就是动词 V 由单个动词而前后带上附加词语变为非单一动词的复杂形式的过程。例如：

（58）那客人去了的后头，事发……因此，将那人家连累。(《老》，90)

（59）蛮一个劲儿地把牛打。(《杜永道》，1989)

（60）蛮把凳子踢。(同上)

（61）你把你的路走。(兰州话)

（62）你不要张口就把他夸。(同上)

（63）他……只把我这旧弟兄伴当们根底半点也不保。(《朴》，199)

（64）我把他不认得。(兰州话)

（65）把这么家的人，能做啥咿！(同上)

（66）你把门不要关。(同上)

（67）若官司知道时，把咱们不偿命那甚么！(《朴》，194)

（68）把鸡不敢放出去。(《杜永道》，1989)

---

① 董绍克，1989，《读〈金瓶梅词话〉校点本札记（二）》，《山东师大学报》第 5 期。该文认为例（51）中"'把我'与'看我'并用，是错误的。因为宾语'我'已被提到前边和'把'组成介词词组作了状语，后边就不能再用'我'作宾语"。我们认为，如果持这种看法，那么，例（52）中"安"后有"他"就也"是错误的"了。可是实际上现代方言中却仍有这么说的（如例（53）、（54）、（55）），这又怎么解释呢？

（69）你把我能做下个啥咧你能把我怎么样！（兰州话）

（70）他把话没有说清楚。（同上）

（71）那贼们把船上的物件都夺了。（《朴》，163）

以上各例有三点值得注意：

A. 整个动词结构复杂化的演变过程大体有四个阶段：①动词 V 尚未复杂化，还只是个光杆单音节或双音节动词，这是起始阶段，是结构重心前移刚完成后尚无应变措施的遗迹，如例（58）—（62）；②否定副词和助动词只能放在 V 前，否则，句子不能成立，这是尝试阶段，如例（63）—（66）；③否定副词和助动词可放在"把、将"前，也可放在 V 前，这是过渡阶段，如例（67）—（70），但在《金瓶梅词话》等十几部明代小说中，否定副词则是以放在 V 前为常例（孙占林，1991）；④动词前后带附加成分，这是完成阶段，如例（71）。

B. 动词结构复杂化过程中，否定副词和助动词在相当长时期内曾起过积极作用。由尝试阶段可知，有些话不少地方不用"把"字句表达，但有的地方（如兰州话）、有的时候（如元代《老》《朴》的某些用例）却惯于使用"把"字句，这样，当其中的 V 又是光杆时，就势必要求否定副词（如例（63）、（64））或助动词（如例（65））一定放在 V 前，而且当否定副词和助动词同时出现时，否定副词后必须紧跟助动词（如例（66）），否则，便不能成为句子。可见，尝试阶段的作用确实是为了使光杆 V 结构复杂化从而完成交际任务而所采用的一种有效的方法，只不过这种格式使用的人少、面窄，因而没有被普通话继承下来罢了。在过渡阶段，否定副词和助动词的上述参与作用渐渐减弱了。它们的位置先是由一定放在 V 前转而变为放在 V 前和"把、将"前都可以，接着是缓慢地由 V 前向"把、将"前转移。单就明代的否定副词的位置和现在相比较，就可看出，四百多年前后恰恰发生了如下相反的位移：它位于 V 前的格式在明代时是占据优势（孙占林，1991），而今天却成了普通话"某些熟语性例子里"的用法[①]；它位于"把、将"前的格式在明代时不占优势，而今天却成了普通话"把"字句的规范格式。当否定副词和助动词渐渐移向"把、将"前时，V 的

---

① 吕叔湘，1980，第 51 页，如"不把我当人（＝把我不当人）"。

前后便全由其他附加词语承担起来。由此，我们得到了一种启示，就是这种否定副词和助动词两可位置的漫长的比较选择过程，也恰恰是我们关于"融合"论观点在状语方面的一个具体体现。因为，按照我们的看法，参与融合的原本就是两个句子，它们各自原本都可带否定副词或助动词作状语，现在要合二为一了，那样的状语势必有个位置调整问题：是放在"把、将"前呢，还是放在 V 前呢？因为放在哪里都顺理成章，所以两种位置格式在相当长时期内得以并存，难以定夺。

C. 动词结构复杂化有两方面的作用。一个是排除歧义，实现融合。就是使"把"字句定型为单个动词谓语句。这是语义的要求，直接与语义重心后移有关，是使语义重心后移得以确立的步骤。这就意味着要把"把、将"限定为介词，消除 V 前的隐含主语，删除"把、将"和 V 之间的动词"来"，或把它处理为可有可无的语气词。而动词结构复杂化就能起到这种作用。因为 V 前后增添附加词语后，获得了各种附加义，使语义得到了相应的限制。另一个是补充结构，协调节奏。这是形式的要求，直接与结构重心前移有关。因为结构重心前移后，句子后部有的只剩个光杆 V，整个句子结构上是头重脚轻，很不匀称，在韵文、戏曲中有格律、拖音、伴奏予以补足，句子可以成立，在口语中就站不住脚。而动词结构复杂化就解决了这个问题。可见，从主旨上看，动词结构复杂化是语义的要求，但结果却是既满足了语义，也稳定了结构，最终促成了融合的完成。

上述两种作用试以下例做一说明："主人家，快把酒来吃。"（水浒）此例可有以下两解：a 解是个复句，意思是"主人家快拿酒来，我吃"；b 解是现代处置式"把"字句，意思是"主人家你快吃酒"。如果在原例中动词"吃"的前面或后面加上附加词语后，b 解就能定型为语义上、结构上都合格的现代"把"字句，而 a 解则不能成立，或虽能成立，但不是"把"字句。这样，a 解就被排除了。试比较：

（72）	主人家，快把酒（来）吃了。	b.
（73）	主人家，快把酒（来）再吃一杯。	
*（74）	主人家，快拿酒来，（我）吃了。	a.
*（75）	主人家，快拿酒来，（我）再吃一杯。	

五、结论。

1. 融合式"把"字句产生的根本原因，在于"把、将"自身词汇义的虚泛性和易取代性，是它们自身词汇义的虚泛性和易取代性导致的结果。

2. 融合式"把"字句产生的过程，是语义重心后移、结构重心前移、动词结构复杂化三个要素各自内部诸对立因素消长的过程，是三个要素之间互相制约、协调、同步渐变的结果。

3. 融合式"把"字句涵盖面广，解释能力强，有近代口语作品和现代有关方言多种迹象可资证明。梅祖麟先生（1990）说，"处置式是一种多元性的句式，本身包括几小类，而且从历时的角度来看，产生的方法也是层层积累"。他举出了三种类型：承继先秦两汉的处置式是一种；在受事主语句前加"把、将"又是一种；用"把、将"把［主—动—宾］句式的宾语提前是第三种。那么，融合式"把"字句能否算作这种多元性句式层层积累的产生方法在元明时期的一种体现呢？

参考文献

兰陵笑笑生：《金瓶梅词话》，文学古籍刊行社 1955 年版。

杜永道：《渭南话"把"字句的几种特殊现象》，《中国语文》1989 年第 2 期。

王雪樵：《运城话中的一种"把"字句》，《中国语文》1986 年第 4 期。

张健康：《谈简阳方言"把 nv 了它"》，《成都师专学报》1988 年第 3 期。又，云南永胜方言也有这种句式，如："帮把甘蔗砍了它。"（何守伦：《永胜方言志》，载《蒙自师专（方言专号）》1986 年第 1 期。）

曹广顺：《魏晋南北朝到宋代的"动+将"结构》，《中国语文》1990 年第 2 期。

陈刚：《试论"动—了—趋"式和"动—将—趋"式》，《中国语文》1987 年第 4 期。

乔全生：《山西方言的"V+将+来/去"结构》，《中国语文》1992 年第 1 期。

班兴彩：《"把"字句和"被字句"》，《〈老乞大〉与〈朴通事〉

语言研究》，兰州大学出版社 1991 年版。

　　王森：《语气词和叹词》，《〈老乞大〉与〈朴通事〉语言研究》，兰州大学出版社 1991 年版。

　　祝敏彻：《〈朱子语类〉句法研究》，长江文艺出版社 1991 年版。

　　武振玉：《"动·将·趋"句式的历史演变》，《吉林大学社会科学学报》1991 年第 1 期。

　　孙占林：《〈金瓶梅〉"把"字句研究》，《广西师院学报》1991 年第 3 期。

　　吕叔湘：《现代汉语八百词》，商务印书馆 1980 年版。

　　梅祖麟：《唐宋处置式的来源》，《中国语文》1990 年第 3 期。

　　（原载《中国语研究》1998 年第 40 号，第 5—13 页。日本东京，白帝社）

《老乞大》《朴通事》里的动态助词

《老乞大》(简称《老》)、《朴通事》(简称《朴》) 二书是元代时期朝鲜人学习汉语的两部会话手册,代表了 14 世纪中国北方的汉语口语,共出现"了、过、罢、着、的"五个动态助词。其中"了""过"的用法和现代汉语大体一致,"的"和"着"的用法则有较大差异。现据日本京都帝国大学分别于 1944 年和 1945 年印刷的该二书的注疏本《朴通事谚解》《老乞大谚解》例释如下。谓词 V 主要指动词,包括少量形容词。例句后括号内是出处和页码。

一 了

《老》《朴》中有两个"了":"了$_1$"是动态助词,出现在谓词 V 之后,表明该谓词"词义所指处于事实的状态下"[①];"了$_2$"是语气词,出现在句末,表示发生了变化。

1."了$_1$"可以出现在多种句式中。

A. V+了$_1$+宾

(1) 我又忘了一件勾当。(《老》,55)

(2) 马敢吃了草也,饮水去。(《老》,59)

(3) 孩儿这里所干已成完备,得了照会,待两个月,衣锦还乡。(《朴》,282)

B. V+了$_1$+补(数量)

(4) 这夏店我走了一两遭。(《老》,108)

---

① 刘勋宁:《现代汉语词尾"了"的语法意义》,《中国语文》1988 年第 5 期。

（5）那贼将那客人脊背上射了一箭。(《老》，52)

C. V+了₁+不曾

（6）主人家，饼有了不曾?(《老》，39)

D. V(+补)+了₁₊₂(+么、也、着)

（7）这马都饮了。(《老》，66)

（8）天亮了，辞了主人家去来。(《老》，68)

（9）皇后大笑:"猜不着了。"(《朴》，302)

（10）"雨住了么?""雨晴了也。"(《朴》，239)

以上 A、B、C 三式各例的"了"都紧跟 V 后，是动态助词"了₁"。D 式各例的"了"既在 V 后，又在句末，是动态助词"了₁"和语气词"了₂"的融合体，是表示两层意思的。如例(8)"天亮了"，一层意思是说天现在已经亮了，说明天的性状"亮"已经获得，成为事实，这时的"了"是动态助词"了₁"；另一层意思是说天的状态原来不亮，现在亮了，是对这个已然变化表示肯定，这时的"了"是语气词"了₂"。A、B、C、D 的 V 大都是动词，例(8)的"亮"是形容词。例(10)的两个"了"，一方面是"了₁""了₂"的融合体；另一方面又是"了₂么""了₂也"的连用形式，也就是说是表陈述语气的语气词"了₂"和表疑问语气的语气词"么"、表感叹语气的语气词"也"的连用形式。

2. 作为"实现体"的"了₁"，既可表示动作或事态的过去实现，如例(4)、(5)那样；也可表示现在实现，如例(1)、(2)、(8)那样；还可表示将来实现，如例(3)那样。

3. 由上述可知，"了₁"的用法已和现代汉语非常一致。如果说有差异的话，那就表现在下面一类例句的用法上。例如

（11）我草、料、面都是你家里买来的，你减了些个如何?(《老》，42)

（12）"你这们胡讨价钱，我还你多少的是?""你说的是，这们便，我减了五钱着，你来!""你休减了五钱，你说老实价钱……"(《老》，167—168)

一般地说，动态助词"'了'多用于叙述句(王力先生曾把它看作叙述词的标记，1982)"，它"是实现体标志。动词加'了'(指"了₁"——引者，下同)，在语法上成为实现体动词，语义上获得一种实有性质(成为事实)"①。

---

① 刘勋宁:《现代汉语词尾"了"的语法意义》，《中国语文》1988 年第 5 期。

而上述例(11)、(12)的三个"了"中,第一、三的两个"了"所在的句子是祈使句,不是陈述句;从"体"的方面看,有"了"的三个句子都还只是表达某种愿望,并没成为事实,不是"实现体"。因此,该类句子在现代汉语里动词后是不能带动态助词"了₁"的。"由于还没有成为事实而用了'了'的句子则是病句:

＊下个月我干了十五天活儿。

＊应当严肃处理了这件事。

＊我深信,十三大以后,深圳必将出现了一个新的政治局面。"①

而当时《老》中却竟那样带上了"了₁",尽管不多见,却是不严密,不科学的表现,应是"了₁"在演变过程中残留的痕迹。

二　过、罢

现代汉语的动态助词"过"有两个:"过₁""表示过去曾经有这样的事情",如"我们谈过这个问题";"过₂""表示动作完毕",如"吃过饭再去"②。《老》《朴》里只有"过₁",遇到"过₂"则用"罢"代替。

1. "过₁"只见到两例。

(1)你待谩过我,为我命不好,撞着你。(《朴》,310)

(2)这个马悔了,该着八两银价钱,你要过的牙钱,通该着一钱二分,你却迴将来。(《老》,163—164)

二书的"过₁"有时候似乎是故意避而不用,而却采用别的说法的。例如:

(3)你在先也曾北京去来,怎么不理会的?(《老》,108)

(4)"挥使,你曾到西湖景来么?""我不曾到来。"(《朴》,122)

例(3)的"来"、例(4)的后一个"来"都可改用"过",例(4)的"西湖景"前也可添个"过"。

2. 罢。

A. V+罢+宾

---

① 刘勋宁:《现代汉语词尾"了"的语法意义》,《中国语文》1988年第5期。

② 吕叔湘主编:《现代汉语八百词》,商务印书馆1980年版,第216页。

(5) 一会儿吃<u>罢</u>汤时便上马。(《朴》, 117)

(6)"你每日做甚么功课?""每日打<u>罢</u>明钟起来, 洗脸到学里……"
(《朴》, 92)

B. V+宾+罢

(7) 到家里吃饭<u>罢</u>, 却到学里写仿书, 写仿书<u>罢</u>对句, 对句<u>罢</u>吟
诗, 吟诗<u>罢</u>师傅前讲书。(《老》, 3)

这里"罢"的位置颇有意思: 在《朴》中是仅见于 A 式, 位于宾语
前; 在《老》中又是仅见于 B 式, 位于宾语后。

3. 可以说, 动态助词"过"虽已出现, 用法还不完备, 使用也不普
遍, 还在发展之中。

三　着、的

《老》《朴》中的"着""的"词性、用法都很复杂, 这里只把该二词
与动态助词有需要划界的地方予以归纳分辨。

(一) 着

"着"有两个:"着$_1$"是动态助词, 出现在谓词 V 之后, 表示动作在进
行或状态在持续;"着$_2$"是语气词, 多出现在祈使句末, 表示多种语气。

1. 着$_1$。

"着$_1$"可出现在各种句式中。

a. V+着$_1$+宾

(1) 我赶<u>着</u>一百匹马, 大前日来了。(《朴》, 164)

(2) 每一个竹签上, 写<u>着</u>一个学生的姓名。(《老》, 4)

b. V+宾+着$_1$

(3) 都一打里将到直房里等我<u>着</u>……街上休撒泼皮, 好生用心看
家<u>着</u>。(《朴》, 186)

c. V+着$_1$(+补)

(4) 你说我听<u>着</u>。(《老》, 5)

(5) 人参正缺<u>着</u>里。(《老》, 131)

(6) 鳖儿打的匾<u>着</u>些个。(《朴》, 318)

上述各式的"着₁"有的表示正在进行的动作，如例（1）；有的表示正在持续的状态，如例（6）。仔细品味，当"着₁"处在句末时，都还有些语气词的意味，也可以说它们是"着₁"和"着₂"的融合体。

上述各式中，a、b两式值得注意。a式发展为现代汉语的用法，a、b两式则同为现代某些方言所继承。如西安话、兰州话"下雨着呢"，山西洪洞话"等你着的兀（那）是谁呢？"① 就都是方言b式的用例。

以下"V+着……"中的"着"是实词，做补语，表示趋向或结果，不是动态助词。

（7）我四个人，炒着三十个钱的羊肉。（《老》，110）

（8）咳，都猜着了也。（《朴》，79）

2. 着₂。

A. 以下各式的"着"当是"着₂"。

a. V+宾+着₂

（9）你离路儿着，休在路边净手。（《老》，67）

（10）如今唱达达曲儿，吹笛儿着!（《朴》，18）

b. V+补（+宾）+着₂

（11）草切的细着。（《朴》，45）

（12）你剃的干净着。（《朴》，83）

（13）这水少，再打上一洒子着。（《老》，62）

（14）你疾快做着五个人的饭着。（《老》，36）

（15）行李都搬入来着。（《老》，123）

（16）这马们都絟住着。（《老》，104）

c. V+了（+宾）+着₂

（17）你都吃了着，家里还有饭里。（《老》，75）

（18）"我是高丽人，都不会炒肉。""有甚么难处？刷了锅着，烧的热时，着上半盏香油……"（《老》，38）

d. V+着₂

（19）你再说我猜着。（《朴》，75）

---

① 乔全生：《洪洞话的"VX着"结构》，《语文研究》1989年第2期。该文认为山西洪洞话的"VX着"中的"着"是唐宋著作中同类"着"的遗衍，说它们全是动态助词。

（20）纽子不要底似大，恰好着。（《朴》，247）

以上各式，结构虽错综复杂，却都有着共同的特点：句子一般是祈使句，"着"都位于句末表使令、嘱托之类的语气，很少表陈述语气。这类"着"大致有三种情况：第一，大部分可从句中拿掉而不影响基本意思；第二，一部分"着"（如例（11）、（12））在句子结构稍作调整后也可拿掉，如例（11）"草切的细着"这类结构的句子，"的"后的形容词只要重叠为"AA的"或"AABB的"，或者形容词后添上"一点""一些"时，就都可把"着"拿掉；第三，不少"着"相当于现在的"呀、吧"等语气词，当然，因为它已在普通话中消失，有的不能找到相应的语气词表示。因此，这里的"着"应是"着$_2$"。这从一个侧面反映出当时口语中的语气词是多么发达。

B. 有的学者认为上述语气词"着$_2$"是动态助词"着$_1$"[①]，即不认为有"着$_2$"。这不仅抹杀了"着$_2$"丰富多样的语气表达作用，也使"着$_1$"的语法意义变得扑朔迷离。这无论从唐、宋、元著作的情况看，还是从现代方言的情况看，都是说不通的。首先，如 b 式"V 补着"，确如作者引龙果夫的话所说的，动词带了补语"就跟未受限制的动词不同，很难跟过程的延长性或持续性相容"，"可以说'写上了''看见了'，但不能说'写上着'或'看见着'"的。再如 c 式"V 了着"，也并非像作者说的"V 同时带了两个表示动态的助词'了着'，'着'表示动作持续，'了'表示动作完成，二者并行不悖"。试想，作为动态助词，"了""着"的语法意义是对立的，都跟随在同一动词后，一个东，一个西，究竟对该动词要起什么作用就很难说，又怎么能"并行不悖"呢？汉语中恐怕还没有这样的先例。又如 a 式，都是祈使句，所表达的意思都还只是某种愿望，并不是事实，也就是说，谓语动词的动作还没有实施，因此，并无"动态"可言，又怎么能用得上表示动作正在进行或持续的"着"呢？就是想用也添不进去。再者，从实际情况看，也正如作者所说，把上述各式的"着$_2$"说成"着$_1$"，"这在北京话以及北方话许多地方都是不允许的"，我们认为，作者所论述的洪洞话也同样应该是"不允许的"。而把

---

① 乔全生：《洪洞话的"VX 着"结构》，《语文研究》1989 年第 2 期。该文认为山西洪洞话的"VX 着"中的"着"是唐宋著作中同类"着"的遗衍，说它们全是动态助词。

"着₂"处理为语气词却是顺理成章的事。

3. 由上述可知,《老》《朴》的"着₁""着₂"和现在普通话、方言中的"着"是有着渊源关系的。演变过程大体如下表所示。

$$
着\begin{cases}
着_1(动态)\begin{cases}
普通话:V\,着_1\,宾 \\
方\quad言\begin{cases}
V\,着_1\,宾 \\
V\,宾\,着_1
\end{cases}
\end{cases} \\
着_2(语气)\begin{cases}
普通话:—— \\
方言:表祈使、陈述等语气
\end{cases}
\end{cases}
$$

(二) 的

《老》《朴》的"的"也有两个:"的₁"是动态助词,出现在谓词之后,相当于动态助词"着₁";"的₂"是实词,做补语。

1. 的₁。

A. "的₁"相当于"着₁",二者曾在一段时间内并存。例如:

(1) 纽子不要底似大,恰好着,大时看<u>的</u>蠢坌了。(《朴》,247)

(2) 将桌儿来,教客人们只这棚底下坐<u>的</u>吃饭。(《老》,72)

(3) 他却拔下一根毛衣,变做假行者,靠师傅立<u>的</u>。(《朴》,301)

B. "的₁""着₁"二者并存共用,可能只是习惯如此,并无条件限制。下面前两例一个用"的₁",一个用"着₁",二者同出于《老》中,相隔距离也很近,后一例"的₁""着₁"更出自同一句中,这些便是佐证。

(4) "你高丽地面里将甚么货物来?""我将<u>的</u>几匹马来。"(《老》,131)

(5) "你将甚么货物来?""我将<u>着</u>几匹马来"。(《老》,136)

(6) 爱钱买东西,夹<u>着</u>屁眼家里坐<u>的</u>去。(《朴》,252)

C. 有时"的₁"可和"着"连用,这时的"的₁"是"着₁",而"着"是语气词"着₂"。这样用,也有表达上避免同音拗口的作用。例如:

(7) 大哥,我们回去也,你好坐<u>的</u> 着。(《老》,258)

(8) 火伴,你再下处好去坐<u>的</u> 着,我赶着羊,到涿州卖了便回来。(《老》,169)

D. "的₁"的用法现在普通里不用,某些方言中还可见到。例如:

(9) 戴<u>的</u>草帽子亲嘴哩——差<u>的</u>远着哩。(兰州话)

2. 的₂。

"的$_2$"和"的$_1$"很相似，也出现在谓词之后，但不表动态，是实词，做补语，表示趋向或结果，相当于"上、下""到"等词义。它和上述"V+着"中的实词"着"的作用和词汇意义是完全等同的(见"1. 着$_1$"一节例(7)、(8))。例如：

(10) 寻将马来时，请的哥来把一盏。(《朴》，371)

(11) 跳冬瓜，跳西瓜，跳的河里仰不搽。(《朴》，249)

3. 现代汉语中也有个动态助词"的"，但和《老》《朴》的动态助词"的$_1$"相比，二者的作用不同。例如：

(12) 我 10 点钟才吃的饭，现在还不饿。

(13) 我这次送孩子，自己买的车票。

(14) 小张，谁给你理的发？

(15)"高丽来的秀才有么？""书房里坐的看文书里。"(《朴》，374)

前三例是现代汉语的动态助词"的"，它"表示过去"，"有强调动作发生的时间"[①] 和调整音节的作用。后例是《老》《朴》中的动态助词"的$_1$"，"的$_1$""着$_1$"和现代汉语的动态助词"着"是一样的，都是表示动作在进行或状态在持续。可见，上面几例的"的"是两个形同实异的"的"。在《老》《朴》中，"的$_1$"由于"着$_1$"的使用优势所迫，在当时就处于渐为"着$_1$"取代的地位。

四　结语

通过上述列举可知，作为近代汉语向现代汉语发展的重要标志之一的动态助词，它们作为一个语法类别，在《老》《朴》所处的元代已基本确立，虽然个别环节还不完备。一般地说，它们的语法意义、词汇意义和适用的句式，都较为宽泛。所有这些，现代方言都给予了较多的继承；而普通话则对其中一部分予以舍弃，另一部分则予以继承和发展，从而使语言内部结构更加严密和科学。

(原载《古汉语研究》1991 年第 2 期，总第 11 期，第 16—20 页)

---

① 黄伯荣、廖序东主编：《现代汉语》下册，甘肃人民出版社 1983 年版，第 344 页。

《老乞大》《朴通事》里的"的"

《老乞大》《朴通事》是中国元代时朝鲜人学习汉语的两部会话书，代表了 14 世纪中国北方汉语口语。从近代汉语历史的再分期来看，当时的语言正处于过渡时期，承上启下，新旧交替，既有共时特征，又有历时特征。"的"字的丰富的语法作用反映了这些特征。该字的单字使用频率在二书中都居于首位，共约出现 1100 次，远远超过其他各字。本文将通过列举它的诸种用法，揭示词语演变的某些现象。所据版本是日本京都帝国大学分别于 1944 年、1945 年印刷的该二书的注疏本：《朴通事谚解》（简称"朴"）、《老乞大谚解》（简称"老"）。例句后括号内是出处和页码。

一 做表音语素

"的"作为一般语素，除了放在"特""怎""甚""了"几个语素后面，构成一般单词以外，主要的是作为表音语素放在指示代词"这""那"后面表示特定的语法作用。这种情况出现 54 例。不知为什么，自唐、五代至元末的七百年间指示代词"这""那"一般不单用作主语，而只用作定语，做主语时，唐、五代用"这个""那个"，五代以后又增加了"这的""那的"①。《老》《朴》二书反映了这种变化。据我们统计，54 例"这的""那的"也主要用作各种句式的主语，表示各种意义。例释如下。

1. 指事，单数或复数，具体或抽象。意思是"这（那）个"或"这

---

① 梅祖麟：《唐、五代"这、那"不单用作主语》，《中国语文》1987 年第 3 期。

(那)些"。如：

(1)"你做馈我荷苞如何？""那的最容易。"(《朴》，91)

(2)这的是，远行知马力，日久见人心。(《朴》，166)

(3)你教徒弟，坏了我罗天大醮，更打了我两铁棒，这的不是大仇？(《朴》，299)

(4)这的便是，古人有言，卖剑卖与烈士，胭粉赠与佳人。(《朴》，383)

例(1)指代单一具体的动作，例(2)指代单一抽象的经验、看法，例(3)指代抽象的冤仇，复数，例(4)指代某些赠予的行为，复数。

2. 指具体的物，单数或复数。意思也是"这(那)个"或"这(那)些"。如：

(5)这的十年也坏不得。(《老》，69)

(6)买人的文契只这的是，更待怎的？(《朴》，158)

(7)这的是真陕西地面里来的。(《朴》，131)

(8)"锅灶碗碟都有么？""这的你放心，都有。"(《老》，122)

例(5)指代某座桥，例(6)指代某个文契，都是单数；例(7)指代某些缎匹，例(8)指代锅灶碗碟，都是复数。

3. 指地。意思是"这(那)里"。如：

(9)那的有四个小车儿，一车两担家的推将去。(《朴》，29)

(10)"到你那地面里，也有些利钱么？""那的也中。"(《老》，22)

4. 指人。这种情况见到两例。如：

(11)这的都是前世里修善积福来，因此上，今世里那般得自在。(《朴》，60)

(12)"我家里老鼠好生广，怎的好？"……"那的不卖猫儿的？篮子里盛将去。"(《朴》，250)

例(11)"这的"指代上文的"两个舍人"，复数。例(12)的"那的"似乎指人、指地都能说得通。

以上谈的是"这(那)的"所表示的意义。就它所充当主语的句式而言，也是丰富多样的：在一般主谓句中，最常见的是出现在"是"字句，如例(2)、(3)、(4)等，其次是形句，如例(1)，名句，如下列(13)、(14)，最后是"有"字句，如下例(15)，一般动词句，如例(5)，存现句，如例(7)；在主谓谓语句中，可以充当大主语，如例(8)，也可以充当小主语，如例(6)；有时还可以充当作为宾语的主谓词组的主语，如下例(16)。

(13) 这的几托?(《朴》,31)("这的",指缎匹)

(14) 这的一百个钱，随你意与些个。(《老》,96)

(15) 这的有甚么难!(《老》,160)

(16) 你休自夸，我知道，这的甚么东西。(《朴》,313)

那么，指事、指物、指地、指人的主语都用"这(那) 的"表示，"这(那)"一般不能用作主语，但我们也见到两例做主语的。即：

(17) 这不是烧子的甚么，你敢要玉价钱?(《朴》,310)

(18)"卖酒的，拿二十个钱的酒来。""客人们，这二十个钱的酒。""酒好么?""好酒……"(《老》,112—113)

而做定语时情况恰恰相反：绝大多数用"这(那)"，如："这孩子"(《朴》,232),"这菩萨"(《朴》,178),"这些羊"(《老》,167),"那病人"(《老》,213),"那厮"(《朴》,165),"那店子"(《老》,30);用"这(那)的"做定语的只有9例，如："这的弓你还嫌甚么?"(《老》,183),"这的真善智识那里寻去?"(《朴》,136)

由此可知，"的"的主要功能是把"这(那)"变作复音词，这样，或许是为了音节的和谐，但客观上却成了主语的一种特殊标志。

二　黏附于动词后

这时，大多写作"的"，少数写作"得"。

有以下两种情况：

1. 附着在某些动词如"坐""将""算""看"等之后，作用相当于动态助词"着"。试比较例(1)、(2) 可知：

(1)"你将甚么货物来?""我将着几匹马来。"(《老》,136)

(2)"你高丽地面里将甚么货物来?""我将的几匹马来。"(《老》,131)

再如：

(3) 将桌儿来，教客人们只这棚底下坐的吃饭。(《老》,72)

(4) 他却拔下一根毛衣，变做假行者，靠师傅立的。(《朴》,301)

（5）（这肉）我尝<u>得</u>微微的有些淡。(《老》，39)

当"的""着"连用时，二者便有了明确的分工：这时的"的"行使动态助词"着"的职能，而"着"则表示语气。这样用，可避免同音拗口。如：

（6）大哥，我们回去也，你好坐<u>的</u>着。(《老》，258)

（7）火伴，你再下处好去坐<u>的</u>着，我赶着羊，到涿州卖了便回来。(《老》，169)

这种连用的情况仅见到三例，说明"的"的这种作用并不稳固。

2. 附着在某些动词如"听""坐""请""跳""拖"等之后，构成动补关系，这时的"的"相当于"到""上""下"的意思。如：

（8）咱妇人家也听<u>的</u>这众人之言心里疼杀。(《朴》，380)

（9）我听<u>得</u>，前头路涩。(《老》，47)

（10）太医来这里，请<u>的</u>屋里来，好相公坐<u>的</u>。(《朴》，167)

（11）寻将马来时，请<u>的</u>哥来把一盏。(《朴》，371)

（12）请哥这茶房里，吃些茶去来，坐<u>的</u>哥。(《朴》，314)

二书中的"着"也有和上述补语"的"相当的词义。如：

（13）你疾快做<u>着</u>五个人的饭着。(《老》，36)

（14）你记认<u>着</u>，久后使不得时，我只向牙家换。(《老》，154)

由此可知，当"的"黏附于动词后时，"的"和"着"的用法和词汇意义是大体相同的①。或者说，"的"在尝试分担着"着"的一部分用法，不但如此，并一度试图取代"着"，如例（6）、（7）那样。

三 表"可能"

放在动词或形容词后，构成"动（形）的"或"动（形）不的"②，表

---

① 参见刘公望《〈老乞大〉里的"着"》的有关例句，载《兰州大学学报》1988 年第 2 期。"的"和"着"的关系，主要表现为"的"常占据"着"的位置。但也偶有"着"占据"的"的位置的情况，如："这胡同窄，牵着马多时过不去。"(《老》，61)

② "的"表可能时，主要用在动词后，只有少数的用在形容词后，如："这官司人们，紧不的，慢不的。"(《朴》，258)"把那荷叶儿来做席子，铺着睡时，跳蚤那厮近不的。"(《朴》，254)

示可能或不可能(可称"谓补可能式")。如:

(1) 这里离城有<u>的</u>五里路。(《老》,118)

(2) 有名的张黑子,打<u>的</u>好刀子。(《朴》,38)

(3)(孩儿) 过了一生日时,便挪<u>的</u>步儿。(《朴》,234)

例(1) 是说这里离城"可能"有五里路,"的"是一种推测。例(2)的"的"是"能够""会",是说某人会打很好的刀子,因而有了名。"的"不是结构助词,"打"也不是"好刀子"的定语,"打的好刀子"后也没有后续句。例(3) 的"的"同例(2)。这里都是表示可能。表不可能的,如:

(4)"你也打的(球儿)?""我怎么打<u>不的</u>?"(《朴》,328)

(5) 这没嘴脸小胡孙,好小看人,我偏带<u>不的</u>好珊瑚?《朴》,312)

这类表可能或不可能的句子从结构上看,可分两类。一类是"的"或"不的"作补语,这类句子常见,如以上五例。

另一类是"的"后跟结果补语或趋向补语,这类句子不多。如:

(6) 不争将去时,连其余的马,都染<u>的</u>坏了。(《老》,161)

(7) 这般做<u>的</u>不成时,不可惜了工钱?(《朴》,271)

(8)(我的油帽) 不曾将<u>得</u>来,你将两个油纸帽儿来,借与我一个。(《朴》,118)

例(6)、(7)"的"后分别跟结果补语"坏""不成",例(8)"得"后跟趋向补语"来"。

一般情况下,大多是用"的",少用"得"。如:

(9) 房子委实窄,宿不<u>得</u>。(《老》,88)

因为"得"多用作动词,如"得了照会"(《朴》,282)。可是当"得""的"连用时,二者便有了明确的分工:"得"表可能,"的"表语气。这样,字面上便于区别。如:

(10) 他汉儿言语说不<u>得</u> <u>的</u>,因此上,不敢说话。(《老》,92)

有时,同一情况下,"的"跟"着""得"交互共用,意思彼此相当,这透露出"的"由表"着"到表"可能"的演变轨迹。值得注意。如:

(11) 这们时,价钱依<u>着</u>你,银子依<u>的</u>我时,成交;依不<u>得</u>我时,不我卖。(《老》,236—237)

这里的"的",说它相当于它前面分句里附在动词后的"着",是说得通的;说它相当于它后面分句里表"可能"的"得",也是说得通的。

　　有些句子表面相同："的"都是出现在动词后的句末，但却有两种可能：或表示可能，或表示语气。判别的方法是看"的"表示什么，如果表示主观推测，那就是表可能，如下面例（12）、（13），如果表示"确实如此"，那就是表语气，如下面例（14）、（15）。

　　（12）哥你放心，我独自儿射时也赢<u>的</u>。（《朴》，102）

　　（13）官人舍不的钱，那里买<u>的</u>?（《朴》，312）

　　（14）人生七十古来稀，不到三岁下世去的也有<u>的</u>。（《朴》，136）

　　（15）那里是实要买马的，只是胡商量<u>的</u>。（《老》，150）

　　那么，为什么要用这种"谓补"格式表示可能，而不用"能愿动词+谓词"表示可能呢？可能有以下一些因素。首先，此时的"谓补"格式是它原先的"动+的"格式的发展，如上述例（11）那样，它不可能一下子抛开它的历史上留下来的旧框架而另构新的框架。其次，跟二书中当时表示"可能"的助动词"能""能够"还不发达有关。由"能""能够"构成的"动（能愿）+谓"格式二书中仅出现8例，而且有3例是出现在对偶句中，如"有缘千里能相会，无缘对面不相逢"（《朴》，176），出现在自由句式中的如"不能养活"（《朴》，156），只有5例，可见，显然不常用。最后，为了适应交际，前两个原因互为因果，"谓补可能式"于是成为常用句式。这样，习惯成自然，有些句子现在普通话里一般不采用"谓补可能式"，而当时却惯用这种格式。如：

　　（16）"（这缎子价钱）你猜<u>的</u>么?""我猜。"（《朴》，31）

　　有时甚至问话的人规定性地采用了"动（能愿）+谓"的格式，而答话的人也不予理睬，仍然使用自己的惯用格式。如：

　　（17）"（这孩子）会爬么?""<u>爬得</u>。"（《朴》，233）

　　这样，渐渐地，有的就成了惯用语，如用"当的"表示能承受、"当不的"表示不能承受："马们怎么当的"（《朴》，196），"蚊子咬的当不的"（《朴》，253），"身颤的当不的"（《朴》，166），"气息臭的当不的"（《朴》，238），"牙疼的当不的"（《朴》，347）。

四　语气词

　　放在句末或句中停顿处，表示确实如此。和现代汉语相同。如：

（1）他不曾开铺<u>的</u>。(《朴》，340)

（2）这帽儿也做得中中<u>的</u>。(《朴》，188)

（3）这<u>的</u>我自会<u>的</u>，不要你教。(《老》，57)

（4）我汉儿言语不理会<u>的</u>。(《老》，138)

以上语气词"的"用在句末，以下是用在句中停顿处。

（5）咱人今日死<u>的</u>明日死<u>的</u>，不理会得。(《老》，202)

（6）年时牢子们走<u>的</u>你见来么?(《朴》，241)

五　结构助词

做结构助词，和现代汉语的"的""地""得"相当，分别用在定语后，状语后，补语前。还可以和其他词语构成"的"字词组，一起做主语、宾语。如：

（1）我怎么说那等<u>的</u>话!(《老》，240)

（2）我是行路<u>的</u>客人。(《老》，76)

（3）这们时，我明日早只放心<u>的</u>去也。(《老》，47)

（4）村言村语<u>的</u>休骂人。(《朴》，311)

（5）眼花<u>的</u>不辨东西。(《朴》，231)

（6）腮颊冻<u>的</u>刺刺的疼。(《朴》，196)

（7）捧汤<u>的</u>都来!(《朴》，16)

（8）这缎子是南京<u>的</u>。(《朴》，357)

六　结语

通过以上五个方面的分类列举可知，"的"为我们揭示了如下的演变现象：

（一）"的"作为表音语素，与其说是为了构成复音单词"这(那)的"，倒不如说是为了标明它所构成的词的特定功能身份。这是它有别于一般语素的独特之处。

（二）"的"和"着"黏附于动词后时，在某些方面，二者彼此相当，曾短期并存共用，有当时用例和现代方言用例可证。但由于"着"的使用优势所迫,"的"迅速让位,转而向"可能"义发展,借助并发挥原"动+的"框架的优势,终于形成"谓补可能式"。这样设想的根据是,1. 二书表"可能"时大多用"的",而少用"得";2. 有"的"由表"着"到表"可能"的演变用例可循。一般认为,表"可能"大都用"得",此"得"由原在动词前演变为附在动词后而来①,一般来说这当然是对的,但在此与二书上述 1、2 两点及原"动+的"框架的发展趋势似有不合,故另有上述设想。但也有这种可能:"的"是"得"的又一写法。暂且存疑。

（三）谓补可能式形成,于是"的"和"着"开始明确分工:"的"表可能,"着""表事态之持续。"②

（四）如果我们上述关于"谓补可能式"形成的设想能够成立,那么,"的"在此基础上,进而就势后移句末(有的就在句末),便成了语气词。否则,当作别论。

（五）作为结构助词的"的"则又另是一条线索,它原是元时"底""地"的"一个不常用的"借用字③,但它的借用却为今天作为定语、状语、补语的标志的"的、地、得"的广泛运用奠立了基础。

（原载《古汉语研究》1993 年第 1 期,总第 18 期,第 80—84、96 页）

---

① 分别见于吕叔湘《与动词后得与不有关的词序问题》《释景德传灯录中在、著二助词》,载《汉语语法论文集》,商务印书馆 1984 年版。

② 同上。

③ 见吕叔湘《论底、地之辨及底字的由来》,载《汉语语法论文集》,商务印书馆 1984 年版。

《老乞大》《朴通事》量词的
数量、类别和功能的定量研究

　　《老乞大》《朴通事》是中国元代末期朝鲜的两部颇有影响的汉语教科书，用的是当时中国北方的汉语口语。二书中量词的使用相当普遍，一方面，有关商业活动的量词出现频率很高，另一方面，现在常用的一般量词那时也大都出现，同时，就类别和用法来看，也较齐全、多样。所据版本是日本京都帝国大学法文学部分别于 1944 年、1945 年印刷的该二书的注疏本：《朴通事谚解》（文中简称《朴》）、《老乞大谚解》（文中简称《老》）。引文后括号内是出处和页码。下面分别讨论。

一　量词的出现概况

（一）

　　二书中共出现量词 161 个，现按出现个数、次数和类别分述于下。

　　1. 出现的个数和次数。

　　按出现次数多少的顺序列表于下。

出现次数	出现个数	出现的词
476 次	1 个	个
137 次	1 个	些（儿）
99 次	1 个	两
59 次	1 个	钱
32 次	1 个	斤
30 次	1 个	匹
28 次	1 个	些个

出现次数	出现个数	出现的词
20 次	1 个	里
18 次	1 个	日
17 次	1 个	一会（儿）
16 次	1 个	道（儿）
15 次	2 个	间　分
14 次	1 个	等
12 次	5 个	尺　盏　副　件（儿）　岁
11 次	1 个	张
10 次	4 个	条　对　托　年
9 次	5 个	把　串　束　斗　夜
8 次	4 个	颗　遭　半儿　遍（儿）
7 次	2 个	担　根（儿）
6 次	4 个	块　声　口　家（儿）
5 次	9 个	只　点　服　升　桶　丈　座　更　宿
4 次	7 个	瓶　顿　停　下　着　句（儿）　些小
3 次	8 个	所　帖　碗　碟　说　和　铁棒　锭（儿）
2 次	19 个	品　行　片　贯　部　杯　员　尊　壮　丸　套　群　盘　成　站　双　月　步　洒子
1 次	72 个	棵　叶　连　堵　车　簇　叉　层　轴　领　包　角　堆　枚　壶　寸　顶　表　枝　亩　卷　身　匣　岸　纸　眼　文　棚　曲　头　份　旬　倍　流儿　筐儿　棒儿　伙儿　回　次　巡　场　针　局　箭　板　觉　围　脚　路　跌　掐　佇　救　桦　控　摇　补　坐　试　看　吊　掏　洗　摆　餐　杀　八　赶　岻　周遭　戒方　打听

2. 量词的类别。

A. 物量（108 个）

①专用的（68 个）

'度量衡单位（20 个）：

寸　尺　丈　升　斗　担　分　钱　两　斤　锭（儿）　文　贯　亩　里　站（指距离）　成（整体的 1/10）　停（总数分为几份，一份即一~）　倍　份（整体分成的各部分）

个体单位(33个)：

个 间 所 座 顶 件(儿) 匹 把 张 条 块 副 连 句(儿) 家(儿) 尊 口(一~饭,一~刀) 员(三~正官) 品(一~官) 服 顿(一~饭) 片 棵 颗 只 枝(一~箭) 根(儿) 枚(一~枣) 壮(三~艾) 道(儿) 层 叉 等

集体单位(10个)：

对 副 双 伙儿 群 堆 簇 串 套 部

不定单位(5个)：

些(儿) 些个 些小 点 半儿

②借用的(40个)

借用名词(33个)：

口儿 眼 头 角 身 瓶 碟 盏 杯 壶 碗 桶 洒子 匣 盘 筐儿 局 轴 纸 车 叶 担 丸 曲 岸 帖 领 表 路 步 行(háng) 棚儿 流儿(溜儿)

借用动词(7个)：

卷 包 束 托 堵 捧儿 围(腰阔三~,《朴》,321)

B. 动量(53个)

①专用的(14个)

次 下 回 遍(儿) 巡 遭 周遭 顿 跌(吃一~) 觉(睡一~) 道(儿)(吃了他一~,《朴》,43) 场 着(饶我四~,《朴》,48。这一~好利害,《朴》,49) 和(huò)

②借用的(39个)

借用名词(17个)：

箭(射一~) 针(使一~,《朴》,73) 铁棒(打两~) 口(咬一~) 声(叫一~) 戒方(打三~) 脚(煮·~羊肉) 板(打一~墙),《朴》,24) 日 月 年 更 夜 宿 岁 旬 一会(儿)

借用动词(22个)：

摇(摇一~) 说(说一~) 摆(摆一~) 洗(洗一~) 掐(掐一~) 佤(佤一~) 救(救一~) 控(控一~) 看(看一~) 坐(坐一~) 掏(掏一~) 试(试一~) 吊(吊一~) 停(停一~) 补(补一~) 杀(杀一~) 八(八一~) 赶(赶一~) 桦(桦一~)

餐(餐一~)　蚰(蚰一~)　打听(打听一~)

（二）

以上我们对二书中所出现的 161 个量词作了个概括分析，从中可以看出以下几点：

1. 现在一般常用的量词，二书中大都已经出现。

2. 从结构上看，都还是单纯量词，而且绝大多数是单音节的（指物量词和借用动词表动量的词），只有个别的是双音节的，如"打听"（打听一~），"铁棒"（打两~）。

3. 从出现次数看，有两个特点：A. 高度集中。出现在 11—476 次共 15 个档次上的，仅有 20 个词，但这些词或者因为常用，如"里、盏、尺、副、一会儿"等就属常用，又如"两、斤、钱、匹"本来就常用，加上二书商业活动内容的制约，就更常用，所以出现次数就多；或者因为通用，如"个、些"，特别是"个"，那些没有特定量词与其相配的表人或事物的名词可以使用它，有特定量词与其相配的一些表人或事物的名词也可使用它，所以出现次数就更多。B. 高度分散。出现在 1—2 次两个档次上的，就多达 91 个词，其中物量词 56 个，接近2/3。物量词在这两个档次的大量出现，反映了事物计量已很细密；动量词 35 个，占 1/3 强，而其中用借动词表动量即"X 一 X"（说一说）格式的就有 22 个，表明了动量词特别是"X 一 X"格式的普遍使用。

二　量词的语法特点

1. 量词一般都出现在数词后面，和数词组成数量词组，一起做句子成分。基本用法是做定语、谓语，也能做主语、宾语、状语、补语。这是指由物量词构成的数量词组说的。由动量词构成的数量词组在句中做补语、状语。

现在先谈由物量词构成的数量词组。

（1）做名词的定语。

这种情况最为常见，占做句子成分的63%。如"十个马""三十根箭""三五两银子""几盏灯""五两四钱半银子""二尺半白清水绢",等等。

做定语时,数量词组和名词一般是直接组合。但表示年龄时,二者之间一般需要有结构助词"的",这样读起来顺口,也有强调的意味。这种情况不多,占做句子成分的 0.42%。如:

①怪哉,恰十五岁的女孩儿,说这般作怪的言语!(《朴》,235)

②("女孩儿那后婚?")"今年才十六岁的女孩儿。"(《朴》,84)

此外,定中之间有时还带有语气词"家",表示强调和肯定。如:

③这几个贼汉们,一日三顿家饭,每日家闲浪荡做什么!(《朴》,175)

④(我来时节,黑豆一钱银子一斗,)草一钱银子十一个家大束儿,(今年好生贱了。)(《朴》,165)

(2)做谓语或谓语中心。

这种情况在说明价值、年龄或事物的数量的句子中常常见到,占做句子成分的 15.4%。如:

①剪子一百把。(《老》,251)

②我这参一百一十斤。(《老》,230)

③大小刀子共一百副。(《老》,250)

以上例①②③有的书认为其中的数量词组是"放在名词的后面"的定语。我们认为看作谓语或谓语中心更恰当些。因为这里的名词或名词性词组和数量词组都是陈述与被陈述的关系,二者中间有的还有状语,如例③的"共",没有状语的也都能加上状语。这类句式可以单用,也常常由四五个并列起来表示列举。

(3)做主语、宾语。

做主语、宾语的,各占做句子成分的 2.1%、4.4%,都有条件限制:一是数量词组所指的人和事物一般要在上下文中有所交代;二是做主语、宾语的数量词组同和它们相应的主语、宾语必须是个相同的概念,或是个不言自明的概念。如:

①(这三个伴,)两个是买马的客人,一个是牙子。(《老》,141)

②(这烧饼,)一半儿冷,一半儿热。(《老》,110)

③("多少一板?")"二钱半一板家。"(《朴》,24)

④（捧汤的都来！）第一道爡羊蒸卷，第二道金银豆腐汤……（《朴》，16）

⑤牙税钱该三两一钱五分。（《老》，160）

⑥搅料棒也没一个。（《老》，58）

⑦（咱们）一处吃一两杯。（《老》，139）

以上例①②③④是数量词组做主语，例⑤⑥⑦是做宾语。做主语、宾语时都有上下文的必要交代，如例②的"一半儿"指的是上文的"烧饼"，例④的"第一道"等，指的是上文的"汤"。在后两个例子中做宾语时没有上下文的语境，但符合第二个条件，所以表意也是明确的，如例⑥的宾语"一个"和主语"搅料棒"是个相同的概念，例⑦的宾语"一两杯"，由于"酒"和"杯"习惯相沿，所以"一两杯"当然是指"酒"，也不言自明。

（4）做状语、补语。

做状语、补语的，各占做句子成分的 0.84%、0.63%，表示事物的数量、动作的次序。如：

①（他）万千人里头第一个走……（《朴》，243）

②（那的有四个小车儿，）一车两担家推将去。（《朴》，29）

③（桥）比在前高二尺，阔三尺。（《老》，46）

以上例①是数量词组做状语，表示顺序；例②③分别做状语和补语，都表示数量。做状语时，大都直接出现在中心语前，有时带有结构助词"家"，如例②。中心语主要是动词，有时是形容词，如例③的"高""阔"。

以上谈的是由物量词构成的数量词组的功能。由动量词构成的数量词组则主要做补语，也可以做状语，各占做句子成分的 11%、1.9%。大多表示数量，也可以表示时间或结果。如：

①鸡儿叫第三遍了。（《老》，68）

②（我们）到里间汤池里洗了一会儿，第二间里睡一觉，又入去洗一洗，……（《朴》，98）

③（哪里有卖的好马……）你打听一打听。（《朴》，113）

④你教徒弟……打了我两铁棒。（《朴》，298）

⑤他敬我一分时，我敬他五分。（《朴》，199）

⑥咱们这般做了<u>数月</u>火伴，不曾面赤。（《老》，258）

⑦新来的崔舍，（把球儿）<u>三回</u>连打上了。（《朴》，331）

⑧<u>一会儿</u>吃罢汤时便上马。（《朴》，117）

以上例⑦⑧是数量词组做状语，强调动作的数量。其余例①到例⑥是做数量补语。做补语时，中心语和补语一般是直接组合。如果谓语动词带宾语而且宾语是由表人的代词或名词充当时，宾、补的次序一般是宾语在前，补语在后，如例④⑤；但有时相反，是补语在前，宾语在后，如例⑥。

2. 量词不能单独做句子成分。在一定条件下省略数词"一"以后形成的"量词单用"不是量词单独做成分。量词单用的情况有以下几种。

A. 在述语后宾语中心前有个"一+量词"时，可以省略"一"，单用量词。如：

①将军使金钩子搭出<u>个</u>烂骨头的先生。（《朴》，305）

②孙行者是<u>个</u>胡孙。（《朴》，300）

③先吃<u>些个</u>醒酒汤，或是<u>些</u>点心。（《老》，223）

B. 在指示代词"这、那"后面、名词前面有个"一+量词"时，可以省略"一"，单用量词。如：

④你看我这<u>顶</u>帽子……塌了半边，颜色也都消了。（《朴》，318）

⑤这<u>些个</u>银子是好青丝。（比官银一般使。）（《老》，242）

C. 某些固定文言格式中可省略"一"，单用量词。如：

⑥常言道：寸铁入木<u>九</u>牛之力。（《朴》，332）

值得注意的是，量词"些、些个"前面的数词"一"一律省略，没有例外。这样使语言更简洁，更口语化。

3. 有的单音节量词在上下文的语境中可以重叠，做定语、主语，表示"每一"或"许多"的意思。如：

①阁前水面上，自在快活的是<u>对对儿</u>鸳鸯，湖心中浮上浮下的是<u>双双儿</u>鸭子。（《朴》，126）

②家后一群羊，<u>个个</u>尾巴长。（《朴》，77）

例①是量词重叠"对对儿""双双儿"做定语，例②是量词重叠"个个"做主语。

有少数数量词组也可重叠做定语、状语。有两种情况，一种是完全重叠，另一种是部分重叠。如：

③你两个……把那房上草来<u>一根一根</u>家拔的干净着。(《朴》，217)

④一日<u>九站十站</u>家行。(《朴》，153)

⑤（山上）有<u>一簇两簇</u>人家。(《朴》，202)

例③是完全重叠"一根一根"，做状语，表示按次序进行；例④⑤是部分重叠"九站十站""一簇两簇"，分别做状语、定语，表示数量多和零落的意思。

4. 有少数名词如"年、季、夜、步"等可以和数词直接连用，中间没有量词，如"三年""四季""一宿""一夜""半步"等。这是因为这些名词都是单音词，能重叠，已经具有表量的意味，不同于一般的名词。

5. 名词和量词的搭配，有一定的灵活性。这从本文三的《名词、量词配合表》中可以看出。如"饭"，可以同"口、碗、顿、些"等量词搭配，"银子"则可以和"分、钱、两、锭儿、些个"等更多的量词搭配。这种名词对于量词的灵活选择，大大加强了语言的表意功能。但是这种灵活性，也只能在一定范围内通融，超过范围就行不通。如"个"的使用范围虽已相当广泛，但也不见有"个"和"饭"搭配的。

三 名词、量词配合表

本表按音序排列，以名词为条目，每个名词后面列出可以跟它配合的量词。收录的原则是：《老》《朴》二书中常见的多收，和现代汉语用法有差别的多收，但都采用"以类相从"的办法。今天感到生疏的少数条目，用例句注释，放在表后。文字都采用现在规范写法。

名词	量词	名词	量词
A		布	匹，个
艾	壮①	部从（部下，随从）	行（háng）
B		C	
冰	块	草	筐，束，和②

名词	量词	名词	量词
茶饭	些个③	柜子	个
钞	锭	H	
车	个	汉	条
城子	个	汉儿（指汉人）	个
称	连④	汉子	个
船	只	荷包	个
D		鹤儿	等（即"种、类"）
带	条	黑豆	斗，车
刀子	件，把，副	琥珀顶子	副
等子	连⑤	护膝	副，对
地	亩	画儿	轴⑦
地（指距离）	里，步	话	句，句儿
地面	个⑥	环刀	口
东西	件	环儿	对
缎子	匹，表	灰	堆
E		J	
耳朵	对	甲	副
耳坠子	对	箭	只，枝，根，棚⑧
F		姜	片
饭	口，碗，顿，些	脚	只
房子	间，所	教授	个
佛	尊	金子	两
夫妻	口儿（两~夫妻）	金钱	贯
G		井	眼
阁	座	酒	盏，杯，瓶，壶，桶
跟斗	个	酒肉	两
弓	张	K	
宫娥	个	库	座
勾当	件	L	
官	个，品，员	驴	头，条

续表

名词	量词	名词	量词
路	里	青蒲	岸⑮
《流水高山》	曲	R	
M		人	个
玛瑙珠儿	串	人家	家儿，簇
麻	棵	肉	斤
马	匹，个，等⑨	S	
马缨	颗	沙子	块
毛	根	珊瑚	颗
帽刷	个	扇儿	把
煤炉	个	参（shēn）	斤
门	座⑩	绳子	条
米	捧儿，升	石头	块
兔帖	个	手帕	个
面	斤	兽头	角（两~兽头）
面粉	匣⑪	书房	个
N		梳子	个
泥	块	水	担，洒子⑯
镊儿	把	寺	座
牛	只	苏木	斤
P		T	
㸆头	条	汤	道（儿）⑰
铺面	间	桃	颗，个
Q		田地（指路程）	里
棋	副，盘，局，着，路⑫	田禾	根（儿）
气	口	艇（指小渔艇）	叶
钱	个，文	头发	根
墙	堵，流儿⑬	头面（妇女头上饰物）	副
桥	座，叉⑭	途程	里
琴	张	W	
球儿	个	文书	部，纸⑱

续表

名词	量词	名词	量词
窝儿	个	衣裳	件，套，身
X		银子	锭儿，两，钱，分，包，成㉑，些个
席子	个，领	元宝	锭
先生	个	月	个
线	条，托⑲	**Z**	
心	片	枣	枚
靴	对	毡帽儿	个
靴底	层	真珠	颗
Y		针	帖㉒
眼	只	榛子	升
筵席	个	纸	张，卷
羊	个，群，些	桌儿	个
药	丸，两，服，等⑳	字	个

注释：

①脚内踝上炙了二壮艾。(《朴》，73)

②等吃这一和(huò) 草时饮。(《老》，44)

③备办了些个茶饭。(《老》，188)

④称三十连。(《老》，252)

⑤等子十连。(《老》，252)

⑥往哪个地面去?(《朴》，20)

⑦挂几轴画儿。(《朴》，226)

⑧咱们六个人，三棚儿箭，够射了。(《老》，193)

⑨这一等的马，卖十两以上。(《老》，15)

⑩北京外罗城，有九座门。(《朴》，358)

⑪面粉一百匣。(《老》，249)

⑫赢了三十路棋。(《朴》，49)

⑬打一流儿短墙。(《朴》，285)

⑭两阁中间有三叉石桥。(《朴》，124)

⑮闲居两岸青蒲红蓼滩边。(《朴》，361)

⑯洒子，打水器具。如："拔上两洒子水也。"(《老》，62)

⑰吃几盏酒，过两道汤。(《朴》，120)

⑱你与我写一纸借钱文书。(《朴》，110)

⑲五六十托粗麻线也放不够。(《朴》，37)

⑳这几等药里头，堪服治饮食停滞。(《老》，200)

㉑这银只有八成银，怎么使得?(《老》，116)

㉒大针一百帖。(《老》，249)

(原载《〈老乞大〉与〈朴通事〉语言研究》，第99—111页。

谢晓安等著，兰州大学出版社1991年版)

《老乞大》《朴通事》的复句

　　《老乞大》(文中简称"老")、《朴通事》(文中简称"朴") 是中国元代时朝鲜人学汉话的学话手册,代表的是 14 世纪的汉语口语。两书复句的类型已较齐全,现予整理,分类列举,以期和现代汉语相印证,揭示出复句发展的轨迹。当然,两书复句的运用和类型存在着一些差异,各有自己的特色,这些方面本文不涉及,另文说明。我们所根据的版本是日本京都帝国大学法文学部分别于 1944 年、1945 年印刷的该二书的注疏本:《朴通事谚解》《老乞大谚解》。文中例句后面括号内是出处和页码。

一　两书复句的类型

　　两书的复句种类齐全,现代汉语里常见的复句类型二书中都已出现。下面分类列举。

(一) 联合复句

联合复句中分句间的关系有以下五种。

　　1. 并列关系　并列关系是几个分句分别叙述有关联的几件事或同一事物的几个方面。关联词语及分句间的关系如下表所示。

关联词语	分句间关系
1. 也 A, 也 B ｜ 又 A, 又 B ｜ A, 又 B 2. 是 A, 不是 B ｜ 只要 A, 不要 B ｜ 没 A, 只有 B	平　列 相对待

　　第 1 组关联词语可成对用,也可单用。如:

（1）我是个牙家，也不向买主，也不向卖主。（《老》，147）

（2）你这几个火伴的模样，又不是汉儿，又不是达达，知他是甚么人。（《老》，89）

（3）我将着几匹马来，又有些毛施布。（《老》，136）

第 2 组关联词语是从肯定和否定两个方面对比着来说明事情的，关联词语是成对出现的。如：

（4）那厮们只是夜狸，不是强盗。（《朴》，208）

（5）［“你端的要买甚么缎子？”］“别个不要，只要深青织金胸背缎子”。（《老》，175）

（6）别个菜都没，只有盐瓜儿，与客人吃。（《老》，73）

并列关系也可不用关联词语表示。如：

（7）我打水去，你将马来。（《老》，62）

（8）汉儿小厮们十分顽，高丽小厮们较好些。（《老》，12）

（9）那坛主是高丽师傅，青旋旋圆顶，白净净颜面，聪明智慧过人，唱念声音压众。（《朴》，276）

例（7）、（8）是分别叙述有关联的几件事情，例（9）则是同一事物的几个方面。

2. 顺承关系　顺承关系是几个分句按时间先后或事物发展的顺序依次说出。常见的关联词语如下。

| 1. 便｜再（却）｜然后 | 单用 |
| 2. 先 A，后头（然后，却）B | 成对用 |

第 1 组关联词语是单个用在后面的分句中的。如：

（1）卸下行李来，吃几盏酒，便过去。（《老》，112）

（2）你牵回这马去，再牵将别个的来饮。（《老》，66）

（3）煎至七分，去滓温服，然后吃进食丸。（《朴》，169）

第 2 组关联词语是成对用的。如：

（4）我们先吃两巡酒，后头抬桌儿。（《朴》，16）

（5）先吃些薄粥补一补，然后吃茶饭。（《老》，201）

（6）我和一个火伴先去，寻个好店安下着，却来迎你。（《老》，118）

顺承关系也常常不用关联词语表示。如：

（7）我年时，跟着汉儿火伴，到高唐，收买些绵绢，将到王京卖了，也寻了些利钱。（《老》，23）

（8）起头坐静，第二柜中猜物，第三滚油洗澡，第四割头再接。（《朴》，299）

3. 解说关系　解说关系是后面的分句对前面的分句进行解释、说明或总括。分句间的关系依靠分句的次序和意义来体现，不用关联词语。有以下三种情况。

后分句解释前分句的。如：

（1）如今是墙板世界，反上反下。（《朴》，258）

先总说后分说的。如：

（2）你这布里头，长短不等：有够五十尺的，也有四十尺的，也有四十八尺的。（《老》，238）

先分说后总说的。如：

（3）五个小红绢，一两五钱；这鸦青绵绸六钱；被表带里儿八钱：都通染钱是五两四钱半银子。（《朴》，146）

4. 递进关系　递进关系是后一分句的意思比前一分句更进了一层。这类句子《老》《朴》中共见到六例。关联词语如下。

1. 越　　　更	单用
2. 休说 A，便是 B｜也 A，更（又）B	成对用

第 1 组关联词语单用在后分句，有承上的作用。如：

（1）房上生出那草，养住那水，好生流不下来，只越漏了。（《朴》，217）

（2）今年天旱，田禾不收，因此上贼广，使钩子的贼们更是广。（《朴》，207）

例（1）的后一分句"只越漏了"前面有省略，补全以后应是"本来就漏，现在只越漏了"。因此是递进关系。

第 2 组关联词语是成对用的，前面的分句是后面分句的衬托，是对后面分句的一种强调的说法。如：

（3）若是似往年好收时，休说你两三个人，便是十数个客人，也都与茶饭吃。（《老》，97）

（4）休道是偌多钞锭缎子，皇帝人家的一条线，也怎能够得？（《朴》，247）

（5）［"你既是姑舅两姨弟兄，怎么沿路秽语不迴避？"］"我一们不会体例的人，亲弟兄也不隔话，姑舅两姨更那里问？"（《老》，29）

（6）人吃的也没，又那里将马的草料来？（《老》，100）

例（3）"你两三个人"后面省略了"我与茶饭吃"。例（4）"偌多钞锭缎子"是"得到皇帝赏给的偌多钞锭缎子"的意思，同时"皇帝"前面省略了"就是"之类的关联词语。例（5）的意思按今天的说法就是"亲弟兄尚且不迴避，更何况姑舅两姨弟兄呢？"

5. 选择关系　选择关系可分为两类：一类是说出两种或几种可能的情况，让人从中选择；另一类是说出选定其中一种，舍弃另一种。两种类型的句式特点如下表所示。

类型 \ 特点	结构	语气
选择	1. 后一分句开头用"或""或是"	陈述
	2. 前一分句末停顿处，有"那""么"等语气词	疑问
取舍	3. 后一分句开头用"倒不如"	陈述

第 1 组选择关系的。如：

（1）开春时，打球儿，或是博钱拿钱。（《朴》，38）

（2）空白处写"大吉利"，或写"余白"两字着。（《朴》，113）

（3）清早晨起来，梳头洗面了，先吃些个醒酒汤……然后打饼熬羊肉，或白煮着羊腰节胸子……（《老》，223—224）

这一组例句后分句用关联词语"或""或是"，全句是陈述语气。

第 2 组选择关系的。如：

（4）你两姨弟兄，是亲两姨那，是房亲两姨？（《老》，28—29）

（5）你船路里来那，旱路里来？（《朴》，162）

（6）这契写时，一总写么，分开着写？（《老》，154）

（7）［"别处一个官人娶娘子，今日做筵席"。］"女孩儿那，后婚?" ［"今年才十六岁的女孩儿"。］（《朴》，84）

这一组例句的前分句末停顿处有语气词"那""么"等，全句是疑问语气。

第 3 组是表示选定一个，舍弃一个。这类句子仅见到一例。如：

（8）千零不如一顿，倒不如都卖与他。（《老》，142）

这是先舍后取，后分句用关联词语"倒不如"，语气比较委婉。

（二）偏正复句

偏正复句中分句间的关系也有以下五种。

6. 因果关系　因果关系有两种情况：一种是就既定的事实，偏句说出原因，正句说出结果，即"说明因果"关系；另一种是就一定的事实作根据，推论出因果关系，偏句是推论的根据，正句是推出的结论，即"推论因果"关系。两种类型大都使用关联词语，具体情况如下表所示。

类型	关联词语 位置		用法
	前分句	后分句	
说明因果	1. 为（因）	×	单用
	2. ×	因此上，为这上，因此，故	
	3. 因	因此上	成对用
推论因果	4. 既（既是）	×	单用

第 1 组关联词语大都用"为"，个别的用"因"，都用在前一分句。如：

（1）（人参）如今为没有卖的，五钱一斤家也没处寻哩。（《老》，132）

（2）京都在城积庆坊住人赵宝儿，今为缺钱使用，情愿立约于某财主处，借到细丝官银五十两整。（《朴》，111）

（3）我只会根儿解酒和做醋，不知道叶儿用处，因你要蒲叶，我也学了。（《朴》，255）

有时候还用"多因一果"的形式。如：

（4）［我买这货物，要涿州卖去。］这几日为请亲眷筵席，又为疾病耽阁，不曾去的。(《老》，227—228)

第2组关联词语用在后一分句，大都用"因此上"，个别的用"为这上""因此"，书面语用"故"。如：

（5）他汉儿言语说不得的，因此上，不敢说话。(《老》，92)

（6）小子近日听得，有高丽来的秀才，寻他讲论些文书来，因此不得工夫缺拜望。(《朴》，372)

（7）窄时做衣裳不够，若少些时，又要这一等的布零截，又使一钱银；为这上，买的人少。(《老》，240)

下面两例都是书面语——契约的条文，所以后一分句一律用"故"：

（8）恐后无凭，故立此赁房文字为用。(《朴》，216)

（9）恐后无凭，故立此文契为用者。(《老》，158)

第3组关联词语是成对用的，仅见到一例。如：

（10）因你贪、嗔、痴三毒不离于身，心只在酒肉气色，不信佛法不听经论，因此上见世报。(《朴》，278)

以上是"说明因果"关系的情况。下面第4组关联词语"既""既是"表示的是"推论因果"关系。如：

（11）你既要卖时，咱们商量。(《老》，142)

（12）既读孔孟之书，必达周公之理。(《朴》，293)

（13）我本没粜的米，既是客人只管的央及，我粜的米里头，挪与你三升，煮粥胡乱充饥。(《老》，96—97)

（14）你既知道价钱，你与多少?(《老》，177)

因果关系常用关联词语表示，而不用关联词语的情况也常见到；常常是"先因后果"的顺序（偏句在前，表示原因，正句在后，表示结果），而"先果后因"的情况也已出现。如：

（15）早来吃了些干物，有些渴。(《老》，111)

（16）这铡刀不快，许多草几时切得了? (《老》，33)

（17）你是高丽人，学他汉儿文书怎么? (《老》，5)。

（18）站家擂鼓，使臣来也。(《朴》，147)

（19）火伴们起来，鸡儿叫第三遍了。(《老》，68)

例（15）至（19）都没用关联词语。例（18）、（19）是"先果后因"的顺序。

7. 假设关系　假设关系是偏句提出假设，正句说明结果。有两种类型：一种是假设如果实现，结果就能成立，假设与结果是一致的，权称"一致假设"；另一种是先把假设作为事实承认下来，再说出不因假设实现而改变的结果，假设与结果是不一致的，权称"让步假设"。两种假设多用下面的关联词语表示。

关联词语　　　　　类型	位置		用法
	前分句	后分句	
一致假设	1. 若（假如，如） 2. × 3. 若	× 便 便（却）	单用 单用 成对用
让步假设	4. 便（纵） 5. 便（就是）	× 也	单用 成对用

第1组关联词语"若"用得最多，个别情况下用"假如""如"。如：

（1）若是隐人的德，扬人的非，最是歹勾当。（《老》，108）

（2）（墙）假如明年倒了时，管的三年不要工钱打。（《朴》，25）

（3）马如来历不明，卖主一面承当。（《老》，157—158）

第2组关联词语"便"，用在后一分句，仅见到两例。如：

（4）咱众弟兄里头，那一个有喜事，便去庆贺。（《朴》，51）

第3组关联词语是成对用的，这种情况也只有两例。如：

（5）若能够去时节，便寻你家里去。（《老》，80）

（6）我若出直房来，看家里没你时，却要打。（《朴》，187）

上面是"一致假设"的情况。下面第4、5两组关联词语表示的是"让步假设"关系。第4组"便""纵"单个用在前一分句。如：

（7）［"这般时，敢少了你饭。"］"不妨事，便少时，我再做些个便是。"（《老》，72）

（8）［朋友有些疾病，你不照觑他……］纵有五分病，添做十分了。（《老》，213）

第5组关联词语是成对用的。如：

（9）（这些马）便到市上，（价钱）也只一般。（《老》，141）

（10）［似你这般定价钱，］就是高丽地面里，也买不得。（《老》，

149）

以上两种假设关系也常不用关联词语表示。如：

（11）酒不好时，不要还钱。（《老》，113）

（12）他敬我一分时，我敬他五分。（《朴》，200）

8. 转折关系　转折关系是正句和偏句的意思相对或相反的一种关系。使用关联词语的情况如下。

位置		用法
前分句	后分句	
1. 虽（虽然，然虽）	×	单用
2. ×	却，便	单用
3. ×	只是（只）	单用

第1、2两组关联词语都是单个用在前分句或后分句中，转折的意味较浓。如：

（1）这银子虽是看了，真假我不识。（《老》，153）

（2）酒京城槽房虽然多，街市酒打将来怎么吃？（《朴》，7）

（3）［"你说与我那里的景致么。""说时济甚么事，咱一个日头随喜去来。"］"然虽那们时，且说一说着。"（《朴》，122）

（4）你说是"我识货物"，却又不识。（《老》，180）

（5）今日腊月二十五日，咳，却早年节下也，却没一件儿新衣裳怎么好？（《朴》，244）

（6）小人们骤面间厮见，大哥便这般重意，与茶饭吃，怎么敢怪。（《老》，73—74）

例（6）的"便"意思同"却"。

第3组关联词语单个用在后分句，转折的意味轻一些。如：

（7）那里有一个土黄马，好本事，只腿跨不开。（《朴》，114）

（8）大哥，南京的颜色好，又光细，只是不耐穿。（《老》，172）

（9）咱也挂着挂杖，沿山沿峪随喜那景致去来，只是平平斜斜石径难行。（《朴》，203）

转折关系也可不用关联词语来表示。如：

（10）［"你有好珊瑚么？"］"有时有，不卖。"（《朴》，312）

例（10）的后一分句"不卖"明显是对前分句"有时有"的意思的转折。

9. 条件关系　条件关系是偏句提出一种条件，正句说明在满足这种条件下所产生的结果。有"特定条件"关系和"无条件"关系两种。常用如下的关联词语表示。

关联词语 类型	位置		用法
	前分句	后分句	
特定条件	但是（但）	×	单用
	但（但是） 才	便（都） 便	成对用
无条件	不拣	×	单用

"特定条件"关系在《老》中少见，关联词语也都是单用的；而在《朴》中较多见，关联词语也都是成对用的。如：

（1）［这火伴你敢不会煮料？你烧的锅滚时，下上豆子。］但滚的一霎儿，将这切了的草，豆子上盖覆了。（《老》，35）

（2）但是咱们的行李，收拾到着；主人家的东西，休错拿了去。（《老》，105）

（3）［国中有一个先生……要灭佛教。］但见和尚，便拿着，曳车，解锯，起盖三清大殿。（《朴》，295）

（4）［一个放债财主，小名唤李大舍，开着一个解当库，］但是值钱物件来当时，便夺了那物，却打死那人。（《朴》，191）

（5）护膝上但使的，都说与我着。（《朴》，89）

（6）我每日才听明钟一声响，便上马跟官人，直到点灯时分恰下马。（《朴》，223）

例（6）的"才"意思与"但"同。各例中的"但""但是"或"才"都与现在的"只要"相当。

表示"无条件"关系的关联词语"不拣"与现在的"不论""不管"相当。如：

（7）这早晚，日头落也，教我那里寻宿处去？不拣怎生，着我宿

一夜。(《老》,88)

条件关系偶尔也可不用关联词语表示。如:

(8)〔"(这银子)却不当面看了见数?出门不管退换。"〕"怎么说,你这们惯做买卖的人,我一等不惯的人跟前,多有欺骗"。(《老》,244)

前一分句"怎么说"是条件,即"不管怎么说",后面的分句是结果:大多要受骗。

10. 目的关系 目的关系是偏句指出动作行为,正句表示这种动作行为的目的。有时用关联词语"好"表示,多数不用关联词语。如:

(1)安置安置,客人们好睡着。(《老》,55)

(2)过卖,先将一碗温水来,我洗面。(《老》,109)

(3)咱们吃几盏酒,解渴。(《老》,112)

二 两书的多重复句

《老》《朴》两书中,多重复句也较常见。二重复句、三重复句、四重复句都有。

二重复句,如:

        因果   转折

(1)这槽道好生宽,Ⅱ 离得远些儿拴,Ⅰ 又怕绳子纽着。(《老》,67)

        假设   假设

(2)若这般相看时,Ⅰ 便有十分病,Ⅱ 也减了五分。(《老》,212)

      因果   因果   递进

(3)今年天旱,Ⅱ 田禾不收,Ⅰ 因此上贼广,Ⅱ 使钩子的贼们更是广。(《朴》,207)

三重复句,如:

      因果   因果   递进

(4)房上生出那草,Ⅱ 养住那水,Ⅲ 好生流不下来,Ⅰ 只越漏了。(《朴》,217)

四重复句也可见到，如：

　　　　　　并列　　　　　假设　　　　　　　　　　因果

（5）窄时做衣裳不够，Ⅱ 若少些时，Ⅲ 又要这一等的布零截，ⅢⅢ

　　　　因果

又使一钱银；Ⅰ 为这上，买的人少。（《老》，240）

三　两书的紧缩复句

　　《老》《朴》两书的紧缩复句也较常见。就结构上来看，它的谓语不止一个，分句间不能停顿或没有明显的停顿，常省去一些词语。就主语的情况来看，各分句的主语有的相同，有的不同；有的出现，有的省略。就意义关系来看，大都集中在假设关系和选择关系两类。这种句子在假设关系中，多充当分句；在选择关系中，多独立成句。下面以意义关系为纲做个概括说明。

　　先看假设关系。如：

　　（1）卖便卖，不卖便将的去。（《朴》，252）

　　（2）常言道：马不得夜草不肥，人不得横财不富。（《老》，57）

　　例（1）的两个分句是由紧缩复句充当的。分句里前后两部分的主语都相同，都是"你"，都省略了。例（2）是个单句，宾语是由两个紧缩句充当的，紧缩句前后两部分的主语也都相同（一个的前后两部分都是"马"，另一个的前后两部分都是"人"），前一部分的主语（"马""人"）都出现了，后一部分的主语都省略了。

　　选择关系的紧缩复句。如：

　　（3）你的刀子快也钝？（《朴》，82）

　　（4）有辖轳那没？（《老》，56）

　　（5）你高丽地面里没井阿怎么？（《老》，64）

　　这三例中前后两部分的主语都相同。例（3）、（5）的主语是前面的出现了，后面的省略了；例（4）的主语是前后两部分都省略了。

　　其他关系的紧缩句也可偶尔见到。如：

　　（6）〔（刀子）你用心下功夫打……〕越细详越好。（《朴》，36）

四　结论

通过以上三个部分的列举可知，14 世纪汉语口语的复句，和现代汉语相比，可以说是大同小异，这说明了汉语句式格局的相对稳定性。但是，现代汉语的复句毕竟丰富细密多了，而那时的复句则显得粗疏，某些环节还不完备。主要表现在下面两个方面。

1. 复句的某些小类还没有出现。条件句中表示特定条件关系的就还缺少“只有……，才……”的类型。因果句那时已相当发达，“说明因果”“推论因果”已广为使用，但现在强调原因的“之所以……，是因为……”的类型那时也还没有出现。选择句中表示选择的只有“或此或彼”的类型，没有“非此即彼”（“不是……，就是……”，“要么……，要么……”）的类型；表示取舍的也仅见到一例。而现代汉语复句的上述关系小类则是极为常见的。

2. 某些关联词语有的还在形成之中，有的还没有出现。正在形成的，有的表现为几个词语粗精并存，同时共用。例如现在的“因为”，那时都还是用单音节的“为”或“因”，“为”“因”并存，还没有凝结成“因为”这个词；现在的“因此”，那时是“因此上”“为这上”“因此”三者并存，大多用“因此上”，“因此”仅见两例；现在的“虽然”，那时是“虽然”“然虽”并存，等等。这对表达是没有帮助的。有的关联词语是当时已在成对使用，但是并不理想。例如因果句那时用“因……，因此上……”表示，“果”句的关联词语“因此上”本身就含有“因为……，所以……”的意思，可是“因”句仍用“因”搭配，显得重复累赘。还有的关联词语是一词多义，在同一情况下可以这样理解，也可以那样理解，致使分句间的关系模棱两可。例如现在表示特定条件关系和假设关系时，偏句分别用“只要”和“如果”，表义很确切，而那时却都用“但”或“但是”表示，使人有时难以判定它到底是表示条件还是假设。再者，还有一些现在很常用的关联词语那时还没有出现的，如“不但……，而且……”“因为……，所以……”“是……，还是……”“宁可……，也……”“但是”“可是”。这些关联词语是，和它们相应的大的关系类型已经存在，只是因为它们还没出现，无法表示相应的小类的更精细的关系。例如转折句现在一般有"重转""轻转"之分，"重转"需要"虽然……，但是……"这样的关联词语前后呼应才能显出"重转"的意味，但那时表示转折的"但是"（前面提到的当时已有的"但""但是"只表示条件，不是现在表示转折的"但""但是"）、"可是"还没出现，所以"重转"的语义便无法体现。还有些关联词语，就因为它们没有出现，以致影响到一些复句的某些小类不能形成，像上面"1"中我们提到的几个小类那样。这样影响就更大了。这便是和现代汉语的差异所在。

（原载《兰州大学学报》（社会科学版）1990年第2期，总第52期，第146—155页）

唱给黄老先生的赞歌

——2011 年 7 月 20 日在中山大学黄伯荣先生 90 华诞庆典会上的发言

黄伯荣先生是新中国现代汉语教学与研究的主要开创者，是西北地区现代汉语学科建设的奠基人。他和廖序东主编的《现代汉语》高校教材自 1978 年出版以来增订 5 版，再版 8 次，共发行 600 多万册，在现代汉语教学界产生了巨大而深远的影响。（见中国语文编辑部《黄伯荣先生逝世》，《中国语文》2013 年第 4 期）黄先生于 2013 年 5 月 12 日去世，今年是先生去世 4 周年。谨以此文致以深深怀念！

尊敬的黄老先生，尊敬的黄师母，各位来宾！

黄老先生早年曾在本校——中山大学就读于我国第一个语言学系，并在王力、岑麒祥、商承祚等先生培育下，由语言学研究生毕业并留校工作。60 年前的 1951 年，黄老先生从这里踏进语言学领域，60 年后的今天，黄老先生又携累累硕果回归母校，欢度九十华诞，我们也欢聚在黄老先生身边，共同见证黄老先生为语言学研究和发展做出的突出贡献，以及黄老先生教书育人的闪光品格。这是个多么美好的时刻！

为此，我要唱响一组赞歌！

第一支歌，来自黄老先生为之贡献 30 年的兰州大学百年校庆。2009 年，兰大百年校庆期间，学校对百年来的发展成绩做了回顾总结。其中四处表彰黄老先生的业绩：其一，是校史馆"大师云集"专栏中共列出百年来全校大师 15 名，黄老先生是其中之一，用 400 多字做了评介；其二，是校史馆"教材建设"专栏中，几十部教材大多都只用列表方式综述，而专门单独评介的教材只有两部，黄老先生主编的《现代汉语》便是其中一部；其三，是 2009 年 9 月 20 日的《兰州大学报》的"名师荟萃"专门版面中，共刊出百年来全校 44 位名师的照片，黄老先生又是其中之一；其四，是兰大图书馆专门对黄老先生的业绩作了计算机录存。这是兰州大学对黄老先生为之奉献 30 年的高度肯定的赞歌！

第二支歌，来自甘肃省委宣传部和甘肃社科院最近的决定。鉴于黄老先生在甘肃工作、生活 30 年，在语言学研究领域勤耕不辍，成果重大，为甘肃为国家的语言学研究和发展做出了突出贡献，决定黄老先生为《陇上学人文存》这套丛书的第二辑的卷主之一《黄伯荣卷》。今年年底将刊出黄老先生在甘肃工作期间出版和发表的几百万字的著述中具有特色的代表性成果。这是甘肃省对黄老先生为之奉献 30 年的高度肯定的赞歌！

第三支歌，歌颂黄老先生的坦荡胸怀，高尚品格。有四件事可以见证。

其一，黄老先生两次支援条件较差的院校：第一次是 1958 年，放弃条件优越的北京大学，支援大西北条件艰苦的兰州大学。由于种种原因，兰大师资流失较严重，而"反右"斗争之后一批教师被打成"右派"，教师更显不足，许多专业课也难以开出了。兰大向北大求援，希望黄老先生到兰大做学术带头人。黄老先生顾全大局，没有提出任何要求，举家西迁，并开创了兰大中文系科研、教学的新局面。后来的语言教研组曾一度兵强马壮，成为中文系最好的教研组。语言研究室的计算机室也成为 80 年代初国内高校中为数不多的计算机室之一，这是很前瞻的。第二次是三十年后的 1987 年，黄老先生再次离开国内重点大学兰州大学，去支援新创建的一般高校青岛大学。这时黄老先生已 65 岁高龄。但到了那里，为创建语言研究室、编撰巨著《汉语方言语法类编》，还是大干了几年。

其二，黄老先生谦和自律，具有良好的团队协作精神。这典型地体现在他主编《现代汉语》的漫长工作中。黄老先生率领先后参编者 44人，历时三十二年，增订五版。参编者人数之众多，编撰历时之漫长，增订版次之频繁，这种种情况，都远远超过其他同类教材，绝非都能驾驭得了的。然而黄老先生的团队都做到了。始终和谐一致，团结奋进。

实在不易！

其三，是 32 年前的一件小事，一个"副"字的删除，但却见证了黄老先生的宽阔胸怀，人格魅力，这尤其使人难以忘怀。事情是这样的：当初在教材编写大会上黄老先生被选为主编，廖序东先生被选为副主编，但他年长黄老先生七岁，又是参编人中唯一一位教授，而却人淡如菊，乐于奉献。于是，在 1979 年春交稿给出版社时，是黄老先生悄悄去掉了廖先生副主编的"副"字。但这件事至今鲜为人知。

其四，坦然面对"文化大革命"逆境。"文革"十年中，黄老先生当然也受到了冲击。由于多次裸露膝盖跪板凳，致使两个膝盖化脓；黄师母曾一度被遣返回乡，儿女们也不在身边，黄老先生曾一度孤独一人。但即使如此，他也没有怨天尤人，而是坦然面对，积极向上。兰大在甘肃和内蒙古交界处的荒滩上造田平地中，他曾创制了一台简易水平仪，解决了当时农场的燃眉之急，发挥了很好的作用，受到领导表扬。对于"文革"，他从不认为是某某人整了自己。1999 年兰大九十年校庆时，他说，当时，那种遭遇，不管在哪里，谁都会碰到。

第四支歌，歌颂黄老先生勤奋坚毅，学而不厌的治学精神。有四件小事可以见证。

其一，20 世纪 60 年代初，系里开师生大会时，每次黄老先生都提前一二十分钟到会，从黑提包里掏出书和笔，静静地看，写，等。

其二，大约是 1962 年春，系里请北京大学袁家骅教授讲学，是针对学生的，共 14 个专题。但黄老先生仍旧每次早早到会，而且坐在紧靠讲台的第一排，掏出书和笔，静静地看，写，等。会后，有一次，他问我们听懂听不懂，我们说听不懂，他说他们认为讲的都是一般问题。但他还是认真地听完全部专题，并未中途离会。

其三，大约是 1986 年夏天一个傍晚，在校园散步时，我们又不期而遇，闲谈中我得知黄老先生把一天分为四个写作时间段：黎明前，早饭后，午饭后，晚饭后。

其四，大约是 2004 年夏天，黄老先生到兰州女儿家度夏，约我们相聚时，他把一位他主编的《现代汉语》教材的使用者约在身边，侧耳倾听她对教材的意见和建议，是那样地愉悦、专注、如饥似渴。

"不积跬步无以至千里；不积小流无以成江海"，"锲而舍之，朽木不折；锲而不舍，金石可镂"。我推测，这应是黄老先生成功的秘诀。

第五支歌，歌颂黄老先生极端负责，诲人不倦的为师之道。有四件小事可以见证。

其一，大约是 1963 年初冬，有些同学申报了黄老先生辅导的语言学方面的毕业论文，黄老先生约定了辅导的时间、地点和进度，按约定准时到场检查。我们原来不知道这些约定，是一个同宿舍的同学突然说到的。那是个星期天下午，他因为没有如期完成进度，很想逃脱那一次检查，但黄老先生却是非常守约的，到时一定来，这使这位同学很无奈。他反复地强调说：准时得很，准时得很，一定来，一定来，怎么办呢？话音刚落，黄老先生果然走了进来。这个细节我至今难忘。

其二，20 世纪 70 年代末 80 年代初，黄老先生为我的处女作《试谈"台上坐着主席团"的句首方位词或处所词》一文倾注了太多心血。1978 年 11 月 29 日致函大力支持我，说："存现句没有得到解决，很值得研究，……非常希望看到你在这个分歧最大的问题上的研究成果。……如果你有初步成果，我都非常愿意看到。"修改之中，仍一直关注。1980 年 8 月 26 日，致函鼓励并叮嘱道："你的文章材料很丰富，论点也站得住，早点写完好不好！"1981 年 6 月 5 日，又再次致函关注，说："不知'存现句'的研究进行得怎么样？文章写出来了没有？"当年 7 月，哈尔滨有个全国汉语语法学术会议，黄老先生想把该稿带到会上，再次致函和我商议，由他修改并增加内容，算作合写。我当即复函表示同意。但马上再次接到黄老先生的信，又强调让我自己写，署我自己的名字，并刻印几十份交他。我照办了。后来黄老先生转告我，该稿获得了与会者的好评。该稿 1982 年发表后，黄老先生又曾复印 100份带到他主编的《现代汉语》修订会上，获得了编者们的同意后，把该稿的"主语"说写进了修订后的教材。这件事的上述过程黄老先生都在当时转告了我。我看到了黄老先生为人做事的原则性，严肃性。

其三，1984 年春，省里决定开办高等教育自学考试，选用的教材之一便是黄老先生的《现代汉语》，当时"文革"刚刚结束，年轻人个个奋发拼搏，市里尽管设了几个辅导点，但报名自学的人数很多，远远不能满足需要。面对这种情况，黄老先生协同省语言学会等有关同志想了一个好办法：在报上登出广告，星期日义务咨询。这对千百个无法走进大学校门的自学者来说，无疑是个福音。黄老先生等同志面对门庭若市的自学群众忙了一天。事后向借给校舍的某小学再三道了谢。这一次教学活动，取得了良好的社会效果。

其四，1985 年暑假，黄老先生在敦煌主持开办了汉语讲习班和现代汉语教学研讨会。在这之前，黄老先生唯一的儿子病情危重。黄老先生已把病情向我如实告知。会期迫近时，噩耗传来了。我的心情很沉重。但讲习班和研讨会还是如期召开了。两个会仍由黄老先生全盘主持，同时他又给自己安排了两次演讲。一次是在研讨会开全体大会时，他讲得很投入，著名语言学家杭州大学王维贤先生坐在第一排，侧身凝神静静地听，许久许久，恐怕漏了什么。另一次是在会议结束前夜给讲习班学员讲课。那时，有些学员已在考虑回家的事，没去听课，去听的有些也心神不定，想早些下课。但黄老先生还是顾全大局，认真负责，直讲到下课。这件事是一位老教师第二天在火车站告诉我的。当时，我提前一天离开会议到火车站为大家买返程票去了。这位老师反复地说，黄老先生真是太过于认真了，那一次课即便不去上，大家也绝不会说什么。是的，老年丧子，痛何以堪！但黄老先生还是把会议的工作圆满地担当了下来。大家都叹惋，都很敬重他。

黄老先生的事迹将永远激励着我们！

最后，祝黄老先生身体安康！黄师母身体安康！祝全家幸福！

学生　王森　敬贺

醒

——致 Z 君

多少年，
你，
自强自立，
只身孤影，
驰骋西北大地。
赢得来——
书选中华，
人邀高就，
稿获免检，
更佳作频发、
罕见超长、
屡刊卷首。

而今，
你，
抬望眼，
起宏图，
振旗鼓——
全局在我，

珠玑玉璞更待谁塑?!

看吧，
河湟谷地，
正崛起语言大树。
根深叶茂、枝碧花灿——
它正是、
年轻后生、
纳凉赏花好去处……

Z,
你我同行知己，
思路多趋同，
你是我的恩人，
我乐意——
箪食壶浆，
挥旗传令，
追你前行。

2014. 2. 14

怎样写好科研论文

——2015 年 12 月 18 日与兰州大学文学院研究生座谈

在座的各位专业不同，有语言的，也有文学、艺术的，而我举例涉及的会都是语言的。这不要紧，因为道理都是相通的。我说 1/3 的时间，然后我们互动。

一　怎样选题

1. 注意平时积累

A. 阅读

①对象。高质量的报刊，国家社科院各个所所主办的报刊，如《中国语文》《文学评论》《文学遗产》《外国文学》等，它们都站在该学科的前沿阵地，代表着最新科研成果。读它们会以一当十，开阔眼界，少走弯路。

②目的。了解把握面上的行情。这是为以后的精准选题服务的。

③方式。粗读，一扫而过，量越大越好。这是为以后的选题提供线索，储备材料。

B. 书报以外的随时观察，发现，联想

这一方面也很重要。不妨口袋里带上铅笔、小本儿，看到或想到好的素材便顺手记下。举几个例子。笔者有一次到河边玩，忽然想起象声词可以虚拟，即有时客观对象并无具体声音或根本就不会发声，也可用它模拟一番，如"她的脸'唰'地变白了"。于是悄悄记下，跟踪追迹，很快便完成了一篇短文。几年以后，又发现如英语等非汉语中也有这种现象，又把结论推进了一步。但我以为，这也还只是"抛砖引玉"，望有志者继续推进，做出更科学的结论。又如，近来笔者想到杜诗"娇儿不离膝，畏我复却去"中的"复"字早有两解，其一作"又"解，表已重复的动作，其二作"再"解，表将重复的动作，这涉及不同含义，究作何解为妥，须收集大量唐代文献资料，可见也是个有意义的大题目。

2. 合理选定题目

就是"客观必要性+主观可能性"，就是依据平时的积累和观察选定题目时，须考虑该题目是否重要，有无要写的价值；同时，自己能否写得了。二者都具备，便可选定。

二　怎样收集材料

1. 全面设计问卷

收集材料前，一定要根据选定的题目，精心设计和题目要求相对应的调查提纲，就是以普通话为参照系找出所调查对象和该参照系的相应异同之处。可表述为下列格式：

全面/全视域＝一般性（共同的，显性的）＋特殊性（独有的，隐性的，含混的）。

格式中的"特殊性"尤为重要。它是我们所要研究的主旨。设计问卷时，务必精、准，使它具有唯一性，排他性。例如兰州、临夏等地的"下［xa］"字做补语时，兼有几种词性。其中之一是做能愿动词，和普通话的"能、会、可以"相当，充当可能补语。又一用法是做趋向动词，和普通话的"起来、出来、下来、过来"相当，充当趋向补语。表可能的用法很独特，很隐秘，常常和表趋向的用法混用在相同句式"主+动+（不）+下"中，且句意也可两解或多解，操非当地话的调查者很难分辩。笔者就曾为此困扰多年。针对此，我们紧扣它的"排他性，唯一性"，设计了下列普通话例句，让当地人用他们的话表述，便使得"下"的能愿补语的用法得以确立。

请看下表：

当地话	普通话
（1）一嘴一个胖子吃不<u>下</u>。 （2）"三碗黄酒你喝<u>上下</u>啦？" "我喝<u>上下</u>呢。"	一口不能吃个胖子。 "你能喝完三碗黄酒吗？" "我能喝完。"

上例（1）、（2）在当地话中的"下"字都只有"唯一性"，只能作"能"解。而在下例（3）中的"下"便可多解，这样的例句是不能进入表"能"的问卷的。

（3）这个饭我吃不<u>下</u> = $\begin{cases} 这个饭我吃不\underline{下去}。 \\ 这个饭我吃不\underline{完}。 \\ 这个饭我不\underline{能}吃。 \end{cases}$

2. 选准材料来源和内容

材料的来源，笔者认为，一般地说，须考虑地（调查的地点，城，乡，交通情况）、人（被调查者的年龄，性别，文化程度，对语言的悟性尤为重要）、场合等。这是对所设问卷的初步验证。但根据题目要求的不同，应有不同侧重。比如，你写的是某一方言的现状，那你就应侧重当地城镇、交通方便处的年轻人，你写的是某一方言的历史，那你就应侧重当地偏僻农村的老年人。但这都不应太单一，太绝对，因为历史和现状是渐变的，相互影响的，这个渐变过程是个极易被忽略的中间地带，因此，重视并把握好这个过程，你会获得很有用的材料。

材料的内容，指语言的载体，即语音、词汇、语法几方面。笔者认为，如果你写的是某一方言的演变的题目，你就应特别关注该方言的相对稳固的方面和易变的方面。比如，当地的谚语、谜语、民歌、故事、其他长篇口语材料，它们的语音、词汇、语法就都较稳固；而一般的流行的说法都较易变。

获得材料的场合，除了有组织的调查以外，还应注意多接触当地人群，到那里去听、问、拾漏。笔者专门调查时没有见到的某一句式，就有一次是在当地汽车站买票时获得的，很好。

相应的语料库的运用也应注意。可利用别人现有的，也应筹建自己的语料库。

三　分析研究，编制纲目

材料收集和分析研究，在动笔前二者始终是边收边想，边想边收，互为条件，互相促进的。等到再没有新材料发现，就可结束收集，进入系统分析。

1. 粗建框架

把所得材料一分为三：

一是大量的、一般的，这部分材料可不再收。

二是量少且重要的，这部分材料应再补收。

三是暂时觉得无用的，这部分材料应暂收存，不要丢弃，说不定以后还会有用。

2. 对框架细化充实

即依据材料尤其是核心材料全面辩证地深入思考，精准分析。比如，"台上坐着主席团"中的"台上"之类方位词或处所词究竟是主语还是状语，大家争论了几十年，谁也说服不了谁。为什么？思路太窄，争辩双方都盯着该句式的句首位置，而这个位置却是主语、状语都常可出现的共用句法位置，不具有排他性。笔者转换思路，设想着把它放在多个只有主语可以出现而状语不能出现的句法位置上做考察。按照这个思路，我们果然筛选出一大批多种句型中相应预期的典型材料，舍弃了大批无用材料，细化了框架，充实了论点，从而释放、凸显出了"台上"之类的若干隐匿的主语功能。结果使"主语说"得以成立，以其解释力、可信度，成功地说服了"状语说"。可见，这一步，对文章的成败举足轻重，至关重要。

以下的做法都是笔者曾经用过且行之有效的分析方法。提供给大家参考。

（1）反义类比。这对认清某些音变的作用有用。如临夏话鼻韵尾字中有一部分要变成〔ei〕尾。有些学者认为这种音变是受普通话影响所致。笔者认为应是"儿化"。于是拿"儿化"的"表小、表爱"作用的词和非"儿化"的"表大、表恶"作用的词来做反义类比。例如：

儿化	非儿化
纽门	城门
尕布衫	孝衫

结果证明，凡表小表爱时，都变为［ei］尾，而表大表恶时都不变韵尾。可见，［ei］尾就是当地的"儿化"现象。

（2）成分替换。成分可以是句法成分，也可以是词法成分。这有助于弄清词与非词，或相关问题。如兰州话的"讨给"，当地人都说是"丰收"义，是词，如"麦子讨给了"。笔者疑为"讨给"是动补短语，并设计例句为"老天爷（把麦子）（给我们）讨给了"，即原句中主语"麦子"换为"老天爷"，括号中的词语表示可省略。结果均被当地人认可。从而证明了"讨给＝赐给"，是动补短语，"给"在这里不是构词成分。这个例子孤立地看，很一般，但它使我们对"给"的整体认识是一种细化和充实。

（3）重视中间状态。中间状态指一种似是而非的语法现象。这在汉族与少数民族杂居地调查时，应特别注意。它往往记录了由语言接触而引起演变的中间环节，是观察融合过程的好语料。但它往往会被视为杂芜而舍弃。应清醒而敏锐地捕捉这种丰富细微而有趣的语法现象。举个例子。西宁话中有个音节［fə］，出现在句末，有学者认为它是个语气词"咈"，而另有学者很看重它，认为它是后置引语标记"说"，并就此深入研究，发表了长篇论文。笔者惊异而钦佩，但始终没做任何研究。现把这个实例提供给大家参考。以下两例是甘肃临夏话的两种这类现象，可细细琢磨，大有用武之地。

例1，"哈"字句："你的工作哈做好么。"

＝"把"字句："你把你的工作做好么。"

＝"把""哈"融合句："你把你的工作哈做好么。"

例2，与普通话连词或介词"和"相当的当地连词或介词"啦""连/拦的""俩"的融合附会现象。例如：

①我他啦喧的了一呱 我和他聊了一会。

＝我连/拦的他喧的了一呱。

　　　＝我连的他啦喧的了一呱。

②白菜萝卜啦有啦有白菜和萝卜吗?

　　　＝白菜啦萝卜有啦?

③你啦的个事情哈要抓紧呢。(你啦＝你俩＝(他)和你)

　　(4)多层次,多角度,多标准。这有助于精确细密地揭示某一丰富复杂的语法现象。如东干话状语的语序和普通话的相应语序差异很大,若方法单一,不易说清,笔者即设为四个层次,从词语的音节长短、语法结构、所属词性等不同角度和标准给予了描写,从而使问题得以明晰展示。

　　3. 编定纲目,进入写作

　　对留用的材料尤其是核心材料应编出个细致的写作纲目,排好材料的待用顺序。再通盘检视几遍后,即可进入写作。

四　篇章的布局和行文

　　1. 技巧方面

　　(1)应合理多用图表,它简洁,表现力强。

　　(2)注意引语的截取必须保证语义的完足。

　　(3)同类或同一材料多角度运用时,它应集中分布在篇章的某个位置一次性出现。这可避免重复,使结构紧凑。

　　(4)不同层次的小标题的句式结构应统一,使呈现对称美。

　　2. 写作态度

　　(1)勤于调查,忠于事实,不造假,杜绝抄袭。

　　(2)分清引用与抄袭的界限。少量的引用,且标注具体出处,这应是正常的引用。有的人直接引用上百字或几百字,也不用引号,不标注出处,或只把出处笼统地放在众多参考文献中,不具体标明何篇何文,这应是一种抄袭。

五　笔者的写作举例

　　试以《"有没有/有/没有+VP"句》一文从选题到发表的过程做一

说明。

笔者在 1989 年从电视上看到一个中国记者在美国大街上问一名华人女孩："你上学了没有?"女孩答："有"。这引起了笔者的联想:这女孩已不太会说汉语普通话了。这使笔者想起平时"粗读"时看到的一篇文章,写的是东南沿海地区的一种"有没有+VP"句式。于是,再次读后,决定写这个题目。

但怎样收集语料呢?那就是大量阅读东南沿海的地方杂志和港台杂志。但这又带来两个问题:一是语料收集难度大,二是它们也还只是某种方言,意义不大。就在这时,笔者发现了一个新动向,就是这种"有+VP"大多是由"有没有+VP"引发的,是它的肯定性答句,而且,这些用法已在北移,大量地出现在中央电视台多个栏目的口语中,很多栏目主持人也在用。这个发现很重要,使笔者避开了弯路,直奔主题。于是,笔者决定收集这种北移的用法,把央视诸栏目的普通话口语语料作为语料的主要来源地。每当看电视时,笔者都拿一支铅笔,一张纸,随时记录。断断续续,收集了七年。

笔者边收边想,边想边收;新材料支撑新观点,新观点又指引你再收新材料。同时,边收集边分析整理,觉得材料已臻完备时,文章纲目也已确立。一种新的句式便呈现在眼前。

可以说,"A(全视域地观察发现)+B(多角度地精准分析)",是本文的制胜法宝。由于"A",笔者发现了"有没有+VP"不但北渐,且已进入普通话,同时,由于它的导引,与它的结构相应的肯否两类答句"有+VP""没有+VP"也已配齐,就是说该句式的完整结构系统已经形成,即:"有没有/有/没有+VP"。由于"B",笔者确认了该句式的多种表达优势,如"有没有+VP"比原"VP+没有"信息量大增;"有"也不是表时态,它是副词,表确认,和原有的表否定的"没有"相对应,词性相同,词义相反,"有+没有"是个正反并列的短语;等等。

该稿寄给《中国语文》,很快便发表了。

2016 年 9 月 23 日整理

关于幼儿语言习得的通信

你们好！

我再说说语言习得和跟踪记录的事。

"0—3岁是幼儿英语语言习得的最佳期"——去年给你们寄来的台湾的材料是这样说，最近国家教育部有关部门又这样强调说。现在孩子已经1岁8个月了。望你们在未来的一年中能切实抓紧抓好，并跟踪做好记录。这一年如果能抓好，那么，到明年现在他可能就已经习得了英语语言系统的大概了。这是事半功倍的事。到那时，你们也可依所得资料开始撰文，我可帮你们整理构思。当然，同时还要继续施教和跟踪，直到5岁左右。这方面的教育实践和理论研究都很重要，但目前却都很薄弱。望能引起你们足够的关注。就是少教些课，也要把这事提到日程上。

我的意思是，希望你们在孩子的语言习得黄金期内，以英语为主，抓紧抓好。因为这不是他的母语，错过习得良机，事倍功半，枉费时日后悔莫及。但同时也教他汉语，即使教得少，他以后也会从别的汉语渠道迎头补上。英汉同时学，不会搅乱他的语言思维。这我从哈萨克斯坦、吉尔吉斯斯坦等国留学生儿时同时习得两种语言的事实已多次验证过。

我的想法如下：

一　千方百计营造一个英语习得环境

1. 在家中，尽量给孩子多说英语。
2. 当着孩子的面，你们之间也多用英语。

3. 规定时间，每天播放些英语材料。

二 跟踪记录

1. 要坚持每天记，因事没记的要补上。要全面记，即对英、汉，语音、词汇、语法，背景表情等辅助手段都要记。要准确地记，如：教他说"good morning"，他说的只是一个"morning"；教他说"good night/evening"，他说的却是"de—de—de"（可能是"（good）night/evening"中某三个音节的简化模糊音）——这都应如实记，并搞清到底是哪几个字的简化音。

2. 要标明年、月、日。特别是年、月。因为这个时间就是小孩的具体年龄：写作时要据此描述和判断习得中的种种问题的。

3. 以下是关于习得过程本体方面的：

A. 要注意对某一语言现象（即某音、某词、某句式等）习得的大致过程及过程中的阶段、特点等。如某年、月、日开始把"吃鱼"说成"饥五"，什么时间会说准确了，从不准到准中间经过了什么音变。现在叫"姥姥"跟"爷爷"都是"ia ia"，就应注意他的发展轨迹，准确跟踪。对句子的习得同样如此。如名叫"当当"的小孩，奶奶（姥姥?）说他要再不听话，奶奶就走了，不管他了，他哭说"奶奶不走……"这个"不"字就很重要，说明他还不会用"别，不要"。

B. 要注意他对句式（单句［简单的，复杂的；完全的，省略的］，复句）、句类（陈述，祈使，疑问，感叹）的掌握过程。他现在基本上说的是省略句。可是有时会自言自语冒出一串文字，这也要注意并努力弄清其意。

C. 要注意当他不会完全表达他的意思时，他会用哪些辅助方式来弥补：表情，手、脚，等等。如，当和奶奶告别时，反复对妈妈说："妈妈！奶奶……"（眼睛、面部表情就是对"奶奶"二字后面他不会表达的那一部分文字含义的弥补）。这在记录时，就要准确记出。

D. 要注意记录引出他的话的背景：是别人引出，某物引出，还是自己说出，等。

4. 除了记录自己的还要争取多收集其他幼儿的语料。这在涉及个体差异时，是必需的。这可待机而行。

三　记录的工具和方法

1. 要有一个专门小本子（活页卡片最好，但不能是散开的，要用绳子串在一起，放在一定地方，随记随放，不易丢失，到写作时拆开分类，很方便）。千万不能临时拿个纸片，这样会随记随丢。

2. 语料要多收，宁可收了没用上，不可用时却没收。但要点不可漏，文字却不需多，每天 200 来字就可以了。可列简单表格，或自己心中有个表格，拣要点"填入"即可。例：

例	时间	背景	宝宝	备注	
1	2002.12.2	奶奶返回兰州时，吻他： 宝宝，奶奶走了	多次向妈妈说：妈妈，奶奶……	眼泪欲出	
2	2002.11	望着奶奶的乳房开玩笑，说——	"吃（ji）"（走近时:）"不吃（ji）"（即把"吃"读作"饥"）	注意演变轨迹	
3	2002.5（?）	哭时发出颤音	[r]……	颤音	不表义
	2002.8.20	宝宝，泉水怎么流?			表义
	2002.10（?）		[ɚ]——	颤音消失	

2002 年 12 月 22 日